進入這個家——

上帝的心——之鑰匙是禱告。

在此之前，除了

有焦急和懼怕的時候，

你也許從來沒有禱告……

不要緊！……

父的心是敞開的

——歡迎你進來。

——傅士德

靈・修・著・作・精・選

禱告真諦

尋找心靈真正歸宿

傅士德著/周天和譯

▼

靈修著作精選

禱告真諦

尋找心靈真正的歸宿

Prayer: Finding the Heart's True Home

作者
傅士德 Richard J. Foster

譯者
周天和

責任編輯
許寶瑜

封面設計 / 插圖
馬健文

■

出版 / 發行
基道出版社
香港沙田火炭坳背灣街 26 號富騰工業中心 10 樓 1011 室
LOGOS PUBLISHERS
Unit 1011, 10/F, Fo Tan Ind. Centre, 26 Au Pui Wan St., Shatin, Hong Kong
電話：(852) 2687-0331 傳真：(852) 2687-0281
網址：https://www.logos.com.hk

承印
陽光（彩美）印刷有限公司

●

7/1993 初版 12/1993 二版 8/1994 三版 6/1995 四版
7/1996 五版 10/1997 六版 7/1999 七版 6/2001 八版 5/2004 九版
Cat. No. LP723-9B
ISBN-10:962-457-060-4
ISBN-13: 978-962-457-060-1

刷次	14	13	12	11	10	9	8	7	6	5
年份	2030	2029	2028	2027	2026	2025	2024	2023	2022	2021

目錄

致謝——i

序言——iii

歸家：誠邀禱告——1

第一部　**向內移動：尋求我們需要的改變**——7

1.簡單的禱告——9

2.被遺棄者的禱告——21

3.查驗的禱告——33

4.流淚的禱告——45

5.放手的禱告——59

6.塑造的禱告——73

7.立約的禱告——87

第二部　**向上移動：尋求我們需要的親密**——101

8.崇敬的禱告——103

9.安息的禱告——117

10. 聖禮的禱告——————133

11. 不住的禱告——————151

12. 心靈的禱告——————165

13. 默想的禱告——————181

14. 默觀的禱告——————197

第三部　**向外移動：尋求我們需要的事奉**——————**213**

15. 在普通的事上禱告——————215

16. 懇求的禱告——————227

17. 代求的禱告——————245

18. 醫治的禱告——————259

19. 受苦的禱告——————277

20. 權柄的禱告——————293

21. 激烈的禱告——————311

附註——————329

謹將此書獻予

我敬愛的兩位牧者

顧飛伉儷(Eugene and Jean Coffin)

我童年時聽過顧飛牧師伉儷，用他們英文名字的發音，作了一句雙關妙語，說他們是「一條褲子的一雙褲管」(a pair of jeans)。這句話真恰當，遠超他們所想到的。他們倆並肩攜手的事奉，迄今已超過五十年，美妙絕倫，密切難分。

致謝

任何人都不可能把有分於塑造我們的人名全數列出，寫一本書更是如此。我不能一一致謝，但我會提一些名字，希望藉此象徵許多隱名的人。

我衷誠感謝那些讀過本書全部手稿或部分手稿，並且提供寶貴意見的人，包括嘉蘿玲 (Carolynn Foster)、傅思特 (Nathan Foster)、賈蕾佩 (Lynda Graybeal)、希爾 (Dotsy Hill)、詹珍 (Janet Janzen) 及馬莉娟 (Carol Mullikin)。此外，我也曾在美爾頓中心 (Milton Center) 每週的聚會中，讀過本書好幾章，他們的會員對我提供了寶貴的批評和鼓勵。我對他們衷誠感謝，包括：費克特 (Harold Fickett)、夏撒偉 (Janine Hathaway)、卡斯達 (Frank Kastor)、歐文思 (David Owens)、歐偉珍 (Virginia Stem Owens)、柏克 (Charles Parker)、柏文德 (Bruce Parmenter) 及史密斯 (Jim Smith)。

我感謝我以前任職的教會會友和在大學裏教過的學生，多年來，無論在理論和實踐方面，他們都幫我試驗過這些觀念。他們可說是我的老師。我也感激好些朋友在我寫本書時，一直爲我禱告。當我兩手發輭時，扶助了我。他們是：鮑尼特 (Wendell Barnett)、博伊斯及黛麗思 (Ken and Doris Boyce)、郝妲姍 (Karen Christensen)、江恩 (Taddie Gunn)、希爾、赫爾及麗絲 (Ed and Alice Kerr)、米切爾 (Claudia Mitchell)、

柏嘉 (Bonnie Parker)、羅可蘿 (Betse Rockwood)、史美芙 (Sarah Smith)、衞拉德及珍斯 (Dallas and Jane Willand)、溫詩諾 (Jean Winslow)、韋辛懋及姬爾 (Dick and Gayle Withmell)。此外，對印行本書的霍特出版社 (Hodder & Stoughton) 編輯區美黛女士 (Carolyn Armitage)，我致以衷誠的謝意，感謝她的編輯才幹和溫暖鼓勵。

我要感謝賈蕾佩女士替我照顧辦公室，處理無數的事務，使我可以自由寫作。最後，我要爲內子嘉蘿玲感謝上帝。從開始孕育寫作本書的意念直到完成，她都與我一同祈禱，也一直爲我禱告。

序言

很久以來我就想寫有關禱告的題目。不過，這樣做會犯了冒失的罪。我還未預備好，我還有許許多多的東西要學習、要經歷。有許多題目可以讓人自由發揮而無傷大雅，但禱告則不然。禱告招引我們進入至聖所，在那兒我們在信仰的最深奧祕前俯伏，不敢觸摸那約櫃。好些年日已經過去了，雖然我在禱告之道上還是一個新手（誰能掌握一件東西，其主要目的乃是要自己被它掌握呢？）但不曉得如何，我覺得已經獲得上帝的許可，如今是寫作的時候了，於是我便開始。在寫作時，我爲所有像我那樣曾經沒有禱告的人說話；也爲所有像我那樣，希望成爲滿有禱告的人說話。

在本書中自始至末，我會尋求給我們的禱告經驗定名，有點像亞當在伊甸園中，給各種動物起名那樣。我希望這樣做，會說明我們與上帝交談的一些性質。無數的人祈禱過於他們所知道的。許多時候他們戴上了有關禱告形象的「有色眼鏡」，以致他們認不出所經歷的正是禱告，於是責備自己沒有禱告。所以我相信，本書有許多地方會令你立即認識——使你在想：「當然！我有這樣的經驗！」我希望，給我們的經驗起名，能使我們更多了解上帝在我們中間所做的事，以致我們在實行的時候更有意向。

在開始的時候，對於在文字上如何稱呼上帝這個問題，我要加以說明。人稱代名詞（編按：即「他」、「她」等代名詞）是這事的一種表達方式，而企圖用破折號或斜線號去解決這問題，不僅在語義學上有點怪異，在美學上也會令人憎厭。因此，我選擇用標準的陽性代名詞稱呼上帝，雖然我深深感悟到這種用法的不足之處。我第一個承認，在這兒我們的語言簡直有限。上帝顯然併入但又超越性別範疇上——那是說，上帝不是一位與女性之神相對的男性之神。

事實上，耶穌採用「阿爸」的稱呼來禱告，乃是一種概括性的行動。祂採用小孩常用的昵稱去取代「父親」，顯明我們與上帝的關係，不僅包含通常與陽性等同的力量及能力的賦予，也包含通常與陰性相聯的養育及親密的撫慰。

在此簡述本書的結構，可能對讀者有幫助。「進入禱告的三種運動，在性質上是三位一體的」，只要我們不把這個比擬推得太遠，這看法是有幫助的。向內移動（第一部分）是向上帝的兒子耶穌基督禱告，這與祂在我們中間作救主和教師的角色相應。向上移動（第二部分）是向上帝父禱告，這與祂在我們中間作主宰君王和永恆愛人的角色相應。向外移動（第三部分）是向上帝聖靈禱告，這與祂在我們中間作加力者和宣道者的角色相應。向內移動居先，只因爲上帝在耶穌基督裏向我們啓示得最充分、也最清楚。

在學步進入通到聖所這個有規律的旅程前，有一句小小忠告的話：健康的禱告時常需要平凡的、屬世的、日常的生活經驗。例如：散步、談話、健康有益的歡笑；又如在院子裏工作、與鄰舍交談、洗滌窗戶。此外，又好像愛我們的配偶、與我們的孩子玩耍、跟我們的同事工作。想在靈性上適合攀登屬靈的喜馬拉雅高峯，我們必需在日常生活的小山幽谷中經常運動。

傅士德

一九九二年一月一日

歸家：誠邀禱告

眞實完全的禱告無他，乃是愛。

聖奧古斯丁

上帝施恩准我對祂的心獲得一瞥，而我想與你分享我所看見的。今天上帝的心是一個敞開的愛的傷口，祂因我們與祂遠離，給其他事物盤踞而心痛；祂因我們不願與祂親近而悲哀；祂因我們忘記了祂而傷懷；祂因我們醉心於大量和衆多事物而哭泣。祂渴望我們到祂面前來。

祂在邀請你——和我——歸家，歸回我們所屬的地方，回到我們爲此而受造的所在。祂張開兩臂歡迎我們；祂擴張心懷接我們進去。

我們流浪遠方太久了：在一個嘈雜、擾攘、擁擠的地方；在一個往上爬、向前推、你推我擠的地方；在一個滿有挫折、滿有懼怕、滿有恐嚇的地方。我們流浪得太久了！祂歡迎我們歸家：享受家的安祥、和平及喜樂；享受家的友誼、團契與坦率；享受家的親密、接納和肯定。

我們不必害羞。祂邀請我們進入祂心靈的廳房，在那兒我們可以穿上舊拖鞋，也可以自由地分享。祂邀請我們進入祂友誼的廚房，在那兒我們可以不停傾談，流連忘返。祂邀請我們進入祂力量的飯廳，在那兒我們可以盡情吃喝。祂邀請我們進入祂智慧的書房，在那兒我們能夠學習、成長及伸展……並且可以隨意發問。祂邀請我們進入祂創作的工場，在那兒我們可以作祂的同工，與祂一同決定事情的結果。祂邀請我們進入祂休息的臥室，在那兒找到新的平安、在那兒可以赤身露體，自自由由，不怕受傷害。那兒也是最深的私隱之地，在那裏我們充分明白，也徹底地被認識。

鑰匙與門

進入這個家——上帝的心——之鑰匙是禱告。在此之前，除了在焦急和懼怕的時候，你也許從來沒有禱告。也許上帝的名惟一從你口中說出來，乃是你在激怒中發出咒罵聲音的時候。不要緊！我在此告訴你，父的心是敞開的——歡迎你進來。

你也許不相信禱告。你可能試過禱告，但深深失望了……如今醒悟過來。你似乎只有很小的信心，甚至沒有。這不要緊！父的心是敞開的——歡迎你進來。

你也許給生活的壓力壓傷了或者壓碎了。別人曾經惡待你，而你對生活感恐慌。你心中有陳舊的痛苦回憶，從未得著醫治。你避免禱告，因為你覺得你離開上帝太遠了、太不配了、太污穢了。不要失望！父的心是敞開的——歡迎你進來。

你也許曾經多年禱告，但那些言辭已變得脆弱和冷漠。很久以來已經少有甚麼事發生，上帝似乎遙不可及。請聽我說！父的心是敞開的——歡迎你進來。

也許禱告是你生活的樂事，你有很長的時間住在屬神的環境中，並且能夠見證它的美善。但你渴望更多：更多能力、更多愛心、更多獲得上帝在你的生命中。請相信我！父的心是敞開的——歡迎你進入更高更深的境界。

如果禱告是鑰匙，門則是耶穌基督。上帝多麼好，竟給我們預備了進入祂心的門路。祂知道我們是固執和心硬的人，因此祂預備了一種進入的方法。耶穌基督，曾經在世度過一個完全的生活，替我們死，並且復活過來勝過一切黑暗的權勢，好叫我們可以藉著祂得生。這是十分奇妙的喜訊。我們不必再站在門外，給我們的悖逆攔阻，不能接近上帝。如今我們可以通過上帝在耶穌基督裏面所預備的恩典和憐憫之門進來。

禱告的組合

本書之寫作是要幫助讀者探索上帝的心的「眾多光華」，它不是討論禱告的定義或者禱告的術語，或者有關禱告的爭論，雖然這一切都有它們的地位。本書也不是討論禱告的方法和技術，雖然我肯定我們會討論這兩方面的問題。不，本書是關乎一種愛的關係：一種與宇宙的偉大上帝持久、繼續、增長的愛的關係。這種排山倒海的愛會引起一種回應。愛是禱告的組合。要成為有效力的禱告者，我們必需是有效力的愛人。柯爾律治 (Samuel Coleridge) 在他所著《古海員之歌》(*The Rime of the Ancient Mariner*) 一文中宣告說：「禱告好的人也愛得好」。[1]柯爾律治當然是從聖經中得到這個觀念，因為聖經裏面充滿了屬神之愛的言辭。眞正的禱告不是從咬牙切齒而來，乃是從與主相愛而來。這就是為甚麼論禱告的偉大名著，都坦率地、美妙地屬於激情的。諾域治的茱莉安娜 (Juliana of Norwich) 寫著說：「三位一體的上帝是我們永遠的愛人。」[2] 羅爾 (Richard Rolle) 喊著說：「啊，我的愛人！啊，我的甜心！啊，我的豎琴！啊，我整天歌唱的詩篇和短歌！祢何時才醫治我的憂傷？我心靈的根源啊，祢何時才到我這裏來？」[3] 查理．衛斯理 (Charles Wesley) 呼籲說：「耶穌，我心靈的愛人，容我投入祢懷中。」[4]

有一天，我一個朋友帶著他兩歲大的兒子在購物商場走走。那孩子當時的情緒特別不好，愛吵愛鬧。那給孩子弄得失魂落魄的父親，雖嘗試用各種方法使孩子安靜，但都無效，孩子總是不聽話。後來，這父親忽然有一個特別的靈感，他摟著孩子，把他抱起來，緊緊地靠著他的胸懷，嘴裏哼著一首臨時編出來表達愛意的歌曲。那些字句並不押韻，他也唱得走音。然而這位父親盡量向孩子表達他的心意，他唱著說：「我愛你，我高興你是我的兒子。你使我快樂，我喜歡你的笑容。」他們從這間鋪子走到那間鋪子。父親繼續靜靜地唱著這首不合韻律的歌，而且唱得走音。但那孩子安靜下來，聆聽這陌生但非常美妙的歌曲。最後，他們買好了要買的東西，回到車上。當父親打開車門，打算幫兒子扣好安全帶時，那孩子擡頭對父親說：「爸爸！再唱給我聽！再唱給我聽！」[5]

禱告有點像這樣。懷著單純的心，我們容許自己給天父的雙臂抱起，讓祂對我們唱出祂的愛歌。

親愛的上帝，我非常感激祢請我進入祢滿有慈愛的心中。我盡我所能進來。感謝祢接納我。

——阿們

第一部

向內移動：尋求我們需要的改變

禱告是改變。這是一種偉大的恩典。上帝多麼好，竟預備了一條道路，叫我們的生命可以給仁愛、喜樂、和平、忍耐、恩慈、良善、信實、溫柔、節制接管。

首先提及向內移動，是因爲如果沒有內在的改變，向上進入上帝的榮耀的運動會淹沒我們，而向外進入事奉的運動則會毀滅我們。

一位門徒一次來到約瑟神父面前說：「神父，我盡我所能，謹守我小小的法則、小小的禁食、小小的禱告。我也盡我所能，努力清除我腦中的邪惡思想，以及我心中邪惡的意向。現在，我還要做甚麼？」約瑟神父站起來，向天伸出雙手，他的手指變得好像十盞點燃的燈。他回答說：「爲甚麼不徹底變成火燄？」

1

簡單的禱告

按你所能禱告，而不是按你所不能禱告。

查普曼 (Dom Chapman)

今天我們渴望禱告而又逃避禱告。我們給禱告吸引，但又給禱告逐退。我們相信禱告是我們當做的事，甚至是我們想做的事，可是在我們和實際禱告之間，卻似乎有一條鴻溝。我們經歷到沒有禱告的痛苦。

我們不大確知甚麼東西使我們趑趄不前。當然，我們忙於工作以及家庭的責任，但那只是煙幕。我們的忙碌很少使我們不飲不食、不睡覺、不造愛。不，有更深刻奧妙的東西阻止我們。事實上，有好些「東西」阻止我們，在適當的時候，我們會一一探討。不過，現在有一件「東西」必需立刻注意。那就是，我們有一種意念，認爲必需凡事「恰到好處」才禱告，這意念幾乎是我們這班尋求高度成就的現代人的通病。換句話說，我們認爲，在我們眞能禱告之前，我們的生命需要一些好的轉變；或者我們需要多點知道如何禱告；或者我們需要研究環繞著禱告的許多哲學問題；或者我們需要好好地把握禱告的偉大傳統。諸如此類，不勝枚舉。

這不是說這些都是錯誤的關心，也不是說永遠不必花時間去處理。不過，我們是本末倒置，從錯誤的一端開始。我們的問題是，我們假定禱告是我們必須精通的東西，像我們精通代數和汽車工程一樣。那便把我們放在「最頂」的位置，在那兒我們能夠勝任愉快，控制自如。但是當我們禱告時，我們來到「下面」，在那兒我們安靜地而且故意地放棄控制而變成無能為力。顧莉芬(Emilie Griffin)說：「禱告的意思是甘願變為天眞。」[1]

我從前以為，我必需把所有的動機弄清楚以後，才能禱告，眞正禱告。比方，我會參加一些禱告團，在當中我會檢查一下自己剛禱告的，並心中思想：「多麼愚蠢、多麼自我中心，我不能這樣禱告！」於是我會決定不再禱告，直至我的動機純潔才可。你了解，我不想做一個偽君子。我知道上帝是聖潔公義的；我知道禱告不是魔術咒語；我知道我決不可利用上帝去達到自己的目的。但這一切內在心靈反省之實際效果是，我禱告的能力完全癱瘓了。

這事的眞理是，我們大家禱告時都有一大堆糾纏不清的動機——利他的**和**自私的，憐憫的**和**憎恨的，仁愛的**和**懷恨的。坦白的說，在永恆的這一邊，我們**永不能**把好與壞、純潔和不潔解開。但我感悟到的是，上帝夠偉大去接納糾纏不清的我們。我們並非必需聰明、純潔、滿有信心，或者甚麼。恩典的意思就是這樣，我們不僅靠恩典得救，也靠恩典而活，我們禱告也藉賴恩典。

耶穌提醒我們，禱告有點像小孩子來到他們父母面前。有時我們的兒女會帶著最瘋狂的要求來到我們面前，我們常常因為他們卑鄙自私的要求而哀傷。但即使他們帶著卑鄙和自私的要求，卻從來不到我們面前，我們會更加哀傷。我們高興只因他們肯到我們面前來——雖然帶著糾纏不清的動機和一切。

禱告就是這樣。我們永不會有夠純潔的動機，或者足夠的善良，或者足夠的知識，叫我們能夠正確地禱告。我們只須把這一切東西放在一邊，開始禱告。事實上，就在禱告這行動本身——那親密的、繼續不斷的與上帝的交互作用——這些事在適當的時候便會處理好了。

按照現狀

我想要說的是，上帝是按我們的現狀接納我們，也按我們禱告的現有情況收納我們的祈禱。正如一個小孩子不可能畫一幅不好的圖畫，照樣，上帝的孩子也不可能獻上一個不好的禱告。於是我們給帶到最基本、最初步的禱告形式：簡單的禱告。讓我爲你描繪出來。在簡單的禱告中，我們就按照我們現有的情況，把自己帶到上帝面前，好壞都帶來。正如小孩子在一位滿有愛心的父親面前，我們打開我們的心，提出我們的要求。我們嘗試不把事情分類整理，把好的和壞的分開。我們簡單毫不矯飾地分享我們關心的事，作出我們的請求。比方，我們告訴上帝，我們與辦公室的同事，或者與街上某一個鄰居鬧得多麼不開心。我們也可爲食物祈求、爲好的天氣和身體的健康禱告。

在一種十分眞實的意義上，我們**是**簡單的禱告的焦點。我們的需要、缺乏、掛慮支配了我們的禱告經驗。

我們的禱告充滿著極多的驕傲、自大、虛榮、矯飾、輕蔑，以及一般性的自我中心。無疑的，其中也有寬宏大量、慷慨、無私和普世性的善意。

我們犯錯——許多的錯，我們犯罪，我們常常跌倒，但每一次我們都起來重新開始。我們再禱告，尋求再跟從上帝，但我們的粗野無理以及自我放縱打敗了我們。不要緊。我們認罪，再來過……再一次……又一次。事實上，有時簡單的禱告也叫做「再來過的禱告」。

簡單的禱告是聖經中最常見的禱告方式。聖經中一頁又一頁，連篇累牘記載的信心英雄，極少是高不可攀或寬宏大量的。想一想摩西向上帝埋怨昔日跟從他的頑梗百姓：「祢爲何苦待僕人，我爲何不在祢眼前蒙恩，竟把這管理百姓的重任加在我身上呢？這百姓豈是我懷的胎？豈是我生下來的呢？祢竟對我說：『把他們抱在懷裏，如一位護士（譯按：《和合本》作「養育之父」）抱吃奶的孩子』，直抱到祢起誓應許給他們祖宗的地去。」（民十一11下～12）又或思想以利沙怎樣向譏笑他爲「光頭佬」的小孩子報復：「他就奉耶和華的名咒詛他們。於是有兩母熊從林中出來，撕裂他們中間四十二個童子。」（王下二24）然後又有詩人高興看到他敵人的嬰孩遭遇暴戾的死亡：「拿你的嬰孩摔在磐石上的，那人便爲有福！」（詩一三七9）

然而，就在這些服務自己的禱告中，卻有一些出自人類心靈最崇高最壯麗的言辭。請想一想摩西在上帝面前，爲一羣頑梗悖逆的以色列人代求的話：「倘或祢肯赦免他們的罪……不然，求祢從祢所寫的册上塗抹我的名。」（出三十二 32 ）或者思想同一的曾經咒詛孩童的以利沙，在另一天對一個無生育的書念婦女顯示憐憫，向她預言：「明年到這時候，你必抱一個兒子。」（王下四 16 ）又或看詩人從心中向耶和華呼籲：「我何等愛慕祢的律法，終日不住的思想。」（詩一一九 97 ）在簡單的禱告中，好的、壞的，以及醜惡的東西都混雜在一起。

在聖經中隨處可以找到簡單的禱告，亞伯拉罕這樣禱告，約瑟、約書亞、哈拿、大衛、基甸、路得、彼得、雅各、約翰，以及一大羣聖經名人也這樣禱告。

簡單的禱告使平凡的人帶著平凡的關懷，來到滿有愛心同情的父面前。在簡單的禱告中沒有矯飾。我們不製作比我們實際的情況較聖潔、較清純或者較高尚。我們不企圖向上帝或自己，掩飾我們互相抵觸和彼此矛盾的動機。在這種姿態中，我們向上帝傾心吐意，這位上帝「比我們的心大，一切的事沒有不知道的。」（約壹三 20 ）

簡單的禱告是開始的禱告。那是小孩子的禱告，然而我們會一再回來採用。亞維拉的聖德蘭（ St. Teresa of Avila ，即大德蘭）說：「任何階段的禱告，都並非高超，所以不必時常到回開始的階段去的。」[2] 例如，耶穌就號召我們使用簡單的禱告，祂敦促我們爲每天的口糧禱告。戴林普爾 (John Dalyrymple) 觀察得對，他說：「我們永不能超越這類禱告，因爲我們永不能超越促成這類禱告的需要。」[3]

有一種試探，特別是對那些「精通世故的人」，能令他們藐視這種最基本的禱告方式。他們設法越過這類簡單的禱告，希望進到比較「成熟」的禱告方式。他們笑那自私自利式的祈求，求了又求，永不饜足。他們堂堂皇皇地說，要避免「自我中心的禱告」，而喜歡「以他人爲中心的禱告」。然而這班人看不到的是，簡單的禱告對靈性生命是需要的，甚至是基本的。惟一能夠超越「自我中心的禱告」的辦法（如果眞能做到的話），乃是從自我中心的禱告中走過去，而不是繞道而行。

那些自以爲能夠跳過簡單的禱告的人，是自己騙自己，他們多半不禱告。他們可能討論過禱告、分析過禱告，甚至寫過有關禱告的書，可是實際上他們多半沒有禱告。然而當我們禱告時，眞正禱告時，我們內心眞正的情況，便顯露出來。事情也應該如此。這就是上帝眞正開始在我們身上作工的情形。這種探險剛剛開始。

從現有的地步開始

直到現在，我們都是描述簡單的禱告，那不過是理論。我們必須超越理論去問一個問題，對那問題來說，前面所分析過的都只是前奏而已。我們怎樣實行簡單的禱告？我們做甚麼？我們從哪兒開始？

很簡單，我們從現有的地步開始：在我們的家庭中、在我們的職業中、在我們與鄰居和朋友相處時。我希望這不會顯得太瑣碎，因爲在認識上帝的實際層面上，我們會聽到最深奧的眞理。相信上帝能夠在日常生活的平凡時刻臨到我們、賜福我們，這是禱告的要素。不過，我們想把這丟掉，因爲我們很難相信上帝會進入我們的空間。我們歎息說：「上帝不可能在此賜福給我們。」「當我畢業以後……」「當我做了執事部主席以後……」「當我做了公司的董事長以後……」「當我做了主任牧師以後……上帝會賜福給我。」可是，你該曉得上帝能賜福給我們的惟一場所，乃是我們現有的地方，因爲這是我們惟一的所在地。

你記得摩西在燃燒的荊棘中的事嗎？上帝必須吩咐他脫鞋——他不曉得自己站在聖地。只要看出我們所在的地方是聖地——在我們的職業和家庭中、在我們的同工和朋友以及親戚中——我們就在這些地方學習禱告。

用我們所能做到的最自然和簡單的方法，學習依照我們的經驗去禱告，就是把日常生活中平凡的事件帶到上帝面前。我們也許有一個嚴重的失敗，使我們幾晚失眠。好罷，我們與上帝一齊在地板上踱步，向祂傾訴我們的損傷、痛苦和失望。讓我們喊著說．「爲甚麼是我？爲甚麼是我？」因爲挫折、眼淚和憤怒，也是簡單的禱告的表達方式。當我們爲夢想破碎而憂傷時，我們邀請上帝與我們同行。也許鄰居不經意的一句話，引發了我們內心情感一連串的爆炸：憤怒、嫉妒、恐懼。很好，就讓我們坦坦白白、誠誠實實地向上帝訴說所發生的事，祈求祂幫助我們看見在這情感背後的損傷。

我們應該覺得全然自由地向上帝埋怨、與上帝辯論、或者向上帝大聲呼叫。耶利米先知有一次大聲說：「耶和華啊，祢曾勸導（或作「引誘」）我，我也聽了祢的勸導。祢比我有力量，且勝了我。我終日成爲笑話，人人都戲弄我。」（耶二十7）我能想像得到，當耶利米說這話時，他向天揮動他的拳頭！上帝絕對能夠對付我們的憤怒、挫折和失望。魯益師 (C. S. Lewis) 勸告我們：「把我們內心的一切放在祂面前，不是把我們內心應有的放在祂面前。」[4]

永遠不要相信那謊言 —— 我們生活的細則不是禱告的正當內容。例如，有人可能教導我們說，禱告是崇高的、另一世界的活動，在禱告中我們要向上帝談論**有關上帝**的事。結果我們傾向於把我們的經驗，看作是對正常禱告的分心或莽撞。這是非人世的、縹緲無形的屬靈氣質。在另一方面，我們崇拜一位在臭氣薰天的馬槽中誕生的上帝，祂有血有肉地在地上行走，會流汗，會落淚，然而祂又對天上的「監督者」(Monitor) 不斷地作敏感的回應。

因此我敦促你：與上帝保持不斷的交談，講論你日常生活的瑣事，有點像《錦繡良緣》*(Fiddler on the Roof)* 那套電影中的情形。[5] 在這一刻，我們不要擔心「正當的」禱告，只對上帝說話。分享你的損傷；分享你的憂慮；分享你的快樂——自由地、放任地。上帝會以同情和愛心聆聽，正如我們的孩子來到我們面前時，我們所做的，祂高興我們到祂面前來。當我們這樣做的時候，會發現一些難以衡量的價值。我們會發覺，藉著禱告我們學會禱告。

沿途的忠告

當我們開始進入這個研究禱告的探險時，我想提供一些基本的忠告。我第一個忠告只是提醒讀者，禱告沒有別的，只不過是繼續不斷的及日益增長的與上帝父、上帝子，以及聖靈間的愛的關係。這在簡單的禱告中更加眞實。在此沒有任何優勢，受傷的人和心靈破碎的人正如健康的人和豐富的人一樣，自由地進入簡單的禱告中。蓋恩夫人 (Madame Guyon) 寫著說：

> 這種禱告的方法，這種簡單的與你的主之關係，是十分適合每一個人的。它適合遲鈍的人和無知的人，正如適合受過高深教育的人一樣。這種禱告，這種那麼簡單地開始的經驗，最終是對主全然毫無保留的愛。它的要求只有一件——就是愛。[6]

第二，當我們開始時，我們決不可因爲少禱告而灰心。即使在沒有禱告的時候，我們也能夠渴慕上帝。若然，則這種渴慕本身便是禱告。溫婂 (Mary Clare Vincent) 寫著說：「渴慕禱告就是禱告，這是渴慕的禱告。」[7] 時候到了，這種渴慕會導致實踐，而實踐會增加對禱告的渴慕。當我們不能禱告時，我們讓上帝成爲我們的禱告。我們也不應該給自己內心的剛硬嚇倒：禱告會把它軟化。我們甚至可以把我們的缺少禱告交給上帝。

另一個與此相反但同樣重要的忠告是，不要過分努力嘗試禱告。有些人對禱告這件事做得那麼熱烈緊張，以致陷於靈性不消化的地步。在靈性生活上有一個按部就班、循序漸進的原則，我們不會把偶然跑步的人安排在馬拉松的競賽中，在禱告的事上，我們也不可以這樣做。曠野的男女先賢談到「屬靈貪心」的罪，那就是想要得到上帝多過能夠消化的程度。如果禱告對你來說不是既定的習慣，不要一開始便作十二小時的禱告來與上帝交談，你只需拿出少量的短短一刻，全心全意地禱告。當你覺得夠了，你只需告訴上帝：「我必須休息，我沒有力量時常與祢一起。」順便說明，這是完全眞實的，而上帝曉得你還未能繼續不斷地與祂同在一起。此外，即使在靈性上有最高造詣的人——也許**特別是**那班在靈性上有最高造詣的人——也需要常有時間去歡笑、玩耍和消遣。

如今我想給予一種似乎奇怪的忠告。那就是，即使我們仍舊處於邪惡的地步，我們還應該學習禱告。也許我們正從事內在的鬬爭去對付憤怒、或者驕傲、或者貪婪，又或野心。我們不要把這些東西與禱告分隔，相反的，我們要向上帝訴說內心的情況，告訴祂我們曉得這些事叫祂不開心。甚至可以把我們的悖逆交在父的膀臂中，祂夠强壯去承擔這重壓。當然，罪會使我們與上帝分隔，可是，企圖掩飾我們的罪，會使我們與上帝分隔得更遠。顧莉芬寫著說：「主愛我們——也許最愛我們——當我們失敗又重新嘗試的時候。」[8]

最後，我建議開始的時候，聰明的做法是，追求平平無奇的禱告經驗。[9] 屬神的啓示和狂喜的經驗可能淹沒我們，使我們分心，以致忽略了禱告的眞正工作。我們的做法需要比較像詩人的做法，他尋求避免「重大和測不透的事」。他說：「我的心平靜安穩，好像斷過奶的孩子在他母親的懷中。」（詩一三一1、2）此外，如果我們不習慣這樣，只需靜靜地溜進上帝面前，也可能十分奇特和新鮮，以致令我們極其歡欣。

內心的改變

在許多有關禱告的著作中，常常忽略了簡單的禱告。我常思想，爲甚麼會這樣。也許是由於敬虔的作者，對於簡單的禱告之自我中心層面有所顧忌。那麼多集中於「自己」，很容易導致自私及自我陶醉的地步。抑有進者，我們時常都有一種危險，就是把我們的經驗合理化以及加以操縱，以致我們只聽到自己想聽的東西。到頭來，我們可能全神貫注於自己，以致完全看不見上帝，終於陷入「敬拜事奉受造之物，不敬奉那造物的主」的地步，正如保羅所說的。（羅一25）

這是合理的顧慮，那些危險的確太眞實了。但正如施米特(Joseph Schmidt)所注意到的：「它們是正確道路上的危險。我們進行時要小心，但不要走回頭。」[10] 我們也不會走回頭。我們一方面尋求上帝的保護，一方面以誠實和開放的心向前邁進。

開始的時候，我們確實是我們禱告的主體和中心。但在上帝所定的時候和所安排的道路上，一種像哥白尼那樣的革命性的改變，會在我們心中發生。慢慢地，幾乎不知不覺地，我們會轉移內在的引力中心。我們會從思想上帝是我們生命中的一部分，變爲認識我們是上帝生命中的一部分。奇妙地、神祕地，上帝從我們禱告經驗的邊緣，進到我們禱告的中心。內心有了改變，心靈獲得更新。本書主要的負擔，就是這種屬神的恩典之奇妙工作，如今我們要注意的就是這事。

親愛的耶穌，我多麼迫切需要學習禱告。然而，當我誠實反省時，我曉得我時常甚至不想禱告。

我受到別的事吸引而分心！

我剛愎自用！

我自我中心！

耶穌啊，因祢的憐憫，求祢使我想要禱告的意念，與我對禱告的需要更加相應，好叫我更能渴想我所需要的。

奉祢的名也靠祢而祈求。

——阿們

2

被遺棄者的禱告

要獲得你所沒有的快樂，你必須經過一條你不喜歡的道路。

——聖十字若望(St. John of the Cross)

沒有禱告比耶穌在十字架上呼喊說：「我的上帝，我的上帝，祢為甚麼離棄我？」（太二十七46下）更悲壯、更刻骨銘心。當然，耶穌在十字架上的經歷是全然獨特的，而且是不能重複的，因為祂承擔世人的罪。不過，如果我們尋求與父保持長遠而密切的交通，你我在我們的方式中，**也會**採用這個被遺棄者的禱告。在我們以前走過這條信心之路的人，似乎普遍地有過好像被遺棄、不在意和置之不理的時候。我們最好習慣這意念，就是我們遲早也會知道，覺得被上帝遺棄，究竟是甚麼意思。

昔日的作者論到這事實時，採用「隱藏的上帝」(*Deus Absconditus*)這術語。你幾乎立即本能地了解他們所描述的經驗，抑或你不了解呢？你曾否試行禱告而毫無所覺、毫無所見、毫無所感呢？你的禱告是否曾經好像一些聲音衝向天花板，然而在一個空洞的房間中四周反彈？你是否有時覺得迫切需要一些保證的話、一些證據表明上帝與你同在，而竟然毫無所得呢？

上帝有時似乎向我們隱藏。我們做所知道的一切事情，我們禱告、我們服事、我們崇拜、我們盡我們所能忠實地生活。然而仍舊沒有甚麼東西……完全沒有！用巴特力 (George Buttrick) 的話是，我們覺得，我們好像「在黑暗中用瘀傷的指節敲打天門」[1]。

我確信你了解，當我說到上帝不在時，不是說上帝眞正不在，而只不過是說，**覺得**上帝不在。上帝時常與我們同在——在神學上我們曉得——但有時祂收回我們感到祂同在的感覺。

但是，當我們進入心靈的撒哈拉大沙漠時，這些神學上的正確知識，對我們卻極少幫助。在此我們經歷到眞正的屬靈荒蕪。我們覺得給朋友、配偶和上帝遺棄了。每一個希望，當我們伸手觸摸它的那一刻，便立即消失了；每一個夢想，當我們試行把它兌現的那一刻，便立即死掉。我們發問、我們懷疑、我們掙扎，卻沒有甚麼能幫助我們。我們禱告，那些言辭卻似乎空洞；我們翻讀聖經，卻發覺它毫無意義；我們轉向音樂，而它卻不能感動我們；我們尋求其他基督徒的團契，卻發覺只有背後造謠中傷、自私自利和自我主義。

聖經對這些被遺棄的經驗的比喻是曠野。那是一個適切的意象，因爲我確實感到枯乾、荒涼、焦灼。我們與詩人一同喊叫：「我的上帝啊，我白日呼求祢，祢不應允。」（詩二十二2）事實上，我們開始思想，是否眞有一位上帝去應允人的禱告。

這些被遺棄、給置之不理的經驗曾經來到，也會再來到我們所有人身上。所以，當我們面對上帝不在的荒蕪不毛之地時，我們最好看看是否有一些有幫助的東西，我們可以提及。

一條康莊大道

首先要講的一句話是鼓勵的話。我們走的不是羊腸小徑，乃是一條康莊大道，在我們之前有許多人走過這條道路。想一想摩西從埃及放逐出來的輝煌，流浪他鄉，一年又一年，靜靜等候上帝拯救祂的子民。想一想詩人向上帝發出刻骨銘心的呼求：「祢爲何忘記我呢？」（詩四十二9）。想一想以利亞在一個荒涼的山洞中，孤單地守候風吹、地震和烈火。想一想耶利米給縋下地牢的井裏，直到他「陷於淤泥中」。想一想馬利亞獨自守候在各各他山。想一想在各各他山頭那些孤寂的話：「我的上帝，我的上帝，祢爲甚麼……爲甚麼……爲甚麼？」

歷代以來，基督徒都有過同樣的經驗。聖十字若望稱它爲「心靈的黑夜」。一位無名的英國作家則把它等同「未知之雲」。高賽德 (Jean-Pierre de Caussade) 稱它爲「信心的黑夜」。弗克斯 (George Fox) 只簡單的說：「白天的時候我渴望黑夜來臨；黑夜的時候我渴望白天來到。」[2] 不要氣餒——你我有許多同伴。

此外，我要你曉得，要面對「上帝隱藏的使人枯乾的風」[3]，並不意味著上帝不喜歡你，或者你對上帝的靈的工作不夠敏感、或者你犯了觸犯上天的可怖的罪、或者你有甚麼不對、或者任何別的東西。黑暗是禱告的必然的經驗，那是預料得到的，甚至要加以擁抱的。

定造的旅程

關於被遺棄的經驗可說的第二件事是，每一個旅程都是度身定造的。我們覺得上帝不在的意識，並非按照任何預定的時間表臨到我們。我們不能簡單地畫一幅普世性的指示道路地圖，好叫每一個人都能遵循。

那些信心初現的人，確實時常給予非常的屬靈恩典，正如新生的嬰孩給人多加撫抱和嬌縱一樣。有些與上帝遠離和分隔的最深經驗，也確實臨到那些曾經深入信心腹地的人身上。可是，在我們寄居的年日中，我們可以隨時隨地進入不毛的荒涼曠野，以及極度悲痛的黑暗峽谷中。

由於在祈禱生活中沒有特別的次序，因此我們簡直不能從一個階段進到另一個階段。例如，我們不能預知，在第五和第十二階段，我們會有遭上帝遺棄的經歷。當然，如果能夠預知事情何時發生，會容易處理得多，不過，這麼一來，我們只是描述一個機械性的安排，而不是一種活的關係。

一種活的關係

這是我要說有關我們感到上帝不在的另一件事，就是我們進入一種活的關係中，這種關係是在雙方的自由中開始和發展的。上帝賜給我們完全的自由，因爲祂喜歡受造物自由地選擇與祂建立關係。藉著被遺棄者的禱告，我們學習給予上帝同樣的自由。這類的關係永不能受人操縱或強逼。

如果我們能夠使造天地的主聽到我們的指揮或吩咐，便立即出現，那麼我們便不是與亞伯拉罕、以撒、雅各的上帝交通。我們的物件、東西、偶像可以這樣做，但是上帝，這位偉大的反對崇拜偶像者，不住地粉碎我們錯誤的見解——誤以爲祂是誰或者像甚麼。

你是否能看出，爲此之故，我們感到上帝不在的感覺，乃是意料不到的恩典呢？在隱藏的行動中，上帝慢慢地使我們不再按我們的形象去塑造祂。像在《拿尼亞的國度》*(The Chronicles of Narnia)* 中扮演基督的阿士蘭一樣，上帝是粗獷的、自由的、隨意來往的。藉著拒絕作一個任從我們扯線的傀儡或者瓶中的神怪，上帝釋放我們脫離自己錯謬的、偶像崇拜的形象。

此外，我們也許應該感激上帝，祂並非時常在我們想要祂出現時便出現，因爲我們也許承受不了這樣的相遇。在聖經裏面常有人，當他們遇見活生生的上帝時，嚇得手足無措。以色列衆百姓呼籲說：「不要上帝和我們說話，恐怕我們死亡。」（出二十 19 ）有時，這應該也是我們的呼籲。

一次經驗的剖析

容許我與你分享我一次進到被遺棄的禱告的經驗。按照一切外表的標準而言，事情進行得很好。出版社要我爲他們寫書；有無數的人邀請我演講，而且對我很慷慨。然而藉著一連串的事件，我似乎清楚曉得，上帝要我從公開的活動中退下來。簡言之，上帝說：「要安靜！」於是我便這樣做。我停止所有公開演講、我停止所有寫作，安靜等候。當這事開始時，我不曉得我是否會再演講或寫作——我當時想，我不會。結果，這種與公衆隔絕的生活延續了約十八個月。

我安靜等候，上帝也不出聲。我與詩人一樣詢問：「祢掩面不顧我要到幾時呢？」（詩十三1）我所獲得的答覆是空無一物。絕對沒有！沒有突然的啓示，沒有深刻的透視，甚至沒有溫柔的保證。甚麼都沒有。

你曾否有過這樣的遭遇？對你來說，也許是一個孩子或配偶的悲劇性死亡，把你抛進上帝不在的荒涼曠野中。也可能是婚姻或事業的危機，或者生意失敗。也可能都不是這些事。很可能完全沒有這些戲劇性的事故——你只是從親密團契的溫暖光輝中滑入冰冷的……空無一物中。至少你覺得「空無一物」。……事實上，你全無感覺，似乎一切感覺都進入冬眠狀態。（你看，我怎樣掙扎使用言辭去描述這種被遺棄的經驗，因爲言辭所能表達的，最多也只不過是零零碎碎的大概情況。不過，如果你曾經陷入這地步，你會曉得我的意思是甚麼。）

正如我前面說過的，這種緘默的訓練延續了十八個月。最後它終於簡單地結束了。我得到溫和的保證說，是重新進入公衆場所的時候了。

淨化的緘默

盡我所能領悟的來說，上帝一月又一月令人力竭的緘默，乃是一種淨化的緘默。我說「盡我所能領悟的」，因爲這種淨化不是戲劇性的，甚至不是當時所能認出的。它有點像你沒有了解到孩子已經長大了，直到你把她帶到去年在廳門上所劃的記號量一量才曉得。

聖十字若望說，在心靈的黑夜中有兩種淨化發生，在某種程度上，我兩者都經歷過。第一項涉及剝除我們對**外在結果**的倚靠。我們發覺自己愈來愈少受宗教上的「大件事」影響——大的建築物、大的預算、大的出產、大的神蹟。這不是說，這些大事有甚麼不對，而是說，**它們**不再使我們覺得有甚麼了不起，我們也不被吸引向它們讚揚或阿諛。這不是說，講幾句好話有甚麼不對，不過，使我們受感動的不再是**它們**。

再者，我們對那一大堆令人難忘的對上帝的宗教回應，也失去感覺。禮儀的應用、聖禮的象徵、有助於禱告的東西、講論個人成就的書籍、私下靈修的活動——這一切在我們手中都變得只是灰塵而已。這不是說靈修的行動有甚麼不對，不過，吸引我們的不再是**它們**。

剝除我們對外在結果的倚靠之最後一點是，我們變得較少控制我們的命運，而較多倚靠別人的憐憫。聖十字若望稱這為「消極的黑夜」。那是彼得的情況，他曾一度自己束上帶子，隨意往來，但時候到了，他要讓別人把他束上，帶他到不願意去的地方（約二十一 18 ～ 19 ）。

對我來說，缺少控制的最大價值，乃是我深刻而且最終覺悟到我不能去支配上帝。當我說「跳！」的時候，上帝拒絕跳。不論使用神學的聰明或者宗教的技術，我都不能征服上帝。事實上，上帝征服了我。

聖十字若望的第二種淨化，涉及剝除我們對**內在結果**的倚靠。這比第一項淨化更令人不安和痛苦，因為它從根本威脅我們所相信的，以及我們所投入的東西。在開始的時候，我們對靈的內在運行愈來愈少把握。這不是說我們不相信上帝，但更深刻地，我們在想，我們所相信的究竟是怎樣的上帝。上帝是否善待及專注我們的善良，抑或上帝是殘忍的，有虐待狂的以及專制的？

我們發覺，信、望、愛的運作本身都令人懷疑，我們個人的動力也被質疑。我們擔心這種行動或那種思想是否受恐懼、虛榮和驕傲所激發，而不是從信、望、愛所產生。

我們好像一個受驚的孩子，小心地走過那圍繞著至聖所的黑暗迷霧。我們對自己變得猶疑不決、沒有把握。有一些揮之不去的問題，用前所未有的力量攻擊我們。「禱告是否只是一種心理學的技巧？」「邪惡是否終於得勝？」「宇宙是否有甚麼眞正的意義？」「上帝是否眞的愛我？」

看來好像矛盾，藉這一切，上帝竟用威脅毀滅信心的方法，去淨化我們的信心。我們受引導，對一切膚淺的驅策和屬人的努力，有一種深刻而聖潔的不信任。我們比以前更深刻地認識我們無窮地自我欺騙的能力。慢慢地，我們除掉虛空的安全感和錯誤的効忠。我們對一切外在和內在結果的信任都給粉碎了，以致能夠學習惟獨信靠上帝。藉著我們心靈的不育，上帝使之產生超然脫俗、謙卑、忍耐和毅力。

最令人希奇的是，我們的乾燥在我們裏面產生禱告的習慣。一切分心的事都沒有了，甚至一切溫暖的團契都消失了。我們能夠專心一意。心靈枯乾，而且乾渴，但這乾渴可以引我們去禱告。我說「可以」，因爲它也能導致我們失望，或者索性放棄尋索。

埋怨的禱告

這引我們去思想一個問題，就是在這被遺棄的時刻，我們做甚麼？當我們覺得被遺棄時，有沒有一項禱告是我們可以採用的？是的——我們可以用埋怨的禱告開始。這是在我們現代消毒過的宗教中，大部分喪失了的一項禱告方式，然而聖經卻有很多這樣的禱告。

我所知道最好的重新學習這種由來已久的親近上帝的方法，乃是採用傳統上稱爲「哀傷之詩」的詩篇去禱告。[4] 古代的歌唱家眞的曉得怎樣去埋怨，他們悲慟和失意的言辭，能夠引導我們的嘴唇進入一種禱告，乃是我們獨自禱告時不敢採用的。它們表達尊敬**和**失望：「我所讚美的上帝啊，求祢不要閉口不言。」（詩一〇九 1）他們經歷過堅固的希望**和**遞增的失望：「耶和華啊，我呼求祢；我早晨的禱告要達到祢面前：耶和華啊，祢爲何丟棄我？爲何掩面不顧我？」（詩八十八 13～14）他們對上帝的本質有信心，**又**對上帝不採取行動而激憤：「我要對我的磐石說：『祢爲何忘記我呢？』」（詩四十二 9）

這些哀傷之詩教導我們，在禱告中表達我們的內在掙扎和衝突。它們容許我們在被遺棄的黑暗深洞中，喊出我們被遺棄的感受，然後聽到一次又一次的回聲，直到我們痛心撤回，但又再次喊出。它們容許我們一時向上帝揮動拳頭，但在另一時間又開口頌揚。

綿長之愛的短箭

當我們給上帝的緘默困擾時所能做的第二件事是，採用「綿長之愛的短箭」[5]射向不知的雲霧。我們也許不能從開始便看到結果，但我們繼續做我們曉得要做的事。我們禱告、我們聆聽、我們崇拜、我們盡眼前一刻要盡的義務。我們在上帝慈愛之光裏面所學會做的，我們在上帝隱藏的黑暗中也照樣做。我們詢問，即使沒有答案，還繼續詢問；我們尋索，即使沒有找到，還繼續尋索；我們敲門，即使門仍舊關閉，還繼續敲門。

就是這種繼續不斷的綿長之愛，在我們裏面產生堅定的生活方向。我們愛上帝過於上帝所帶來的禮物。像約伯一樣，即使上帝殺我們，我們還要事奉上帝。像馬利亞一樣，我們慷慨地說：「我是主的使女，情願照祢的話成就在我身上。」（路一38）這是一種奇妙的恩典。

信靠先於信心

對那些發覺自己缺少上帝同在的人，我還想提供另一忠告，那就是：等候上帝。等候，默然不語、安靜等候；等候，集中注意、隨時回應。學會讓信靠先於信心。信心有點像安裝好你的汽車變速器，目前你不能運用信心，不能向前動，不要為此苛責自己。不過，當你不能把你的靈性生命向前推進時，不要把你的變速器放在後退的位置上，把它放在空檔的位置上。信靠就是你如何將你的屬靈生命放在空檔位置；信靠是對上帝的本質有信心。你要肯定地慎重地說：「我不了解上帝在做甚麼，甚至不了解上帝在甚麼地方，但我曉得祂所做的都是爲我好。」這是信靠。這就是怎樣去等候。

我不完全了解陷於荒野、沒有上帝同在的理由，但我曉得這一點：雖然荒野是必需的，但它從不意味著是長久的。在上帝所定的時候、上帝所定的方法中，曠野會讓路給流奶與蜜之地。當我們等候那靈魂的應許之地時，我們可以回應克理霍聖伯納(Bernard of Clairvaux)的禱文：「上帝啊，深淵與深淵響應（詩四十二7）。我深刻的痛苦的深淵，也與祢無窮的憐憫的深淵相互應。」[6]

上帝啊，祢在哪裏？我做了甚麼，使祢掩面不顧我？祢是否像貓玩老鼠那樣戲弄我，抑或祢的旨意大過我的悟性？我覺得孤獨、迷惘、被遺棄。

祢是特別擅長顯示祢自己的上帝。祢向亞伯拉罕、以撒、雅各顯示祢自己。當摩西想要知道祢的樣子如何時，祢垂聽了祂。爲甚麼向他們顯示而不向我顯示呢？

我禱告得疲倦了；我祈求得疲倦了；我等候得疲倦了。但我會繼續禱告、祈求和等候，因爲我別無去處。

耶穌啊，祢也懂得曠野的孤獨以及十字架的隔離。我是靠賴祢被遺棄的禱告而說這些話。

——阿們

3

查驗的禱告

禱告是愛的內在沐浴，心靈本身投入其中。

衛安利 (St. John Vianney)

查驗的禱告[1]在一個極度注重內省的世代中，竟然喪失了，這是多麼奇怪的事。今天人們確實可能有這樣的情形，就是多年來每週都進進出出禮拜堂參加崇拜，但連一次屬靈查驗的經驗都沒有。多麼可哀！何等損失！無怪乎今天的人都輭弱無力；無怪乎他們都只是勉强地維持下去。

聖經的見證則豐富和充分多了。詩人宣告說：「耶和華啊，祢已經鑑察我，認識我。」（詩一三九1）大衛王——他應該知道——見證說：「耶和華鑑察衆人的心，知道一切心思意念。」（代上二十八9）而使徒保羅提醒我們：「聖靈參透萬事，就是上帝深奧的事也參透了。」（林前二10）諸如此類。這些信心之子都知道上帝的查驗。他們體驗到，這不是一件可怕的事，反而是獲得不可衡量的力量和賦予權力的東西。那麼，這種查驗的禱告究竟是甚麼東西呢？它有兩方面的基本觀點，正如一扇門的兩邊一樣。第一方面的觀點是**意識的查驗**，藉此我們發現上帝怎樣整天與我們同在，而我們又怎樣去回應祂仁慈的同在。第二方面的觀點是**良心**

的查驗，在這種查驗中，我們揭露那些需要清潔、需要淨化、以及需要醫治的地方。我們最好分別去察看這兩方面的觀點。

愛的紀念

在意識的查驗中，我們以禱告的心情，反省我們日常的思想、感覺和行動，看看上帝如何在我們中間運行，而我們又怎樣去回應。比方，我們思想昨夜鄰居的喧鬧，是否只是一個安靜之夜的粗魯打岔。有可能，只是有可能，他是上帝的聲音，催促我們對周圍的人的痛苦和孤單加以注意。也許在今天早晨燦爛的日出中，上帝向我們大聲宣告祂美麗的愛，並且邀請我們一同分享，然而我們卻過於昏睡或者太過分心，以致不能參與。也許回應上帝的微聲我們要寫一封信，或者打電話給一個朋友，而我們簡單順服的結果，會令我們深感驚詫。

意識的查驗是上帝所採用的方法，使我們對自己的環境比較醒覺。不久以前，我坐在一個從德里蘭(Tehran)來的學生旁邊，意識到上帝要我留意他，與他在一起。他名叫雷札(Reza)。在我們短短幾分鐘的共聚中，他教導了我有關尊嚴、勇氣和信心。他對我說話不多，但每一句話都是生命的流露。我以前見過雷札，但在此之前我沒有與他在一起。我們共聚，多得益處的是我自己。

你看，我至少不是講論一些複雜或者不平凡的東西。上帝要我們在所在的地方出現。祂邀請我們去觀看、去聆聽我們周圍的事物，藉著這一切，去辨認那位聖潔之主的腳蹤。

事實上，意識的查驗是叫我們留心那號召我們去演習上帝大能作爲的一種方法。你曾否注意到聖經多麼經常催促我們要牢記嗎？要牢記上帝與亞伯拉罕所立的約；要牢記耶和華怎樣把祂的子民從埃及地爲奴之家救出來；要牢記十條誡命；要牢記對大衞的王國應許；要牢記大衞的繼承人，祂的身體破碎了，祂的血流出來。在餅和酒中記念……記念各各他。

以色列人擊敗非利士人以後，撒母耳在米斯巴和善中間立了一塊紀念的石頭，給它起名叫以便以謝，說：「到如今耶和華都幫助我們。」（撒上七12）他給了百姓一個特別的紀念方法。我們在意識的查驗中所做的就是這事。我們堅立自己的以便以謝，並且宣告說：「這是上帝曾經遇見我幫助我的地方。」我們要牢記著。

愛的細察

在良心的查驗中，我們邀請上主查察我們的心靈深處。這是愛的細察，絕非可怕的事。我們勇敢地述說詩人的話：「上帝啊，求祢鑑察我，知道我的心思；試煉我，知道我的意念。看在我裏面有甚麼惡行沒有，引導我走永生的道路。」（詩一三九23～24）

沒有辯護、沒有抵抗，我們請求上帝察看在我們裏面的眞實情況。我們祈求這些是爲了自己的緣故。它是爲了我們的好處、爲了我們的醫治、爲了我們的快樂。

我要你曉得，在這種良心的查驗中，上帝與我們是一致的。那是共同的審查，如果我可以這樣說的話。我們知道這事實是有幫助的，這裏面有兩個同等重要但相反的理由。

首先，假如我們是自己內心惟一的審查者，會有一千個理由起來證明我們的無辜。我們會「稱惡爲善，稱善爲惡」，正如以賽亞所說的（賽五 20）。然而，由於上帝在審查的事上與我們同在一起，我們會聆聽多過辯護。我們瑣屑的合理化以及逃避責任的藉口，簡直不能承受祂同在的光輝。當我們需要看見它的時候，祂會向我們顯示我們需要看的東西。

在光譜範圍內的另一端，是我們傾向於自我鞭笞。如果任由我們設計，我們很容易仔細地察看自己究竟是怎麼樣的東西，然後宣告自己無可救藥。我們受損的自我形象會投票反對我們，然後我們會毫不留情地捶打自己。但是有上帝與我們一起，我們便受保護和受安慰。祂永不會容許我們看到過於我們所能應付的情況。祂曉得太多的內省會弊多於利。

蓋恩夫人警告我們，不要「倚靠我們自己的勤勉細察過於上帝，去發現和知悉我們的罪。」[2] 如果這審查只是**自我**審查，我們時常會達致過分的稱讚或責備。可是，在這位偉大的醫生鑑察的亮光之下，我們時常都可以期望只有好處。

這不是說不會有痛苦。蓋恩夫人注意到：「當你習慣了這類的降服時，你會發覺，一旦犯了過錯，上帝會藉內在的焚燒責備它。祂不會容許邪惡潛藏在祂兒女的生命中。」[3] 所以，會有一種痛苦的「內在焚燒」，不過我們曉得那是一股淨化的火，我們該歡迎它的淨化。

無價的恩典

至此，你心中可能出現一個問題——這一切審查之目的究竟是甚麼？我們究竟期望它達到甚麼？這是一個誠實的問題，值得給予一個誠實的答案。事實上，這答案容易說明：難以明言的是這答案的價值。

查驗的禱告在我們裏面產生無價的自知恩典。我巴不得能適當地向你解釋，這種恩典眞的多麼偉大。不幸的是，現代男女對自知的重視，其方式與前人大不相同。對我們來說，技術專家的知識至高無上。即使當我們追尋自知時，我們太多時候都把它減縮爲享樂性的探索，尋求自己的平安和成功。我們多麼貧乏可憐！即使異教徒的哲學家，也比這個世代的人聰明，他們曉得，一種未經審查的生活不值得去活。蘇格拉底的一句名言是：「認識你自己。」

大德蘭了解自知的價值。在她的自傳中她寫著說：「自知之道永不可放棄，在這個旅程中，一個人也不會是如此的一位巨人，以致毋須常常回到一個嬰孩和吃奶的幼嬰階段去。」[4]自知不僅是基本的，也是一個決不能忘記的基礎。我們會一再回到這種最基本的禱告之道去。

爲了試行給我們解釋自知的價值，大德蘭加上一些似乎十分奇怪的東西。她寫著說：「在這條禱告的路上，自知以及一個人的罪疚思想乃是糧食，所有愛吃的人都要用它去餵養，不管他們可能多麼脆弱。沒有糧食他們便不能維持。」[5]想到我們的罪疚都能成爲餵養自己的糧食，這是多麼令人驚詫的事。這怎麼可能呢？

你可能記得，保羅敦促我們把身體——我們自己——當作活祭，獻予上帝（羅十二1）。這種奉獻不能用一些敬虔的術語，或者宗教的行動，以抽象的方法去做。不，它必須植根於對具體細則之接納，就是接納我們是怎樣的人，過著怎樣的生活。我們必須接納，甚至尊重我們受造的本性。要奉獻自己就只能奉獻我們的生活經驗，因爲惟獨這才是我們的本色。我們是誰——不是我們想是誰——乃是我們必需作的惟一奉獻。因此我們不僅向上帝奉獻我們的力量，也奉獻我們的軟弱；不僅奉獻我們的才能，也奉獻我們的肢離破碎。我們的口是心非、我們的情欲、我們的自我崇拜、我們的怠惰——一切都放在祭壇上。

我們不可否認或忽視我們邪惡的深度，因爲看似矛盾地，我們的罪疚成爲我們的口糧。當我們誠實地接納在我們裏頭的邪惡，作爲有關自己的部分眞理，並將這眞理奉獻給上帝時，我們在一種神祕的方法中獲得滋養。甚至有關我們陰暗方面的眞理，都能叫我們得自由（約八32）。

所以，毋須把關於自己的任何上帝眞理，加以阻止、壓抑或昇華。全然、整部、未加修飾的自知，乃是維持我們的口糧。對生命說「是」，意味著誠誠實實地承認我們的邪惡，但這也是對上帝說「是」。祂在我們的邪惡中支持我們，把我們引到祂的公義中。

藉著信心，自知把我們帶到自我接納和自愛那兒，而它們又從上帝的接納和愛中吸取生命。所以，大德蘭到底是對的，這是「所有愛吃的人都要用它去餵養的口糧」。她的話確實是智慧的忠告：「自知之道永不可放棄。」

向內轉

較早時我曾說，查驗的禱告有兩方面。在分析方面，這說法夠準確，但當我們實行時，它可能會引起誤導。實際上，這經驗比較像一個活動的電腦圖案中的兩個集中圓圈，它們不斷的重複、會合，並且進進出出、互相交織。比方，我們注視上帝在我們生命中的作爲，當我們找到時，我們發覺，祂把我們看不見的一邊暴露出來。意識的查驗和良心的查驗有點像海洋的浪：彼此之間有所分別，然而不住地重疊在另一個浪的上面，浪與浪之間從來沒有完全分開。明白了這一點，我們如今轉到**這**問題：我們怎樣去實行查驗的禱告呢？

我們藉著向內轉去實行。不是向外轉，也不是向上轉，乃是向內轉。布隆 (Anthony Bloom) 寫著說：「你的禱告必須向內轉，不是向天上的上帝，也不是向遠方的上帝，而是向比你所意識到更靠近你的上帝。」[6]

採用查驗的禱告，比起任何其他方式的禱告，我們會鑽得更深更深，正如鑽孔機鑽入地裏面一樣。我們繼續不斷的向內轉——不過用一種十分特別的方式向內轉。我的意思不是向內轉，使我們變得更加內省；也不是說向內轉，希望在我們裏面找到一些特別的內在力量，或者一位內在的救主去拯救我們。如果這樣，我們會白費心機！不，我們不是從事一個**進入**自己裏面的旅程，而是從事一個**透過**自己的旅程，好叫我們能夠從最深層面的自己中出來，進到上帝裏面。正如屈梭多模 (St. John Chrysostom) 注意到的——「找到你的心門，你會發覺那是上帝國之門。」[7]

蓋恩夫人稱這種特別的內轉爲「向心律」(the law of central tendency)。「當你繼續保持你的心靈在內部的深處時，你會發覺，上帝有一種**磁性**的吸引力！你的上帝就像一粒磁石！主自然地把你拉向祂自己，愈拉愈接近。」[8] 蓋恩夫人說：「藉著上帝的恩典過於藉著你自己的努力，你給拉進屬神的中心。」她總結說：「你的心靈一旦開始向內轉時，便給帶到這種……向心律之下。它……漸漸地陷入它的正確中心，就是上帝裏面。心靈毋須其他力量去吸引它，所需要的只是愛的吸力。」[9]

私人的以便以謝

你可能會問：「不過，這種向內轉怎樣達成？有甚麼身體、心思和靈性的活動能夠幫助我們嗎？」啊！是的，有許多——多過我能數出來的。讓我給你指出一些比較普通的。

一種經過時間考驗而進入意識的查驗的方法，是採用靈修日誌。從聖奧古斯丁的《懺悔錄》*(Confessions)* 到韓馬紹 (Dag Hammarskjöld) 的《痕》*(Markings)*，歷代基督徒都發覺，記錄他們靈性旅程的價值。歐雲思 (Virginia Stem Owens) 女士寫著說：「像鏇牀一樣，靈修日誌逼使我們向內進入木頭的核心。」[10]

寫日誌是對我們日常事件高度的立意反省。它與日記不同之處是，它集中於爲甚麼及何故，過於是誰及甚麼。外表的事故，是了解上帝在我們內心較深的運行的跳板。日誌的一種特別價值是它所記錄下來的東西——私人的以便以謝，如果你願意這樣說的話。我們能夠隨時翻閱我們與上帝之間的個人歷史，看看我們所掙扎過的事情，以及我們所獲得的進步。

劉百克 (Frank Laubach) 所寫的許多日記和日誌，乃是有規律的意識查驗的佳作。我特別想到他所寫的《分秒遊戲》*(Game with Minutes)* 那本書。在那本書中，他想看看每天有多少分鐘，他能夠意識到上帝的同在。一九三七年元旦那天他寫著說：「上帝啊，我願意把今年的每一分鐘都獻給祢。我會嘗試在我清醒的每一分鐘都記得祢。」[11] 在另一場合中他寫著說：「上帝啊，經過一夜失眠，我張開眼睛，大聲笑，因爲我們在一起！睡覺並不需要。我樓下那人整夜的咳嗽聲在攪擾我，但對我的品格有好處，只要我不被那些咳嗽妨礙與祢親近。」[12]

我也想到劉百克所寫的《學習上帝的辭彙》*(Learning the Vocabulary of God)* 那本書。在那本書中，他奉獻一整年的時間，去學習上帝如何透過平凡的事情說話。在進入這種試驗的早期他寫著說：「上帝啊，這種尋求祢辭彙的行動，有指望會打開新異象的整個**世界**。我口袋中有一本小書，隨時隨地去記錄祢的話，正如我可能要學習某種語言一樣。」[13] 有趣的是，那一年的經驗引導他進入他畢生的工作，就是舉世知名的「劉百克讀寫方法」(Laubach Literacy Method)。

他在印度巴羅達市場 (Baroda Bazaar) 的一個星期二寫著說：「有三億三千萬目不識丁的人請求幫助。他們需要祢的言辭，是從祢而來的一個字。怎樣去處理這難題確令人困惑。『未解決的難題』是祢的言辭，因爲在這些難題中，祢是我們的校長去訓練我們。」[14]

雖然我鼓勵人訓練自己寫日誌，作爲靈性成長的一種方法，但我不想把它擡高到一個地步，以致失去正當的觀點。就我們所知的而論，耶穌從未從事這種行動，聖法蘭西斯或者還有許多其他著名的基督徒，也沒有這樣做。他們雖然沒有這樣做，但在他們自己的靈性塑造中，似乎都有很好的表現。今天需要這樣說，因爲有一些羣體發覺寫日誌極有價值，以致錯誤地假定每一個人都必須寫日誌。事情當然不是這樣。寫日誌對某些人有價值——通常對那些特別有文字恩賜的人——但對別人則無價值。我們永不能指定上帝施恩的媒介。

有許多其他的事可做。有一年夏天，我每晚約十時正都出去，到我們在車房門口路上安置的一個小籃球場裏面。我一邊獨自投籃，一邊邀請上帝爲那一天給我開一張屬靈存貨的清單。許多東西都會從記憶中浮現。當然其中有罪過：一句憤怒的話、一次缺少禮貌的行動、失去了一個給人鼓勵的機會。但其中也有好的地方：一個微小的順服、一個安靜的禱告卻似乎產生極大果效、一句恰切的話語。只有一個夏天我這樣做，之後我從來沒有試行重複那經驗，事實上，那是一個經歷意識的查驗的方法。

進入良心的查驗也有許多方法。馬丁・路德鼓勵人有規律地以禱告的心情默想十誡和主禱文，在一定的道德標準中，作爲一種方法去維持我們的生命。而有許多人採用個人退修的時間，去反省他們的生活。

也許你會想採用我一個朋友經歷良心查驗的獨特方法。她整個星期試行以上帝能力的繼承人這身分去生活，做上帝的工作、思想上帝的想法。然後在星期五或星期六晚上，她離開自己的高岡，下到本身的深處，祈求上帝的靈引導她的記憶，回顧一星期來需要祂赦免的罪過或失敗。然後，她進入一個肯定的悔改時間中，最後以在禮拜天早上的崇拜中領受聖餐作結束。

這便引導我們直接進入下一章所要討論的題目——流淚的禱告。現在我們轉到這種奇妙的禱告方法。

寶貴的救主，我爲何懼怕祢的細察？
祢的細察是愛的查驗。然而，我仍舊懼怕……
怕有甚麼會浮現出來。即使這樣，我們邀請祢，查察我的深處，好叫我充分曉得我自己——和祢。

——阿們

4

流淚的禱告

眼淚好像靈魂的傷口中的血。

尼沙聖國瑞 (Gregory of Nyssa)

有一個希臘字 *Penthos* ，在英文方面簡直沒有好的同義字。那些熟悉聖經、按聖經眞理而行的人常有這樣的經驗，而在那些偉大的靈修作者的著作中，也常常出現這個題目。*Penthos* 的意思是一個破碎和痛悔的心；*Penthos* 是指內在屬神的憂傷；*Penthos* 意味著蒙福的、聖潔的哀慟。*Penthos* 是指深切、眞心的懊悔。最要緊的是，*Penthos* 是指流淚的禱告。

尼沙聖國瑞論聖伊扶倫 (St. Ephrem) 說：「當我開始想起他如潮的淚水時，我自己就開始哭泣，因爲幾乎不可能經過他眼淚的海洋而不流淚。沒有一天或一夜……他那警醒的眼睛是不充滿眼淚的。」[1] 聖安東尼 (Abba Anthony) 大膽宣告說：「任何人想要進一步的建立德行，都必須經過哭泣和流淚。」[2]

眼淚的細雨

流淚的禱告究竟是甚麼？它是我們遠離和頂撞上帝的善良而覺得「扎心」（徒二 37 ）；它是我們爲自己

的罪和世人的罪哭泣；它是我們因悔改而來的釋放感到驚愕。流淚的禱告是一種深切和根本的認識，就是罪把我們與上帝豐富的同在割斷了。在一七四〇年十月十八日清晨，布銳內德 (David Brainard) 這位堅毅的對美洲土人傳道的拓荒先鋒，在他的日記中寫著說：

> 我的心對我非常的罪孽和邪惡極其悲傷、沈痛歎息。我從來沒有像現在這樣，對我那可憎惡的本性感到那麼深惡痛絕。然後，我的心忽然奇妙地給帶到上帝的愛中，對上帝向我所施的慈愛有一種活潑的感受。[3]

最近我經歷到一項特別的「眼淚的細雨」的恩典。我曾經思想我的罪，以及上帝子民的罪，也曾經默想福音的教訓（以及教會的古老教訓），就是關乎「懊悔」——心中憂傷——的教訓。當我這樣做的時候，上帝仁慈地幫助我進入一種聖潔的內心哀慟中，是代表教會而有的哀慟。與此同時，又有一種深刻的熱淚盈眶的感謝，爲了上帝對我們的忍耐、慈愛和憐憫。正如彌迦所宣告的：「上帝啊，有何神像祢，赦免罪孽？」（彌七 18 ）

在我自己而言，這種內心的哭泣僅僅延續了幾天，其實我很想它會長一點。今天，這樣的經驗似乎是例外的，但有一段時間，它們卻是例行的。據說，那位法國女演員伊娃 (Eve La Valliere) 在悔改以後，她的眼睛因不斷流淚而長期不適。[4]

流淚的連禱

無論男女，當他們一頁又一頁地閱讀聖經時，對流淚的恩典都會十分熟悉。約伯在極度的痛苦中宣告說：「我卻向上帝眼淚汪汪。」（伯十六20）爲了摩押的罪和荒涼而心碎時，以賽亞喊著說：「我要爲西比瑪的葡萄樹哀哭，與雅謝人哀哭一樣；希實本、以利亞利啊，我要以流淚澆灌你。」（賽十六9）

耶利米被稱爲「哭泣的先知」，他是十分配得這種聲譽的。他悲泣說：「但願我的頭爲水，我的眼爲淚的泉源，我好爲我百姓中被殺的人晝夜哭泣！」（耶九1）如果耶利米不是哀歌的作者，他本應該是！「錫安民的心哀求主。錫安的城牆啊，願你流淚如河，晝夜不息！願你眼中的瞳人，淚流不止！」（哀二18）

詩篇的每一頁幾乎都給歌唱者的流淚所潤濕。大衛悲歎說：「我因唉哼而困乏；我每夜流淚，把牀榻漂起，把褥子濕透。」（詩六6）事實上，哭泣對大衛而言，是那麼習慣的行爲，以致他可以呼籲他的流淚，作爲在上帝面前的一位證人：「我幾次流離，祢都記數；求祢把我眼淚裝在祢的皮袋裏。這不都記在祢册子上麼？」（詩五十六8）那位歌唱者那麼美妙地描述我們心靈對上帝的渴慕，好像鹿渴慕長流的溪水。他繼續承認：「我晝夜以流淚當飲食。」（詩四十二3）詩篇第一百一十九篇是一篇對律法頌揚的擴大讚美詩，這篇詩包含這樣縈繞於心的悲歎：「我的眼淚下流成河，因爲他們不守祢的律法。」（詩一一九136）

思想耶穌，祂「大聲哀哭，流淚禱告」。（來五

7 ）看看祂為祂所愛的耶路撒冷哭泣：「我多次願意聚集你的兒女，好像母雞把小雞聚集在翅膀底下，只是你們不願意！」（太二十三 37 ）聽聽祂在八福中對破碎、瘀傷、被挪移之人的話：「哀慟的人有福了。」（太五 4 ）「你們哀哭的人有福了。」（路六 21 ）注視祂對那用眼淚濕了祂腳的馬利亞之溫柔態度：「因為她的愛多。」靜聽祂赦罪的恩言：「你的罪赦了。」以及祂的祝福：「平平安安的回去罷。」（路七 36 ～ 50 ）

或者想想保羅，他來到亞西亞，「服事主，凡事謙卑，眼中流淚。」（徒二十 19 ）他對以弗所人說：「記念我三年之久，晝夜不住的流淚，勸誡你們各人。」（徒二十 31 ）對他在哥林多的羊羣，他宣告說：「我先前心裏難過痛苦，多多的流淚，寫信給你們。」後來他能夠高興，因為他們的「憂愁」以及「依著上帝的意思憂愁」，已經引導他們悔改（林後二 4 ，七 1 ～ 11 ）。

深刻的喜樂

這一切憂愁、哭泣和哀傷，究竟有甚麼意思呢？它似乎有點令人沮喪，最少對我們這班從小就在好的感受，以及凡事順遂的宗教氣氛中長大的人是這樣。然而，古時的作者卻有一種極其不同的見解。他們看它是一種要去尋求的禮物，是「眼淚的恩賜」。依他們看來，最可憐的人乃是那些一生都不流淚，以及冷酷無情的人。他們實際上稱這種內在的心靈騷亂為「深刻的喜樂」。

事實上，喜樂乃是一個時常屈服於悔罪的心之最明顯結果。施林克 (Basilea Schlink) 寫著說：「天國的第一個特徵是滿溢的喜樂，這種喜樂是從懺悔和悔改而來的。……悔罪的眼淚能夠輭化最硬的心。」[5] 詩人說：「流淚撒種的必歡呼收割。」（詩一二六5）

事情就是這樣。我有一個好朋友最近對這深刻的喜樂，有一種不平常的表達。他是一間小教會的牧師，那間教會乃是摩登世界一切罪惡和損傷的縮影。爲了他教會信徒的罪和憂傷，他常常給帶進破碎和哭泣的時刻。有時，當他爲個別的人禱告時，哭泣之靈便來到。

然而，這次他正在參加一個會議，獨自住在一間汽車旅店中。一天早上他很早醒來，口中念著詩篇九十一篇 14 至 16 節：「因爲他專心愛我，我就要搭救他……他若求告我，我就應允他。」他立即打開聖經，開始用聖經向上帝禱告。在他用聖經禱告時，他開始低聲輕笑，然後大聲歡笑——捧腹大笑。崇高、聖潔的縱聲大笑。他在牀上翻來覆去不停大笑、大笑、大笑。笑到他兩邊都作痛，笑到他必需把一個枕頭覆在他臉上去掩蓋笑聲。這種心靈裏面美妙的釋放，盡情歡笑，持續了也許半小時，直到笑聲平息後，他不禁隨意大聲喊著說：「多麼美妙的方法去開始這一天！」

我的朋友不是生性輕浮的人，事實上他對他的屬靈步伐那麼認眞，以致有時我會鼓勵他輕鬆一點。所以，究竟發生了甚麼事？我想像，這是上帝把他帶進那深刻的喜樂中，這種喜樂是爲那些知悉心靈憂傷，以及滿有眼淚的悔改之人保留的。聖安東尼的一位門徒聖安曼拿

斯 (St. Ammonas) 寫著說：「懼怕生眼淚，眼淚生喜樂。喜樂帶來力量，藉這力量，心靈在一切事上都會滿有成果。」[6] 侯式神父 (Father Hausherr) 注意到：「悔改的結果是喜樂。」[7]

錯綜複雜的問題

不過，對你來說，我也許走得太快了。你還不了解爲甚麼這樣著重較多屬於情感方面的禱告——哭泣和悲歎等等。我也不敢斷定我了解。但我曉得，除非觸及我們生命的情感中心，否則便像一個沒有點燃的導火線。眼淚是一個徵兆——當然不是一個絕對可靠的徵兆，不過始終是一個徵兆——表明上帝觸及這中心。透過流淚的禱告，我們容許上帝向我們顯示，我們在情感層面上的罪及世人的罪。盡我所能領悟到的是，眼淚是上帝幫助我們的方法，叫我們能夠從思想的層面降至心靈的層面，在那兒向上帝謙卑膜拜，不斷景仰。

還有無數別的問題緊壓心頭。這一切關於罪、懊悔及悔改的講論，豈不有點古老——返回那錯誤的內疚感和不健康的壓抑的年日中去？甚麼神學的實質引發這種禱告的方式呢？這樣去禱告，我們是否必需實實在在的啼哭呢？再者……再者……再者……

我了解你的關懷及你的問題。即使我有一切的答案，但在短短一章中，我也不能逐一解答。也許沒有別類的禱告，比這種禱告引發更多訝異。也許這就是爲甚麼鮑蘿丁女士 (Madame Lot-Borodine) 稱它爲「眼淚的奧祕」的原因。[8] 不過，與其對我們不知的感到煩躁，不如讓我們試行把我們所知的弄清楚。

最低層的實體

流淚的禱告之最低層實體乃我們是罪人。我的意思不是說我們犯了罪——雖然我確知這也是眞的。我不是對我們的行動，給予一種道德的判斷，而是對我們與上帝的隔離給予一種神學的判斷。我們不是因爲犯了有罪的行爲而成爲罪人；反而因爲我們是罪人而犯了有罪的行爲。神學家稱這種基本的敗壞爲原罪 *(peccatum originis)*，而一切罪的核心乃是拒絕相信，缺少信心 *(a defectus fidei)*。從這種基本的缺欠及與上帝的疏離，湧出一切歪曲和變形的行動，我們稱之爲罪。

新約開頭便出現施洗約翰那常見的、幾乎單調乏味的呼召，叫人「悔改，因爲上帝國近了」。這種疊句在五旬節時由彼得繼續，最後，聖經以耶穌號召七個教會悔改、轉向上帝的道路結束。

當然，耶穌基督的十字架，使這樣的悔改變成可能。在某種神祕的情況中，藉著祂的流血，耶穌把歷世歷代一切邪惡和一切敵對，都放在祂自己身上，並且施行救贖。祂使我們與上帝復和，恢復了被罪損毀的無限寶貴的個人關係。正如史弼爾 (Adrienne von Speyr) 所說的，藉著十字架，基督把「恩典的活塞」打開了。[9]

不僅如此，基督教的神學告訴我們，基督死了，經過地獄，「擄掠了仇敵」（弗四8）。然後，在第三天，耶穌掙脫了死亡的掌握，而這位復活的基督所做的第一件事是，設立了認罪和赦罪的職分（約二十

23）。復活是上帝突然的赦罪！

還有一件事是需要的，就是我們悔改的回應——並非只有一次，而是一再悔改。馬丁·路德宣告說，基督徒的生活應該是天天悔改的生活。我們每天認罪、每天悔改、每天「回轉、回轉，直到轉得對」。流淚的禱告對我們的回轉有基本的幫助，然而，這事如何完成，今天卻不甚了解。我們如今就要討論這一點。

懊悔的行動

詩人說：「憂傷痛悔的心」上帝必不輕看（詩五十一17）。但對我們這班活在摩登世界的人來說，眞正的問題乃是，我們怎樣去經歷一個痛悔的心，一顆悲傷、破碎、憂愁、悔改的心呢？

首先，讓我們以詢問開始。我切望這聽起來不會太陳腐，因爲那是我們能夠知道有關我們轉向上帝的最深眞理。**我們**絕對不能叫內心的悔改產生出來，它不是我們能促使它到來的東西。我們不能藉製造某種情緒、使用某種氣氛以及某種音樂令它發生。它是上帝所賜的禮物，純粹而單純。那是上帝喜歡賜給所有祈求之人的禮物。

所以，懷著勇氣和堅持，我們祈求一顆痛悔的心。我們祈求哭泣、悲傷的心。我們可以禱告說：「主啊，讓我領受流淚的禮物。」如果內心的憂傷在開頭時沒有來到，我們便繼續祈求、繼續尋找、繼續敲門。

像耶穌的比喻中的稅吏，我們呼籲說：「上帝啊，開恩可憐我這個罪人！」（路十八13）不僅一次，或者久不久這樣做，而是時時刻刻這樣做。那首古老的崇拜詩歌《求主施憐憫》*(Kyrie, Eleison)* 就是從這個比喻來的。而那篇著名的耶穌禱文也是這樣：「主耶穌基督，上帝的兒子，求祢憐憫我這個罪人。」我們與歷代一大羣聲音一同懇求悔改的恩典，就是流淚的禱告。有時，我們的禱告可以簡縮成兩個字：「憐憫！」

第二，我們認罪。我們承認自己缺少信心、與上帝遠離、心中剛硬。在一位仁慈的父面前，我們宣布我們的罪，沒有托辭也不簡縮。我們不信也不團結，傲慢及自滿自足，有許多過錯，不堪提起也數不勝數。魯益師提到：「真正基督徒的鼻孔，要繼續不斷地注意內在的污水池。」[10] 保羅那令人震驚的宣告：「我是何等可憐的人啊！」（譯按：《和合本》作：「我真是苦啊！」）乃是成熟的基督徒對悔改之靈的渴望（羅七 24）。

我們沒有留下餘地可作藉口，或使人原諒的情況，我們說：「因我自己的過錯，因我自己最嚴重的過錯。」正如古老的認罪文所記的。像那古老的認罪文一樣，我們「承認這些罪，以及我所有記不起的罪」。第十七世紀的詩人傅萊徹 (Phineas Fletcher) 寫著說：

眼淚一點一滴地流下，
　　濕了那美麗的腳，
它從天上帶來
　　和平的消息及和平的君王。

潤濕的眼睛，不要停止，
　　懇求祂的憐憫；

呼求報復
　　罪便永不止息。

在祢深的狂流中
　　淹沒我一切過錯和懼怕；
不要讓祂察看我的罪，
　　只察看我的眼淚。[11]

第三、我們接受。我們的主是信實的、是公義的——也是有憐憫的——祂會饒恕也會潔淨（約壹一9）。像浪子的父親，祂一看見我們回轉歸家，便立即跑過來迎接我們。祂把我們不配得、也不能賺到的美好禮物，豐豐富富的賜給我們。

在我所著《屬靈操練禮讚》一書中，我曾詳細討論，當我們靠著自己不能經歷到赦免和潔淨，而需要我們在信仰中的弟兄姊妹幫助時，該怎樣行。[12] 在此只需說，我們這班跟從耶穌基督的人，已蒙賜予一種親切的服務職分，就是互相帶來上帝的赦免（約二十23）。你也許知道在羅馬天主教團體中，有向神父認罪的事。如果你知道另一件事，可能也對你有幫助，就是早期的修道院運動是完全不屬神職人員的。這些平信徒彼此認罪，也從彼此的口中領受基督赦罪的保證。事實上，我們是有特權做同樣的事。

抑有進者，藉賴基督的權能，我們在人裏面釋放赦免和憐憫的精神。馬太福音第十八章全章都是討論耶穌有關給予和接受赦罪的教訓，而在那透徹的討論的正中，耶穌應許我們：「凡你們在地上所捆綁的，在天上也要捆綁；凡你們在地上所釋放的，在天上也要釋放。」（太十八 18 ）我們就這樣做。我們把痛恨和心硬捆綁；我們把赦免和溫柔釋放。這是我們可以盡情使用的事奉。

第四，我們順服。當仍有餘地可以悔改時，懇求上帝賜下一顆憂傷痛悔的心是不夠的；單單盡情地公開地承認我們許多的罪是不夠的。鑲嵌於赦罪的話語裏面的，是順服的呼召。

也許浮現於我們意識中的是，一種自以為義的態度，就讓我們立即承認這一點；也許我們記起說過一句無情的話，就讓我們毫不遲疑地到那人面前請求饒恕；也許我們想起以前所做過的一件不義的行為，就讓我們立即設法補償。

在積極方面，我們用無限的熱心去從事德行的實施。也許在工作場所中，我們有一個機會，對不義的事施予一擊，就讓我們立即說出來。也許我們看出有一個機會能影響我們的兒女向好，就讓我們迅速去做。也許一個鄰居需要人幫助修理籬笆，就讓我們盡快去幫助。藉著這一切，我們會經歷到順服的喜樂。

當我們不能哭泣時

在結束這一章關於流淚的禱告時，我想對那些不能哭泣的人說幾句話。正如聖西米安 (St. Symeon) 告訴我們的，有些人「即使被刺穿也不會造成不安」。[13] 我知道，因為我是其中一個，只有藉著特別的恩典，我才有所不同。

在我們的文化中，很少東西會推動我們朝這方向走。此外，某些氣質的人不容易流淚。如果你是這樣的人，不必灰心，我也曾像你一樣。容許我說幾句勸勉的話，對你可能有幫助。

對你自己，你要堅定和友善，不要讓你自己用「我不是情感化的那類人」的托辭而逃避。同樣也要緊記，你採取現代硬漢所說的「我是一塊磐石，我是一個海島」的態度，並非一朝一夕的事，所以要改變這種根深蒂固的習慣，也非一朝一夕能達到。金碧士 (Thomas à Kempis) 注意到：「習慣克服習慣。」[14] 你可以從這句話得鼓舞。你在建立禱告的新習慣，你對自己所需要的乃是忍耐、仁慈和堅定不移。

其次，如果你沈浸於福音書中，它們會醫治你，除去那「板起面孔」的宗教，這種宗教對那位「憂愁之子、習慣悲傷的人」是十分陌生的。耶穌懂得流淚的禱告，祂會指引你如何「跟從祂的腳蹤行」（彼前二21）。跟從聖提奧多 (St. Theodore the Studite) 的忠告：「讓我們給聖靈帶到約但……讓我們與祂一同領受洗禮，我們意思是眼淚的洗禮。」[15]

此外，當你在外表上不能哭泣時，可以在你的意向中在上帝面前流淚。要有一顆哭泣的心，使你的心靈流淚。即使眼睛是乾的，思想和心靈卻能夠在上帝面前破碎。

最後，當你忍耐等候流淚的禱告來臨時，在屈梭多模的話中安息：「罪的火燄是熾烈的，但它會給少量的眼淚熄滅，因爲眼淚把過錯的烘爐熄滅，洗淨我們罪的創傷。」[16]

仁慈的耶穌，我比較容易用我的思想親近祢，過於用我的眼淚。我不曉得怎樣從我生命的情感中心去禱告，甚至不曉得怎樣去接觸我的那部分。然而，我仍舊就這樣來到祢面前。

我抱歉，因我多次拒絕祢愛的建議。求祢饒恕我一切干犯祢律法的罪過。我對那鐵石心腸毫無感覺的生活方式深感懊悔。求用那破碎祢心的東西去打碎我的鐵石心腸。

耶穌啊，當祢經過祢那最大的試煉時，祢深感痛苦憂傷、痛哭流涕、不以爲恥。在記起祢的憂愁中，求祢幫助我爲我的罪哭泣……爲我的罪哭泣……

因祢的緣故也奉祢的名禱告。

——阿們

5

放手的禱告

聖靈指教我，要把我的意志完全降服在父的旨意之下。祂開我的耳朵，以巨大的溫柔和受教的心，去等候父一天又一天要講說和教導的話。祂使我發現，與上帝的旨意聯合，就是與上帝自己聯合；對上帝的旨意完全降服，就是父所要求的東西，就是子的榜樣，而且就是心靈的眞正福祉。

慕安德烈 (Andrew Murray)

當學習禱告時，我們發覺一個有趣的進程。在開始的時候，我們的意志與上帝的旨意競爭。我們請求、我們撅嘴、我們質詢、我們祈望上帝像魔術家那樣表演，或者像聖誕老人那樣向我們大施恩惠。我們注重立刻的解決辦法，以及操縱的禱告。

雖然這段掙扎的時間是困難的，但我們決不可輕視它或者試行避免它，它是我們成長及在屬靈的事上進深的主要部分。當然這是較低層次的階段，但它的意思只是相對於成年人的階段來說，小孩子的階段是較低層次的。成年人能有較好的推理，也能承擔較重的東西，因爲他的腦子和筋肉都比較完全發展，不過小孩子正在做著的，乃是我們期望他在這個階段會做的事。在靈性生命上，情形也如此。

然而，時候到了，我們的意志開始進入一個充滿恩典的釋放中，我們的意志湧進父的旨意裏面。放手的禱告把我們從掙扎移進釋放中。

一個廣告的啓迪

我想把一個看得見的形象放進你的心中，好幫助你了解放手的禱告的意思。我這樣做必需告訴你一個小故事——你將會看出它是多麼貼切。

我有一個住得相當遠的社工朋友，她常常請我到她城裏，教導她和她的同事有關內在醫治的禱告。我時常都懇辭，因爲知道在她城中有許多好的人士，可以提供幫助。但她一直堅持。最後我對她說：「讓我們把我前來這意念，當作禱告本身一件事。我要你做的是這樣：回家去，除了上帝以外，不要對任何人說起我要來這意念。如果在下星期左右，至少有六個人跟你有同樣的願望，想有這類的教導，那麼我們會曉得上帝是在這件事裏面，而我會前來。」她同意。

請了解，我不是試行要聽到上帝說話，我只是想避免擔任這教導課程！四天以後她打電話來說：「自從我回家以後，有十二個人曾經問我這件事情！」我逃不了，於是我同意前來。

那是一個小的聚會，只有約十五名社工人員。我們在我朋友家中聚集。第一晚，一個男士坦白分享：「請對我寬大一點，因爲我不是你們當中的一位。」他的意思是，他不是基督徒，而這一羣人親切地接受他的說明。

整個週末，上帝的靈溫柔地停留在整個團體中，以致在星期日下午，這男士靜靜地詢問：「你們可否爲我禱告，好叫我能夠像你們那樣認識耶穌？」

我們該怎麼做？沒有一個正常的回應似乎是適切的，我們默默等候。最後一個青年站起來，輕輕地把手放在這男士的肩膀上。我從未忘記他的禱告。我覺得好像要脫去我腳上的鞋——我們所站的是聖地。

似乎很奇怪，他用的是一個廣告禱告。他描述當時一個流行的廣告，是關乎雀巢牌凍茶的。在那廣告中，不同的人在夏日的陽光下汗流浹背，大家跳進游泳池中，「呀！」的一聲，臉上流露乾渴得解的表情。然後，他邀請這男士以同樣的方法投入耶穌的膀臂中。這男士忽然開始哭泣，發出幾聲滿有憂愁和悲傷的極深歎息。我們以崇敬的驚訝看著他領受得救的信心的恩典。那是一個親切充滿恩典的時刻。後來他與我們分享，這禱告如何觸及有關他過去的一個深邃的中心，這中心是與他童年時所受的洗禮相聯的。

這幅畫面，就是一個人投入耶穌的膀臂中，發出一聲乾渴得解的「呀！」的畫面。對我來說，乃是一個完全的放手的禱告之形象。這是我要你緊緊地抓住的一個精神上的形象。

放手的禱告的最終結果，是帶我們進入這種靈魂滿足的安息中。當你繼續這一章時，我希望你會在你的心眼中，刻下你自己投入耶穌的膀臂中的圖畫，完全滿足、完全得安息。我確信你曉得，這幅圖畫是描述放手的禱告的最終結果，而不是過程。但我們需要有這清晰的結果擺在我們面前，使我們有勇氣去面對那過程。

客西馬尼的學校

我們在客西馬尼學校學會放手的禱告。請用景仰的驚奇凝視這景象，那孤獨的人物，以粗糙的橄欖樹爲背景浮現出來，汗如血點滴在地上。屬人的渴望：「讓這杯挪開。」那最後的放手：「不要成全我的意思，只要成全祢的意思。」（路二十二 39 ～ 46 ）如果我們時常默想這無可比擬的放手表現，會多有得益。

在此，我們看到成爲肉身的上帝子流淚禱告，卻沒有得到祂所求的。耶穌曉得未蒙應允的禱告的重擔。祂實在想要這杯挪開，祂也祈求把這杯挪開。「祢若願意」是祂的詢問，是祂想知道的。父的旨意還沒有絕對清楚向祂顯明。「還有其他的辦法嗎？」「有其他的方法使人得救贖嗎？」回答是——不！慕安德烈寫著說：「爲了我們的罪，祂在那未蒙應允的禱告的重壓下受苦。」[1]

在此，我們有一個完全放下人的意志的榜樣。我們的口號是：「願我的旨意成就！」而不是「願祢的旨意成就」。我們有非常好的理由去支持自我意志的旗幟：「我自己操縱比別人操縱好。」「況且我會使用這權力去達成好的目的。」可是，在客西馬尼的學校中，我們學會對自己的心思、意念和旨意投不信任票，即使它們不是直接有罪的。耶穌向我們顯示一條更美的道路——無助的道路、放棄的道路、放手的道路。「願我的旨意成就」被「不是我的意思」征服了。

在此，我們有一個完全流入父的旨意中的榜樣。耶穌極度關心的是「願祢的旨意成就」。稱讚上帝的旨意、遵行上帝的旨意，甚至爲上帝的旨意作戰都不難……直到它與我們自己的旨意不相投時，我們就劃清界線，開始辯論，而自我欺騙便接手掌管。可是在客西馬尼的學校中，我們學會讓「我的意志、我的方法、我的好處」，都必須降服於較高的權威之下。

掙扎之必需

我們不要以爲，這一切會輕而易舉地臨到我們，這種情形（即輕而易舉地臨到我們）甚至不是值得要的。掙扎是放手的禱告的一個基本特徵。你有沒有注意到，耶穌一再祈求讓這杯離開祂？我們可以肯定的是：假如耶穌選擇不飲這個杯，祂確實能夠避開十字架。祂有自由意志以及眞正的選擇，而祂自由地揀選，讓自己的旨意服在父的旨意之下。

那不是簡單的選擇或者快速的決定。耶穌在禱告中的掙扎——充滿了血汗——延續了很長的時間，直到深夜。放手不是一件容易的任務。

聖經中所有名人都曾掙扎：當亞伯拉罕放棄他的兒子以撒時；當摩西放棄他的見解，認爲以色列的拯救者要如何運作時；當大衛放棄拔示巴爲他所生的兒子時；當馬利亞放棄對她自己前途的掌握時；當保羅放棄他想要脫離那使他衰弱的「肉體中的刺」時。

掙扎是重要的，因爲放手的禱告是基督徒的禱告，而非宿命論，我們不向命運屈服。馬潔爾 (Catherine

Marshall) 寫著說：「聽天由命是對上帝的愛毫無信心。……聽天由命是在宇宙的塵土上靜靜地躺下來，在那兒上帝似乎已經逃走了，希望之門也關閉。」[2]

我們不是給鎖進一個預先安排好的、定命論的將來中，我們的宇宙是開放而非封閉的。正如保羅所說的，我們是「與上帝同工的」——與上帝合作去決定事情的結局。因此，我們禱告的努力是眞正的給予和拿取，與上帝的眞正對話——也是眞正的掙扎。

割斷寶貴的根

當我寫這些字時，嘉蘿玲和我親自經歷到放手的禱告。一年多以前，有先知的預告論及我的前途，前半部是有關我們的家庭的，這些事發生，對我們有極大的鼓勵，也增强了我們的信心。而信息的後半部則關乎我們將要經歷的深刻試煉，其結果是我們會被彈出，進到一個新的、有效的事奉領域中。

我不曉得怎樣去思想這信息的後半部，直到幾個月前，當我得到從上帝而來的一個非常的啓示時才曉得。這啓示的要旨是指出，我將要割斷生命中一些極其寶貴的根。起初我誤會這些話，以爲它們是關乎我當時與一小羣作家之間的關係。（上帝對我們說話這一事實，並不保證我們聽得準確或者了解正確！）後來，我才曉得，上帝是論到我們所居住的那城，以及我所任教的大學所紮的深深的根。這一點從無數環境的證據，以及從全國各地許多智慧的忠告中，得到證實。

不過，那只是我們經歷放手的禱告的開始。我們要放棄的，遠超過十多年來所建立的溫暖友誼，也遠超過放棄實施我們新的復興努力的基地——「漢勞華希」教會更新中心 (RENOVARÉ)。

我是「美爾頓中心」的作家小團契的行政總裁。五年前我設立了這個中心，而我對它的將來繼續有很高的期望，但我必需放棄它。多年來我和嘉蘿玲夢想建造一座沒有毒素的房子，希望藉此能夠控制她相當嚴重的敏感症。嘉蘿玲花了整整一年的時間，去設計及監督這房子的建造，而我們最近才搬進去，但我們必需放棄它。還有更多的東西要放棄。

這些決定來得不容易。我們禱告、我們掙扎、我們哭泣。我們走來走去、走去走來，衡量各樣的選擇。我們再禱告、再掙扎、再哭泣。請相信我，我們爲這決定與上帝糾纏多多。寫這本書時，我們不曉得這一切會有甚麼意思，不過，我們的放棄是我們與上帝徹頭徹尾完全同意的，我們認爲祂的道路是完全正確及美好的。

有希望的放棄

放手的禱告是眞誠的讓它去，但那是有希望的放棄，我們沒有宿命論者的聽天由命。我們受了對上帝本質的信任所鼓勵，雖然我們所看見的，都只是生命的繡帷背面糾纏不清的線，但我們知道上帝是善良的，而且曉得祂所做的，時常都是爲了我們的好處。這便給了我們希望，相信我們是勝利者，不管我們受呼召要放棄的是甚麼。上帝是在邀請我們進深和升高。這裏面有公義的訓練、更新能力的訓練、新的喜樂的訓練，以及更深的親密的訓練。

有時我們所放棄的東西，上帝又送還給我們。在我所寫的第一本書《屬靈操練禮讚》前整整一年，我不做甚麼，只是談論這本書，嘉蘿玲聽我嘮叨聽得累了。但那是我盛大的欲望。

後來我參加了一個大型的會議，在那兒有一位著名的作家——大會的一位主要講員——偶然分享他的寫作生涯，怎樣對他的婚姻生活有破壞性的影響。那是偶然的一刻，與大會的主題無關，但整個星期，其他甚麼我都聽不進去。在我耳中回響的乃是這個問題：「你是否願意放棄這本書，讓位給嘉蘿玲和兩個兒子呢？」

這當然是上帝對我說話，但我只是懊惱和憤怒：「上帝爲甚麼把寫一本書的意念放在我心中，然後又告訴我不要寫它？此外，我長途跋涉到這裏來，花了那麼多錢，卻不能集中注意講員所說的一件事。多麼浪費！」但那問題一直緊隨著我。

我乘搭飛機回家，直到星期日深夜才抵達。開車從飛機場到家中的一段路充滿了關於孩子的閒談，以及漏水的水龍頭、到期的帳單。嘉蘿玲完全不曉得我內心的掙扎。一進家門，我雙臂抱著她堅定地說：「親愛的，我要你曉得，對我來說，你比那寫書的計劃重要得多。如果這計劃會破壞我們的關係，我不會寫那本書。」事情就這樣決定。我睡覺時確信我永不會寫那本書。

那是星期天晚上。星期二上午，我遇見後來做我出版書籍的編輯。其他的事已是歷史。而你曉得，直到今天，我記不起在那次會議中講員所說的一件事！

無價寶藏

當然，這不是時常發生的，有時放棄是永久性的。這時我們要信靠上帝的智慧，祈求祂施恩，叫我們能在祂的平安中安息。事實上，平靜的安息，乃是那些曾經踏過放棄的道路之人常有的經驗。

不過，正如我較早時說過的，我們所放棄的東西，就是回到我們身上的東西。上帝爲甚麼讓我們經歷這迴旋曲折的過程呢？比方，耶穌爲甚麼說：「一粒麥子若不落在地上死了，仍舊是一粒；若是死了，就結出許多子粒來？」（約十二 24 ）上帝爲甚麼似乎先要求放棄，然後才使有些事情發生呢？

部分答案在於這個事實，就是許多時候，我們對自己所知道的好東西緊緊抓住，以致我們不能領受自己所不知道的更好的東西。上帝必須幫助我們放棄我們的微小憧憬，以便把祂爲我們收藏的更偉大的好東西賜給我們。

不過，這只是部分的答案，較完善的答案繫於上帝要改變人的個性之目的。放棄或放手給我們帶來一種無價的寶藏：**把意志釘十字架**。保羅曉得這是多麼偉大的恩典，他高興地宣告說：「我已經與基督同釘十字架。」這裏面有放棄、這裏面有釘十字架、這裏面有對自己生命的死，但這裏面也有希望的放棄。「現在活著的不再是我，乃是基督在我裏面活著。並且我如今在肉身活著，是因信上帝兒子而活。祂是愛我，爲我捨己。」（加二 19 ～ 20 ）。

武爾曼 (John Woolman) ，這位貴格會的裁縫，他對美洲大陸的釋奴事工，有極大的貢獻。一次他有一個極其生動的異象，在那異象中，他「聽見一個溫和動聽的聲音，比我以前用耳朵聽見的更清純、更和諧的聲音，我相信那是一位天使對另一位天使談話的聲音。那聲音說：『**武爾曼死了。**』」武爾曼對這話十分迷惘，於是「深入探索，好叫我能了解這奧祕」。最後，他「感覺到屬神的能力預備我的口」，於是他宣告說：「我與基督同釘十字架。」「然後那奧祕打開，而我體會到……武爾曼死了那句話的意思只是說，我自己的意志死了。」[3]

「我自己的意志死了」——强而有力的話語。所有偉大的靈修大師都發覺是這樣。祈克果回響武爾曼的經驗，他注意到：「上帝從虛無中創造一切——上帝要使用的一切東西，祂都先把它變爲虛無。」[4]

你可曉得這種把意志釘十字架的行動，是何等偉大的自由嗎?它是指陶恕(A. W. Tozer)稱爲「從自我中心的生命線、從人心緊密相聯的罪」中釋放出來[5]。它是指從自我的罪中釋放出來：自足、自憐、自我專注、自我虐待、自我擴充、自我譴責、自我欺騙、自高自大、自我貶抑、自我放縱、自我恨惡，以及其他一大堆類似的東西。它是指從永恆的重擔中釋放出來，這重擔是時常都要己意得逞的。它是指有自由關心別人，眞心誠意的先以他們的需要爲念，快樂地慷慨施予。

藉著這每天把意志釘十字架，我們漸漸地改變。不是像一陣旋風那樣把事物改變，乃是像一粒沙在蚌裏面漸漸改變。新的恩典臨到：新的能力把我們的掛慮交付上帝，對別人的成功有新的快樂，對善良的上帝有新的盼望。

請記住，我們所處理的是把意志釘十字架，而不是把意志消滅。釘十字架時常與復活相聯。上帝不是消滅意志，而是把它改變，以致經過一段時間，以及經歷過一些經驗以後，我們能自由地以上帝的旨意爲旨意。在把意志釘十字架的行動中，我們得蒙上帝賦予能力，去放棄對生命的緊握、去跟從我們最好的禱告。

禱告的練習

只有透過日常生活的特別事故，你才能夠受引導進入放手的禱告中。當你面對日常有關房屋、家庭和事業的決定時，意志便漸漸地降服。我不能指定你怎樣去實行，事實上，直到有特別的事故產生時，你才曉得放棄的形式是怎樣的。所以，實行是透過活的經驗而來的。不過，我能夠給你一些實行過的禱告，使你可以把它們解釋到你個別的情況中。

第一、學習自我倒空的禱告。以默想的心態，透過腓立比書第二章去禱告，這章聖經描述基督如何倒空自己 (Kenosis)。祂本有上帝的形象，但自願取了奴僕的形象，順服至死。懇求上帝孵育的聖靈，把你的禱告應用到你那天的特別事故上。靜靜地等候、仔細地聆聽、立即順從。

第二、學習降服的禱告。採用對觀福音中任何一卷，與耶穌一同進入客西馬尼園，警醒守候，看著祂的悲傷心靈，讓你的心也憂傷。與祂一同掙扎去尋求其他的選擇，希望避免喝這杯。現在，把祂的話當作你自己的話說出來：「不要成就我的意思，只要成就祢的意思。」邀請這位復活的主把這句話解釋進你的生命中、解釋進你的家庭中、解釋進你的事業中。

第三、學習放棄的禱告。高賽德所寫的《自我放棄到信賴上帝》*(Self-Abandonment to Divine Providence)* 那本書可能有幫助。你也許想採用傅高德 (Charles de Foucauld) 的話：「父啊，我放棄自己，交在祢手中，按祢的旨意在我身上隨意而行。無論祢做甚麼，我都感謝祢：我預備承擔一切、接受一切。只願祢的旨意成就在我身上，也成就在祢一切受造物之上——主啊，我不多求甚麼。」[6] 讓你心中自主的上帝指示你，要把甚麼放在祂腳前。

第四、學習釋放的禱告。首先，把你的孩子、你的配偶、你的朋友，舉起到祂膀臂中。然後，把你的將來、你的希望、你的夢想，交在祂仁慈的看顧中。最後，把你的敵人、你的憤怒、你想報復的渴望交給祂。把一切全交在祂手中，然後回轉過來，走出去。祂會按祂認爲妥當的辦法去處理一切。

第五、學習復活的禱告。你可以這樣禱告：「主啊，把祢所喜歡的，以及能夠發展祢國度的東西復活過來。讓它以祢想要的任何形式來到；讓它按祢的時間和方法來到。主啊，爲著復活，我感謝祢。」有些東西會仍舊是死的——它們如此會對你較好。其他東西會爆發出新生命，其方式會令你幾乎認不出它們來。無論怎樣，放心相信上帝在復活的事上比你好。

我們在放手的禱告中的逗留只是剛開始，我們還有許多事要學習、許多路要走。放手把我們帶到崎嶇不平的巖層，攀登的道路很陡，石塊也很尖銳，而那些小徑要在危崖上通過。從每一個屬人的觀點看，有時我們好像已經掉下山崖跌死了。但我們知道的更清楚，我們曉得，我們只是跌進耶穌的膀臂中，完全滿足、完全安息。

主啊，當我對事情那樣毫無把握時，我怎能放手呢？我對祢的旨意毫無把握，我對我自己也毫無把握。……問題實在完全不是那樣，對嗎？事情的真象是，我恨惡放手這觀念。我確實想操縱。不，我需要掌握一切。事情就是這樣，對嗎？我怕放棄控制，擔心有甚麼事發生。主啊，醫治我的懼怕。

祢多麼好，即使正當我顛躓地試行禱告的時候，祢竟向我顯示我的盲點。感謝祢！

不過，現在我要做甚麼？我怎樣放棄控制？耶穌啊，求祢指教我祢放手的方法。

——阿們

6

塑造的禱告

禱告——暗中、熱烈、信任的禱告——是一切個人敬虔的根源。

克利 (William Cary)

人們說：「禱告改變事情。」事實上，它也改變我們。後一個目標更爲緊要。禱告的基本目的，乃是把我們帶進這樣的一種與父團契的生活，以致藉著聖靈的能力，我們日益與聖子的形象相似。這種禱告的過程，乃是塑造的禱告之惟一焦點。

除非我們準備改變，否則沒有人會維持一個禱告的生活。我們會放棄它，或者把它轉變爲一種小小的方法，去維持敬虔的樣式但否認它的能力——這與放棄它並無分別。

當我們開始與上帝同行時，祂仁慈而奇妙地應允我們輭弱、自我中心的禱告。我們想：「這眞美妙。上帝到底是眞的！」然而，早晚，當我們再按這鈕時，上帝會對我們說：「我不想單作你的供應者，我也想做你的教師和朋友。讓我帶你進入一條更美好的道路。我想釋放你脫離貪得無厭的貪念，脫離那使你生活變成一個極大愁苦的恐懼和仇視。」在這情況下，你可能會發怒並且掙扎反對，但早晚我們會學懂做得對的好處，並開始移入聖潔的順服中。每天那孵育的上帝的靈，會用一種新的和活的方法教導我們。當我們開始依從聖靈輕輕的推動時，我們裏裏外外便改變過來。

古老的作家對這種改變的能力有一個名詞—— *conversatio morum* 。[1] 這是一個不容易繙譯的短語。消極方面，它指對現狀死，對事物一向以來都有的情況死。積極方面，它指時常改變、時常悔改、時常開放給聖靈的感動。高賽德寫著說：「靈魂輕如鴻毛、流動如水、天眞像小孩，像一個漂浮的氣球，對恩典的每一個動作都有所回應。」[2]

在較早的幾章中，我曾約略討論過，禱告改變我們根深蒂固的習慣架構的方法。在塑造的禱告中，這問題成爲我們關懷的中心，我們必須處理一些重要的問題。這類的禱告怎樣幫助我們去壓制自我中心的想法，以及卸下自高自大的重擔？在哪一種情況下，它會激發靈性的長進？在結出仁愛、喜樂、和平、忍耐、恩慈、良善、信實、溫柔、節制（加五 22 ）的果子的事上，它扮演甚麼角色？

禱告的限制

在進行討論前，我必須說一句提醒的話。在「聖潔的習慣」的塑造中，我們不應該過分強調禱告所居的地位。光有禱告，它能達成的好處是極其有限的。禱告只是一個大得多的整體的一部分——雖然是重要的部分。

衞拉德 (Dallas Willard) 說到，在我們繼續不斷的更新中，上帝使用的三個主要範圍——一個塑造的「黃金三角」，你不妨這樣說。第一個範圍是靈性生命典型的訓練：獨處、禁食、崇拜、慶祝等。第二個範圍是我們與上帝之靈的運作繼續不斷的交互作用：抗拒、不順服、悔改、降服、信心、順從及其他。第三個主要範圍是上帝在我們裏面發展的堅忍，這種堅忍是藉我們每天所面對的各種挫折、試煉和試探而形成的。[3]

所以，我們決不可把禱告與基督徒的其他靈修分隔，對它要求多過上帝原本所定的。不，相反的，我們要見到禱告與整體的靈修生活，產生滿有活力的交互作用。

還有另一個要提醒的，當我說到塑造的禱告時，我不是講論完全主義，而是講論在靈性生命上的進步。像「無罪的完全」及「完全成聖」的問題，在神學家之間有許多辯論。雖然我相信這問題是重要的，而我自己對此也有意見，不過我不打算在此解決這問題。

我想要堅持的是，進步、增長、改變、塑造的重要性。上帝渴望把我們塑造成愈來愈合乎基督的樣式：「祂預先所知道的人，就預先定下效法祂兒子的模樣。」（羅八 29 ）我們要看看塑造的禱告在繼續進行的效法中，其所擔任的角色。

追尋與被追尋

塑造的禱告有主動和被動兩方面。在主動方面，我們在追尋上帝。我們是寄居的，尋找一座城，那城的建造者就是上帝；我們是信心之旅中的朝聖者；我們以恐懼戰兢的心，去作成我們得救的工夫；我們操練自己趨於敬虔；我們向著上帝在基督耶穌裏從上面召我來得的標竿直跑（腓二 12 ；提前四 7 ；腓三 12 ～ 14 ）。

在被動方面，我們被上帝追尋。我們要留心去回應；我們是陶匠大師手中的軟土（師十八）。

主動和被動兩方面都是需要的，二者之間存在著一種活動的張力——有點像在羅馬梵蒂岡西斯廷教堂 (Sistine Chapel) 中，米開蘭基羅 (Michelangelo) 在壁畫上繪畫的上帝與亞當彼此向對方伸手的情形。

向上帝伸手

請與我同看三種趨於主動的禱告的古典方法，這些方法的主要目的是我們的改變。第一種方法是從依納爵 (Ignatius of Loyola) 的《聖依納爵神操》*(Spiritual Exercises)* 引伸出來的。[4] 雖然依納爵設計這套禱告法，主要是爲那些在他領導下的人作爲一種退修經驗，但也是我們大家可以取法的一種禱告方法。

這些**操練**的體制有四個基本段落，或者四個星期。第一段、在上帝愛的光中，集中注意我們的罪；第二段、集中注意基督的生平；第三段、集中注意基督的受苦；第四段、集中注意基督的復活。

這四個星期的每一週都配以豐富的默想練習，常常取材於福音書。依納爵做得最好——他堅持在每一次的默想中都採用全部感官。比方，如果我們思想基督爲祂的生命受審判時，我們要「看」那羣衆、要「聽」那控告、要「感覺」那鞭上的刺鈎。强調這一切感官之目的，是要把我們從閱讀的層面進到經歷的層面。我們看見、我們聽見、我們聞到、我們嘗嘗、我們觸摸這故事。

由於其目的是使我們學像基督，因此在**練習**的過程中，繼續不斷的祈求聖靈特別的恩典 *(Charisms)*。第一週，我們習慣地尋求被上帝所愛，以及尋求在祂的愛中沐浴的恩典。在第二週，我們繼續不斷祈求被塑造成爲基督的形象的恩典。［第三週］當我們默想基督的受苦時，我們繼續不斷的祈求上帝施恩，叫我們向世界的愛慕死。在最後一週則集中注意基督的復活。我們所尋求的恩典乃是聖靈的能力，叫我們時常選擇上帝和上帝的道路。

許多讀這些話的人，對依納爵的退修方法之各項細則，可能覺得不舒服，但我想把這四部分的節奏推薦給你。我們大家都需要更深地思想，我們長年累月的慣常不順服，以及上帝無限赦免的習慣。我們大家都需要對**生命**有較豐富的默觀，它會向我們顯明那道路，叫我們可以跟隨「祂的腳蹤」行。我們大家都需要對祂的**死**作較完整的默想，它會釋放我們，叫我們得自由。我們大家都需要對那**復活**有較深刻的經驗，它會給我們加力，在一切事上順從基督。

聖本篤 (Saint Benedict) 的十二步驟

第二種實行塑造的禱告的古典方法，是《聖本篤的法則》*(The Rule of St. Benedict)*[5] 一書中所描述對謙卑的追求。聖本篤採用雅各的階梯的隱喻，討論進入謙卑的十二步驟。

謙卑在我們這個時代受到那麼惡劣的貶抑，以致我們確實必須改正至少一些曲解，然後我們才能衡量，我們是否想進入謙卑的第一步，更不要說十二步了。

簡單地說，謙卑的意思是盡可能按眞理而活：關於我們自己的眞理、關於他人的眞理、關於我們所居住的世界的眞理。它與米昆托斯 (Casper Milquetoast) 形式的性格完全無關。它的意思不是卑躬屈節，或者尋找盡可能最壞的事去論及自己。

事實上，謙卑充滿了能力，帶出生命來。英文的「謙卑」(humility) 一字，來自拉丁文的 *humus* ，這字的意思是肥沃的田地。布隆寫著說：「謙卑是地的情況。」謙卑的一項意思是，與地密切接近。布隆提醒我們，地時常與我們同在、時常被認爲理所當然的事、時常讓任何人在它上面行走。它是我們丟掉垃圾的地方：

> 它在那兒，默不作聲，接受一切，而且以一種奇妙的方式，把所有垃圾變爲新的豐富。……把朽腐化爲生命力，化爲一種新的創造可能。它向陽光開放，也向雨水開放，樂意接受任何撒在它上面的種子，也能夠使每一粒種子結出三十倍、六十倍、一百倍的子粒來。[6]

謙卑的能力就是這樣。正如大德蘭所提醒我們的：「謙卑是禱告的主要助手。」[7]

不過，我們怎樣去得到它呢？謙卑是那些我們決不能用全神貫注的辦法去得到它們的德性之一。這觀念是可笑的。然而，結果許多人都下結論說，由於我們對於那折磨我們的傲慢、自我中心的本能無能為力——於是我們只有等待上帝把謙卑澆灌在我們頭上。空等一場！

聖本篤對我們實在幫助不少，他向我們顯明，在這領域中有一種屬靈的工夫，是我們能夠做的。有一些心思、身體和靈性的活動，能夠征服驕傲，給我們帶來溫柔和謙卑的生命之喜樂。雖然我們大家都並非同意他每一個步驟，但我們大家都該感激聖本篤，因為他幫助我們看出，有**一些**事是我們能夠做的，以致我們能向前移動，進到謙卑的生命中。

聖本篤的好幾個步驟，都集中在我們與上帝的關係中：「在我們眼前對上帝常存恭敬的心；拒絕我們自己的意志和欲望，代以遵行上帝的旨意；向主承認我們一切邪惡的思想和行為。」三個步驟是對付我們口舌的運用，特別著重我們生命中這一方面的重要性。我們要培植緘默，避免輕浮的話語，採用清楚簡單的說話。謙卑其中的一個步驟是：「耐心忍受我們所面對的損傷和痛苦。」另一步驟則是：「凡事知足」。

在每一件事上，這教導的要點是它的瑣屑。在簡單平常的事上，都因著上帝的愛而去著手承擔。當我們經歷到許多超越自己的小小死亡時，我們便越發進入謙卑的恩典中。

小法子

這便直接導致第三種塑造禱告的古典方法：就是聖德蘭里修（Thérèse of Lisieux；即小德蘭）的「小法子」(The Little Way)[8]。這位簡樸的婦人，人們只曉得她是「小花朵」，但她設計了一套滿有禱告的生命進路，幫助了好些人。她稱它爲「小法子」，這小法子表面看來十分簡單。簡言之，它是要找尋低賤的職業、歡迎不公正的批評、照顧那些騷擾我們的人、幫助那些沒有感激之心的人。在她那方面而言，小德蘭確信這些「瑣事」要比認可的聖潔的偉大行爲，更討耶穌的歡心。這小法子的美麗之處是，它對每一個人都完全有用。從小孩到成人、從老練的到簡單的、從最有權勢的到最沒有影響力的，大家都能夠從事這些小事的服役。這樣去生活的機會繼續不斷的臨到我們，儘管偉大的忠誠只時不時發生。幾乎每天都能給嘮叨的同事微笑的服事、留心聆聽愚笨的絮叨、表現小小的仁慈而不大加張揚。

我們可能認爲，這些渺小瑣屑的行動不值一提，這當然正是它們的價值所在。它們是沒有標榜的對自私的征服。爲了這些日常生活中看不見的勝利，我們永不會獲得一個獎章，甚至不會獲得一聲「多謝」——而這正好是我們想要的。

小德蘭的自傳《一個靈魂的故事》*(The Story of a Soul)* 中，記載一件偶然發生的事，這件事加强了這小法子的隱藏性。一位無學問而相當自大的修女，成功地在小德蘭所做的每一件事上去刺激她。然而她不躲避這人，反而把這小法子直接應用到這衝突中：「我使我自己對待她，好像她是我最愛的人。」小德蘭在她的小法子上那麼成功，以致她去世以後，這位修女宣布說：「當她在生時，我令她眞正快樂。」我敢斷言，小德蘭對這句話必然會十分高興。[9]

獨處的共享

如今我們要把注意力轉移到塑造的禱告的另一方面，就是集中注意接受過於抗爭、放棄過於發起。在此最完美的形象是陶匠手中的泥——柔輭、容易駕御、可塑造。那麼，請與我一同察看塑造的禱告比較被動的三種古典方法。

獨處是這些方法中首要的，而且是最基本的。盧雲(Henri Nouwen)寫著說：「沒有獨處，根本不可能活出屬靈的生命。」[10] 這裏面的理由很容易看到：藉著獨處，上帝釋放我們，脫離人們的束縛，以及我們自己內在的衝動。

要進入獨處，我們必須不顧別人對我們的想法。誰會了解這種離羣獨處的呼召？即使我們最親近的朋友，也會看它是浪費寶貴的時間，而且相當自我中心。然而，當我們不理別人的意見時，在我們心中所釋放的自由是多麼優美！我們愈少給人的聲音迷住，我們便愈能夠聽見上帝的聲音；我們愈少給他人的期望操縱，我們便愈加開放給上帝的期望。

然而，在獨處中我們不僅向他人死，也向我們自己死。當然，最初的時候，我們會以爲獨處是一件叫我們「充電」的方法，好叫我們以新的活力、新的力量進入生活的許多競爭中。然而，我們早晚會發覺，獨處賜予我們能力，不是去贏得那勞神的競賽，而是對那勞神的競賽完全置之不理。慢慢地，我們發覺自己會放棄內在的許多衝動，例如，想要獲得過於我們所需要的財富、比我們實際的年齡看來更年輕、不明智地取得更多的身分和地位。在那寂靜中，我們那虛僞的忙碌的自我面具給揭開了，看出了那冒充的騙子的眞面目。

聖耶柔米 (St. Jerome) 提醒我們，我們「從來沒有比我們單獨時更單獨的」。[11] 我邀請你進入這獨處的共享中。

凝視深淵

思想自己的死，在現代人耳中聽來，雖然可能十分陌生，然而那是由來已久的自我更新的方法之一。在自我崇拜的風氣那麼盛行的今天，把這種習慣復甦，對我們會有益處。如果你今天去世會有甚麼事發生呢？如果我今天去世呢？從這樣的默想中產生的最嚴肅的一個識見是，我們理解到，即使沒有我們，生命仍然繼續下去——而且活得相當好。第二天太陽會升起，人們會繼續他們正常的工作，沒有甚麼實質的東西會改變。

對我們這些時常懷著一種幻想，以爲世界繞著我們的決定而旋轉的人，這是一個無情的實際情況。沒有我們在那兒，怎麼可能有重要的事情發生呢？沒有我們在那兒，怎麼**竟敢**有重要的事情產生呢！你看，我們有點像《伊索寓言》*(Aesop's Fables)* 中，停留在馬車輪上的蒼蠅一樣，牠向後看，大聲說：「唉喲，看我捲起了多麼大的塵暴啊！」

我有一位朋友是信義會的牧師——華士威牧師 (The Reverend Bill Vaswig)——有一次我與他討論加拉太書第二章 19 節，思想與基督同釘十字架是甚麼意思。我的意思是，我們實際上在講論些甚麼東西？華牧師說：「讓我們禱告，求主叫這節經文進入我們各人裏面。」我原想客觀地討論這段經文，但我强行抑制自己，只說：「好的，我們怎樣做呢？」華牧師回答說：「我不確切知道，但你先禱告！」於是，我走到他那邊，把我的手放在他頭上，開始禱告。我不知道我所說的會有甚麼果效，只希望他會體驗到，與基督同釘十字架是甚麼意思。

當我禱告完了坐下時，華牧師睜大眼睛看我，低聲說：「事情發生了！」我惘然地回應說：「發生了甚麼？」於是他開始解釋說，當我開始禱告時，他看見一幅生動的精神上的圖畫。他看見他的禮拜堂，裏面正舉行一個喪禮。他能夠清楚看見一切：一具上蓋打開的棺材、聖壇、高拱的橫梁。不過，他是從棺材裏面看見這一切的，原來這是他自己的喪禮！當人們滿懷悲傷，列隊經過棺材時，他試行告訴他們，一切都好，他自己也很好，所發生的是件好事。但他們聽不見他說話，他們所能看到的只是一具屍體。然而，他覺得自己從來沒有活得那麼好、那麼有活力。

他爲我所作的禱告也有同樣有力的果效。因爲在那天，我們都沈浸於聖靈的環境中。最要緊的是，我們倆人對於向自己死，都有更深的了解。

溫順的禱告

第三種被動的塑造禱告之形式是恩德曉 (Evelyn Underhill) 稱爲「溫順的禱告」。[12] 那是「完全順從、完全透明、完全放棄在上帝手中」的經驗。[13]

讓我試行用類似的事物去說明。想像一個小孩子，手拿鉛筆，在一張紙上胡亂塗寫。然後，觀察他的母親把她的手放在小孩子的手上面，引導他在紙上塗寫，寫出了大而美麗的字。這就是溫順的禱告。

再一次，試行觀察一支帆先在船的一邊收聚風力，然後又轉向另一邊收聚風力，因爲掌舵的人熟練地隨著風向操縱自如。帆的柔順性使它可以利用風力，假如換了一塊木板，船便不能順風前進。這種脆弱、這種不設防的容易接近性，就是溫順的禱告的核心。

所以，當你讀這些字句時，把自己降服在這位陶匠大師的滿有仁愛的手中。不要懼怕。正如聖經所說的：「壓傷的蘆葦祂不折斷，將殘的燈火祂不吹滅。」（太十二20）祂永不踐踏弱者，從來都不消滅最微小的希望。讓祂的手放在你的手上面，引導你。讓你成爲輭弱、易碎和可傷害的。現在就聆聽眞牧人的聲音，從祂身上學習。

冬天的祝福

每年冬天接近時，我都喜歡觀察後園的楓樹，看它開始喪失夏日的青綠，配上憂鬱的赤褐色。當葉子掉下時，樹上的不均勻和缺點都一一暴露出來。當然，那些不完全之處時常都在那兒，可是它們都給一張翠綠的氈子蓋住了，使我看不出來。不過，如今它裸露了、荒蕪了，而我能看見它的眞實情況。

冬天使樹得以保存和加強。與其把它的力量花費於外在的表面上，它的汁漿被迫深入它內在的深處。在冬天，一個較堅韌、較活潑的生命堅定地建立起來。對一株樹的生存及茂盛來說，冬天是必需的。

你立即便會看出這應用。我們常常用表面的德行和敬虔的活動，去掩飾我們真實的情況，可是，一旦我們的葉子以瘋狂的速度掉下來，那冬日靈性的更新力量便能產生果效。

外表看來，一切都似乎荒蕪和不雅觀。我們許多缺點和瑕疵、輭弱和不完全，全然暴露出來。不過，只有外表的德性垮了，德性的本質才確實加強。心靈向前邁進，深入內裏。眞正的、堅實的、持久的德性，開始在內心深處發展。純潔之愛誕生了。

親愛的主耶穌，在我較好的時刻我不要別的，只要像祢。不過，也有其他的時刻……求祢幫助我，使我看出，效法祢是多麼美好的一件事。在我尋找祢的時候，讓我也被祢尋找到。主啊，我愛祢。

——阿們

7

立約的禱告

我們所需要的乃是想知道上帝全部旨意的欲望，並且堅心決意去實行。

約翰·衛斯理

立約的禱告乃是深奧的內心號召，叫人過醉心於上帝的生活。它領我們來到個人決定之十字路口；它引導我們經過神聖的委身深谷；它招呼我們上那聖潔的順服之阿爾卑斯山道路。

立約的禱告的菁華，在詩人的悔罪禱文中給抓住了：「上帝啊，我心堅定，我心堅定。」（詩五十七7）在立約的禱告的祭壇上，我們立下堅定不移的忠誠的誓願；我們作了崇高的決定；我們許下聖潔的順服的承諾。

可理解的恐懼

我能想像得到，你幾乎本能地從這一切委身的語言中退卻。我也曾從其中退卻。為甚麼呢？

首先，今天許多人簡直不喜歡作任何種類的委身。在某種意義上，這大概不是我們的錯，這是一種風氣，這是這個時候的心境。委身意味著責任，而責任聽起來像拘束。

例如，我們這個時代通常都把自由定爲完全不受拘束。我們一旦思想它的時候——即使片刻——我們會了解，這種觀念多麼滑稽。絕對的自由是絕對的胡說！我們透過委身、紀律和堅定的習慣，在任何事上都獲得自由。狄摩西尼 (Demosthenes) 所以能夠有自由成爲一位偉大的演說家，只因他曾經歷過一種訓練，口銜石子，在怒吼的海洋上面演講。韓德爾能夠寫成那輝煌的《彌賽亞》*(Messiah)*，只因爲他曾仔細學習作曲。藉著激烈的自我訓練，奧康納 (Flannery O'Connor) 能夠勝過使他衰弱的疾病，成爲二十世紀一位最好的小說家。自由是訓練和委身的產品。

此外，我們也誠恐委身會把生活中一切自發性和喜樂拿去。嚴肅的誓言聽起來那麼冷酷；那麼像要咬緊牙關過活。當我們論到禱告時，我們不想覺得給責任綁住了，我們想在我們覺得要禱告時才禱告。我們誠恐委身會使禱告似乎像強制的運動，而不是樂意的奉獻。

然而，正如潘霍華提醒我們的，事情的眞象是：「禱告不是對上帝的樂意奉獻，它是必須做的事奉，是上帝所要求的東西。」[1] 不過，這本分毋須是無情的。我們是否認爲，只因爲我們所愛的許多詩篇是從祭祀禮儀的背景中產生的，所以作者寫詩時便沒有喜樂呢？我們是否認爲，只由於彼得和約翰按照例定的時間上聖殿禱告，所以他們對那瘸腿之人說的話，便沒有自發性呢？他們對他說：「金銀我都沒有，只把我所有的給你；我奉拿撒勒人耶穌基督的名，叫你起來行走。」或者那人蒙醫治後，是否咬緊牙關，進了殿，「走著、跳著、讚美上帝」（徒三1～10）呢？不，當我們在聖靈的能力中從事活動時，我們履行責任的行動，是能夠滿有大喜樂和祝福的。事實上，正如高賽德教導我們的，責任乃是「現在一刻的聖事」。

我想提出另一種我們逃避委身的理由。很簡單，只因爲我們擔心不能完成自己所立的約。我們可能在以往作過承諾，但不能完成——這也許是婚姻的誓約、對兒女的承諾，又或可能是簡單得多的東西——比方，殷勤靈修讀經的保證。我們甚至可能讀到聖經裏面的警告：「你起願不還，不如不起。」（傳五5）結果，我們在心中自責，因爲破壞了這盟約。

對這種懼怕，我想說幾句恩典和憐恤的話。請記住，即使是偉大的使徒彼得，也曾作過他不能完成的承諾（約十三36～38）。也請記住，上帝知道你心中的動機，祂知道你的輭弱和缺點。許多時候，你的心會爲某些事責備自己，但上帝卻不會爲那些事責備你。抑有進者，祂對你嘗試討祂喜悅的心會感到歡喜。你心中所作的應許和承諾沒有白費，上帝是在你塑造的欲望層面上運作。祂有辦法使你的渴望進入內在深處——畢竟是祂把那欲望放在那兒！

賜生命的盟約

盟約是聖經中的字句。你可能知道上帝與挪亞、亞伯拉罕、摩西、大衛所立的約。你會記得，耶穌用祂的血設立新約，以赦免人的罪。

盟約的要點是承諾——這正是我們那麼厭惡的東

西。可是，假如上帝沒有承諾藉亞伯拉罕的後裔賜福給世人，我們會落到甚麼地步呢？假如耶穌拒絕委身洗掉世人的罪，我們會落到甚麼地步呢？我們會落到甚麼地步呢？

當上帝與摩西立約時，祂應許要把祂的子民從埃及地爲奴之家救出來。祂應許作他們的上帝，保護他們、引導他們、賜福他們。在這盟約中也有規定——就是我們今天稱爲十誡的。這些乃是人們對上帝如潮的恩典和仁愛之回應，是他們的承諾，答應過信實、順服的生活，不是藉此賺得上帝的喜悅，而是藉此表達對上帝的憐恤之感激。

耶穌用祂的血所立的新約，其要求也不少過這些。祂不是把祂的約寫在石版上，乃是寫在屬肉的心版上。我們在耶穌的面上看見上帝的榮耀，各各他的犧牲是上帝有約束力的承諾。祂與我們立約。承諾要求承諾。我們的回應如何呢？我們是否願意獻上順服的生命去回報呢？

聖潔的順服之約

我們首先透過聖潔的順服之約，去回應上帝之愛的屬天提議。我們毫無保留地起誓，順從父最微細的耳語。我們答應以極度的忠誠，以及全然的簡樸去順服眞牧人的聲音。祈里 (Thomas Kelly) 寫著說：「有一種程度的聖潔和全然順服，以及歡欣的自我克制，並敏銳的聆聽，是令人驚異得透不過氣來的。」[2]

我曉得，這一切聽來像是令人震驚的絕對和確定不移。我們怎能完成這樣的承諾呢？不錯，**我們**不能夠。順服的問題是上帝的事，而非我們的事。除非上帝先把那種欲望賜給我們，然後又加力給我們去作，否則我們連一件好事也做不到。然而這正是問題的要點。上帝把這欲望賜給你——假如這欲望不是已經在你裏面沸騰，你不會讀這些字句。而祂決不會把想要做某事的欲望賜給你，而不同時賜你力量去順從。

此外，順從不是眞的像初見時那麼沈重。我們所做的，只不過是與我們靈魂的永遠愛人陷入徹底的愛中。聖詩作者馬特孫(George Matheson)承認說：「那不容我離去的愛啊！」[3]我們只是用我們惟一可能的方法，去回應那永恆之愛進深的、催促的、邀請的、說服的呼籲。

當我們一旦有開放的暗示時，上帝就跑向我們。祂是天上的獵犬，毫不放鬆地緊緊跟著我們的腳蹤。而祂在我們裏面放置對上帝無饜足的飢餓，除了那眞正的全麥生命之餅外，絕對沒有別的東西能夠滿足我們。

有時，我們會給上帝之愛的壓倒性經驗衝擊，直達心靈深處。慕迪(D. L. Moody)一次在紐約的街上行走，忽然深感上帝之愛的同在，以致他奔跑到他一個朋友家中，讓他有一個房間能獨自在裏面兩小時，上帝那令人陶醉的愛，一浪又一浪的淹蓋他。在另外的時間，我們經歷到一種如此閃耀的光輝異象，以致我們對一切其他爭取我們效忠的事物都熟視無睹，毫不動心。巴斯噶(Blaise Pascal)在他經歷到最偉大的靈性高峯時寫了一個字：「火！」此外，還有別的人，當那無法形容的平安來臨時，他們起來、行走、坐下、躺著，心中滿有無言的崇敬、降服、奧妙和榮耀。

我們從這樣的震盪心靈、愛的侵襲中出來，而有所改變。我們像一支指針，轉向屬靈的指標。任何普通的善良不再有效，沒有一半的措施會足夠。我們被無情的、不能改變的、聖潔的順服之屬神標準吞噬。

我發覺，這種對上帝沈醉的經驗，要比我們始初認爲的更普通。不過，我們也可能從來沒有這種令心靈震盪的遭遇。那並不要緊，我們本身並沒有甚麼不對。我們能夠透過聖徒的自傳和日誌，以及無數沒有題名、未加宣布的普通人的美妙故事，去分享這燃燒的異象之歡悅的奇妙。這些經驗之賜下，畢竟是爲了鼓勵上帝所有的子民，而不是僅爲了少數的個人。

我們也能培植朝向上帝的思想和心念的習慣。當我們從事日常事務時，在我們裏面，我們可以繼續催逼自己朝向屬神的中心。一有機會，我們便把我們的心意呈明在上帝面前，心中認罪並且呼求：「主啊，求祢憐恤」；「耶穌啊，我愛祢」；「求祢今天向我顯示祢的道路」。抑有進者，我們可以把思想下降進入心中，以安靜的驚奇、崇敬和讚美過活。

我們**現今**便在我們能夠做到的一切事上，以及我們所知道的一切事上順從祂。我們採用費麗依 (Elizabeth Fry) 的禱文：「主啊，求祢幫助我愈來愈多以獨一、單純和清潔的順服去服事祢。」[4]

如果我們跌倒——我們**會**跌倒——我們便起來，再次尋求順從祂。我們塑造順從的習慣，而一切習慣開始的時候都滿有失腳、跌倒及錯誤。我們不是一夜之間便學會行走，也不是一夜之間便學會彈鋼琴。我們不會因爲踢到腳趾或者彈錯了一隻琴鍵子，便過分自責，對嗎？在靈性生活上，我們也不應該過分自責。起先我們會覺得，似乎是自己在做這事，**我們**乃是發動者。但早晚我們會看出，是上帝以熱切渴望絕對的清潔，來激發我們的心。陶恕寫著說：「我們追尋上帝，是因爲，而且只因爲祂首先把衝動放在我們裏面，這衝動刺激我們去追尋。」[5]

事情的美妙就在這裏：找尋上帝只會加深和加強我們對上帝的追尋。我們一次嘗過順服的滋味，便會想要更多。詩人邀請說：「你們要嘗嘗，便知道祂是美善。」（詩三十四8）火熱之心的兒女，有一個似乎矛盾的經驗，就是：飽嘗上帝，會使我們更多渴慕祂，克理霍聖伯納把這種聖潔的嗜好寫成一首詩：

生命的餅啊，我們嘗嘗祢，
　　使我們渴慕更加飽嘗祢；
生命水源啊，我們飲用祢，
　　我們心靈的乾渴，願祢充滿。[6]

我想試行說明的是：順服有途徑去增强，而非消耗我們的資源。如果我們在一個小的角落順服，我們會有力量在其他地方順服。順服生順服。

我希望你曉得，我是講論在家中、在辦公室、在學校、在大商場的凌亂磨擦中的聖潔的順服。我們是學習在擾人的小孩中間，不厭倦的忍耐的順服；我們是學習絕對溫柔的順服，即使對我們的配偶感到沮喪、恐懼及痛苦時也如此；我們是學習有穩定不變平安的順服，即使在預期有不能控制的事發生時也如此。這就是聖潔的順服之盟約。

時間的盟約

立約的禱告並不是把我們留在聖潔的順服之廣泛承諾中，它也號召我們作細則上的決定。巴克斯特(Richard Baxter) 在他所著《聖徒的永恆安息》*(The Saints' Everlasting Rest)* 一書中，向我們忠告，要找出「最適宜的禱告時間、最適宜的禱告場所、最適宜的心靈準備」去禱告。[7] 這便構成立約的禱告之特別節操。

時間的盟約的意思是，承諾有一個禱告的**經常**經驗。聖本篤在他所寫的《法則》*(Rule)* 一書中，堅持要定時禱告，因爲他不想跟從他的人忘記是誰負責管理。敬虔人的一個職業危險，是把他們自己的事務與上帝的事工相混淆。多麼容易把「這事非常重要」去取代「我十分重要」。聖本篤對此有深刻的了解，因此他會在一天中規定了間歇的時間去叫人禱告——就在表面看來十分緊急和重要的工作中間。我們也會發覺，承諾定時禱告會擊敗自以爲十分重要的心態，以及魔鬼的詭計。

不過，何謂「定時」？這要看你自己、你的本性、你的需要。古老的希伯來模式是每天三次——早上、下午、晚上。彼得和約翰遇見那瘸腿的，正因爲他們按照習慣，在下午三時禱告的時間上聖殿去（徒三1）。（我知道在印度有一羣人，在早上十時以及下午三時鳴鐘，提醒大家停止工作，爲團體的需要默禱。）有許多人發覺，每天一次——特別是在清早——定時禱告，特

別有效。詩人宣告說：「耶和華啊，早晨祢必聽我的聲音。」（詩五3）

在此，我們要小心，不要把不可能承擔的擔子加在別人身上。農村的生活傾向於按照每天循環的節奏去運作，而城市生活則傾向於按照每週循環的節奏而運作。在鄉村中，每天早晚都有一定的雜務要做——例如，擠牛奶、餵雞等。每天按時禱告，在這情況下會有意思。與此相對，在城市生活中，一切事務都十分緊迫直到星期五——正如我們常說：「感謝上帝，是星期五了！」——而週末則可以比較自由支配。在這情況下，按每週的模式去規定禱告的時間，可能較適切。與其因爲不能每天按時禱告而感內疚，倒不如規定在星期六早上，多用點時間作禱告和靈修閱讀。

在這事上，我想對有嬰孩的父母說幾句話。你們的嬰孩所要求的精神和時間是極大的——比你起初知道的更多——特別是，如果你是單親家庭。中間打岔是永無止境的。再者，你很少能夠熟睡，因爲你時常要留心嬰孩的動靜。認識這事實，對自己不要苛求是很重要的。這段時間會過去——比你所想的更快。與其試行找到某些你無從找到的獨處時間，倒不如在你與嬰孩共處時去尋求上帝。上帝會透過你的嬰孩，眞正與你同在。與你的嬰孩玩耍的時間，就是你禱告的時間。你可能在給嬰孩餵奶時禱告——對餵母乳的母親特別如此——所以，向你的主唱出你的禱告。短短幾個月以後，你便能夠回到一種比較正常的禱告模式。

我們一旦給個別的差異和作息時間表，予以慷慨的活動餘地以後，我們必須堅決地訓練自己有一個經常的禱告模式。我們不能假定時間會奇妙地出現。我們永不會**有**時間禱告——我們必須**製造**時間。在這件事情上，我們必須無情地對付我們的合理化想法。比方，我們決不可矯稱「我們時常以禱告的心態生活」去原諒我們沒有禱告的錯失。戴林普爾(John Dalrymple)觀察得正確：「只有當我們堅決地安排好在某個時候、某個地方禱告時，我們才能時時刻刻，在任何地方禱告。」[8]

向別人負責對這事有極大的幫助。我與一個小組每週都聚會一次，每次聚會時，每一個人都要回答好幾個問題。第一個問題是：「這個星期你有甚麼禱告及默想的經驗？下星期你決定做甚麼？」

簡單、實際的決定能夠幫助我們保持所立的盟約。我喜歡在隨身的一本活頁筆記簿中，記下我每次禱告的時間。當我旅行時，我通常計劃用飛機航程的第一段時間去崇拜、禱告和默想。有一個冬天，我在筆記簿中安排好每一個工作日的下午三時爲約定的時間。屆時，我會離開辦公室一小時，開車五分鐘到本地一間動物園，手上拿著聖經和私人日記，在一個可愛室內雨林的板凳中消磨五十分鐘。多數人都不能在他的職業上有這樣由自己安排的時間，不過，我們大家總有任由自己使用的時間，假如我們一旦有這個觀念的話。

我希望你曉得，在這段時間中你毋須接聽電話或者應門。卜倫大主教(Archbishop Anthony Bloom)說，他的父親會在門上掛上一張便條，上面寫著說：「不要費事敲門。我在家，但不會開門。」[9]我還不眞能這樣做，不過，有時我會在辦公室門上掛一個大家了解的記號——「與上司會談！」

你要確實知道這一點：每一件事都會試行把你從這神聖的時間中拉走。你的電話鈴會響、你的筆會沒有墨水、有人會敲門、忽然會有一個急切的需要去做一件多年留下來沒有做好的事。在那瞬息的一秒，惟獨你能決定，堅決停留在你心靈的內在聖所中，抑或急忙跑出聖所，給那緊急的事故支配和控制。

地點的盟約

如果時間的盟約號召我們要常做，那麼地點的盟約則號召我們要常駐。在聖本篤那個時日，他看見那麼多到處漂泊的先知，並無任何類型的負責行為，以致他把「穩定」或「常駐」的誓願，列為他的《法則》的中心特色。我們同樣需要固定在一處地方。

地點的盟約把集中的恩典賜給我們。當我新作基督徒時，我常在每天清晨出去車房後面，坐在一堵用空心磚築成的牆上，腳踏垃圾桶，手拿聖經。這是聖地。當天氣轉冷，不便外出時，我進入我在新墨西哥州一個小單位住宅的儲物室。在那兒，我找到黑暗及寂靜，二者都使我集中注意。我也勉勵你，找出一處可以集中注意的地方——一個閣樓，一個花園、一間空房、屋頂下小閣，甚至一張指定的椅子——一處與生活常規相離的地方，使你不會分心的地方。讓這個地點成為一間神聖的「會幕」。梅頓 (Thomas Merton) 寫著說：

> 我最大的快樂是返到花園房的屋頂下小閣，那兒有一個破爛的窗戶，可以望見外面的山谷。

> 在那靜默無聲的場所，我喜愛那綠茵草地。蘋果樹受折磨的樣子，成了我禱告的一部分……我對這靜默那麼喜愛，以致當我出去，在通往那孤立、遠離新建築物的舊倉房走去時，喜樂從頭到腳淹蓋我身，甚至我的骨髓都因內心的平安而微笑。[10]

地點的盟約也包括對團體的承諾。我們是子民的一部分，我們與他們認同，向他們委身。有些人有一個屬靈導師，那人會在他們與上帝同行時，與他們一同聆聽。另外有些人則聚成一個小組——教會裏面的教會——彼此栽培、互相負責。

不過，要記住，這種團體是一種恩賜，我們不能用邏輯的安排使它發生。有時，在某些地方，我們在生活上沒有這種特別的恩典。然而，我們的盟約是時常把它找出來、時常歡迎它的出現、時常培植它的發展。

心中準備的盟約

巴克斯特說：「我們要有『內心最適當的準備』。」遠在任何人曉得身體語言顯示我們最內在的感受時，巴克斯特已經敦促人，用一種毫無阻撓的方式去與上帝相遇，讓他們最深的感受爆發出來。我們可以跑、跳、走、立、跪，甚至匍匐在地板上；我們可以閉上眼睛，以敬畏的心低頭默禱；我們可以向天舉目，讚美事奉上帝；我們可以舉手、拍手、交叉雙手；我們可以哭泣、歡笑、歌唱、歡呼；我們可以使用喇叭、琵琶、豎琴、鈴鼓、絃樂、管樂以及高聲的鈸；我們可以跪下，默默無聲、歎服崇拜。

我們也可以藉培植「聖潔的期望」去預備我們的心，用我們的心眼通過外院進入內院。罩幕從我們心中揭起，我們進入至聖所。空氣中滿有期待的氣氛，我們在全然靜默中聆聽主的聲音 *(Kol Yahweh)* 。

另一個預備我們的心，進入可畏之主面前的方法是——約束我們的舌頭。以絕對的緘默來到永活的聖者面前，要比懷著歪斜的心思意念和多言多語的口舌，忽忙來到祂面前適合得多。聖經的勸告是：「耶和華在祂的聖殿中，全地的人都應當在祂面前肅敬靜默。」（哈二 20 ）

特殊的預備可能會極有幫助。詩篇是教會的禱告書，我在作私禱前常常以禱告的心先讀詩篇。我自己的教會傳統無疑是不重儀式的，所以我有時會採用一本儀式設計的偉大書本去幫助我私禱。有時我選擇貝利 (John Baillie) 的名著《私禱日誌》 *(Dairy of Private Prayer)* 去培養我的心，或者採用另一本沒有那麼著名的作品《約翰生博士的禱告》 *(Doctor Johnson's Prayers)* 。有時我會寫下自己的禱文，用這些禱文禱告，作爲每天預備心靈的私人儀式。

預備你自己小小的聖所，能夠引導心靈進入崇拜。我有一個朋友，每當她禱告時，都在她的小書房中點燃一支蠟燭。鮮花能使視覺和嗅覺都極舒服。我自己每天早上禱告時則喜歡有一杯咖啡在手。

我知道你有自己的預備方法。我所提出的觀念是，採用一切我們所能使用的辦法，去催促我們裏面的一切，進入對上帝的讚美中。「我的心哪，你要稱頌耶和華，凡在我裏面的，也要稱頌祂的聖名。」（詩一〇三1）正如巴克斯特提醒我們的，其報償是非常值得我們去努力的：「世上沒有人過這麼快樂和蒙福的生活，好像那些熟悉這種屬天談話的人所過的。」[11]

約會的禱告

我們通常認爲，約會乃是一對相愛的人預先約定的會晤。多麼恰當！約會的禱告是我們與上帝特別的約會。我們能夠自由和從容，因爲我們是進入心靈眞正歸宿。我們永恆的愛人誘導我們，定時回到祂面前，心中滿有期待與歡悅。要謹守這定期的約會時間是不難的，因爲愛人的語言是甘心樂意浪費的語言。我們喜歡與上帝浪費時間，因爲我們喜歡與祂在一起。

神聖的救主，我在承諾的祭壇前來往踱步。我實在想要定時禱告的習慣，至少這是我此時此刻想要的。我不敢確定兩星期後，我仍舊想要這個，但我確實曉得，如果沒有某種前後一貫與祢的交通，我不會懂得聖潔的順服。

所以，盡我所能做的，我應許有規律地安排時間去禱告、默想及靈修閱讀。求祢在這盟約上加增我的力量，幫助我在祢面前感到歡欣，以致我常想回家到祢面前來。

奉祢的名也爲祢的緣故我立此盟約。

——阿們

第二部

向上移動：尋求我們需要的親密

我們是流放者及外族人，直到我們能夠回到上帝裏面，回到心靈的眞正歸宿。驕傲和懼怕把我們與上帝分隔在安全的距離中。不過，當我們裏面的抗拒給信、望、愛的運作克服時，我們便開始向上移動，進入屬神的親密中。這情況會加力給我們爲他人服事。

托爾斯泰 (Leo Tolstoy) 告訴我們一個故事，是關於三個住在島上的隱士的。他們的親密和愛的禱告，正如他們本身那麼簡單：「我們是三位，祢是三位，求祢憐恤我們。阿們。」他們這樣禱告的時候，神蹟有時會發生。

然而，當主教聽到這三位隱士的事後，他決定他們需要人指導如何作適當的禱告，於是親自前往他們所居住的小島。在教導了這幾位修士以後，主教揚帆回大陸，心中高興開啓了這麼簡單之人的茅塞。

忽然，他看見船尾有一個明亮的巨型球體在海洋上面滑行。那球體愈來愈近，直到他能淸楚看出，原來是三位隱士在水面上跑過來。當他們上船以後，對主教說：「很抱歉，我們忘記了你所教導的部分內容。可否請你再教導我們？」主教搖頭，輭弱地回答說：「把我所教導你們的全部忘記吧，繼續用你們的老法子禱告。」

8

崇敬的禱告

在崇敬的學校中，心靈學會了爲甚麼趨向每一項其他目標時，它都會坐立不安。

史提理 (Douglas Steere)

禱告是人對繼續不斷的愛的澆灌之**回應，**上帝藉這愛的澆灌去包圍每一個心靈。當我們對上帝的回應最直接時，便稱爲崇敬。崇敬是心靈自發地渴求去崇拜、尊敬、誇讚和頌揚上帝。

在一種意義上，崇敬不是一種特別的禱告方式，因爲所有眞正的禱告都充滿崇敬。它是禱告所呼吸的空氣，又是禱告所游泳的海洋。然而，在另一意義上，它**又**與別種禱告形式有所不同，因爲在崇敬中我們進入極其崇高無我的禱告氣氛中。我們不祈求別的，只想珍惜祂；我們不尋求別的，只想高舉祂。我們不集中注意別的，只集中注意祂的善良。「在**崇敬**的禱告中，我們只爲了上帝本身而愛祂，爲了祂的本質，爲了祂燦爛的喜樂而愛祂。」[1]

在崇敬中的奇遇

我以興奮的心情前往參加一小羣作家的周年議會。

那團體精神 (*esprit de corps*) 以及兩人之間的密談 (*tête-à-tête*)時常都令人興奮。那一年我們是在靠近加拿大邊境的一處可愛的勝地聚會。然而，很快地，我便發覺自己從知識分子的笑謔中退下來。我不完全了解我內在退隱的理由。我在想：「我因旅途奔波而累得要死了；我的心靈因許多人的憂愁、痛苦而傷懷並感到沈重。也許一點獨處會解決這問題。」然而，內心深處，我感到需要一些比獨處更多的東西。……但需要甚麼呢？

第二天下午較早時分是自由活動，下午較遲時分則安排了一些可供選擇的讀物——一個可以獨處的絕好時間。午餐以後，我獨自到一個美麗的湖附近散步，對那形形色色、變化多端的蔚藍和青葱景色，我感到無限興奮。然後我開車到附近一個小鎮，在街上遛達，觀看窗櫥。由於沒有人認識我，因此在人羣中我也可以獨處。

要回去閱讀的時候到了，然而，不曉得如何，我總感到在我裏面需要發生的事還沒有完成。在開車回去的時候，我窺見一個不顯著的路標，指向附近的一個瀑布。我轉向這彎曲的山路，穿過青葱的樹林，來到瀑布面前。當我探索這地區時，陽光在樹間穿插，好像在玩捉迷藏。

沿河而下走了約一個小時，我終於發覺自己遠離一切現存小徑，附近也沒有遊客和遠足人士。我繞過大鵝卵石，跨越掉下的樹枝前行，直到我來到一個露出地面的巨形巖石那兒，那巖石突出伸入河中，造成一個屈曲的「U」形急彎。我費了很大的氣力，爬上這個修長的花崗岩拇指。有一段好長的時間，我只沈醉於我上面峽谷之壯麗，以及我下面澎湃的河水。

以後發生的事很難用筆墨去形容。由於河水的咆哮很快便把我所能發出的喊叫聲吞沒，我覺得可以自由大聲喊出我對上帝的感謝和讚美。崇敬和慶祝的精神在我裏頭湧起，我開始按照屬天的鼓聲跳舞，並用我意志所不懂得的語言歌唱。我也用我的心思歌唱——唱那從遙遠模糊的記憶中湧起的聖詩和詩篇，以及臨時像瀑布般落下的輝煌靈歌。我爲一切大小事件流暢地獻上感謝，讚美與河流匯合，共同唱出歡樂的頌揚。我覺得自己好像被邀請，用我輭弱的方法，參與那無窮的讚美凱歌，直達上帝的寶座前。

開始的時候，這經驗是全然沸騰的，但後來那種情感的充溢開始讓給一種耳語：「聖哉！聖哉！聖哉！」崇拜變得更深、更豐富。我在開始時頌揚上帝的名，最後則減爲喁喁細語上帝的名字。頌揚沈浸於崇敬中。

靜靜的敬畏喁語繼續了一段時間。然後，聆聽的安靜臨到我身上，隨即產生前頭日子所需要的指導。這時，峽谷修長的影兒發出信號，表示白日將盡。我一聲不響，沿河上溯，踏向歸程，在驚奇和崇敬中默然俯首。那份內在的肅靜停留數天。那天下午我沒有經歷到古典意義中魂遊象外的狂喜，但我確實進入一種可愛的崇敬中，那種崇敬會醫治我們的憂傷，並且吸引我們靠近父的心。

崇敬的兩方面

崇敬的禱告有兩方面：感謝和讚美。這兩種經驗之間的通常分別是：在感謝中，我們爲**祂已經爲我們所做**

的事而歸榮耀給上帝；在讚美中，我們爲**上帝本身是誰**而歸榮耀給祂。

這種分別是有效的，但我們不要把它推得太遠。在經驗上，這二者會時常進進出出，互相交織，而成爲一個有機整體的一部分。聖經的作者常常使用這兩個字作爲可以彼此通用的字，甚至彼此重疊使用：「我在大會中要稱謝祢；在衆民中要讚美祢。」（詩三十五 18）感謝和讚美在同一時候，涉及一切眞正崇敬的經驗。

舊約世界充斥著感謝的說話。在王國時代，大衞王揀選了一些祭司在約櫃前事奉，有專一的任務——「頌揚、稱謝、讚美耶和華，以色列的上帝。」他指派特別的歌唱人員，不做別的事，只是「稱頌耶和華」（代上十六 4 ～ 36）。此外，也有「感謝祭」，那是古代以色列人崇拜中極其重要的特色（利七 12 等）。

在詩篇裏面很難找出一項沒有感謝言辭的：「你們要讚美耶和華，要稱謝耶和華，因祂本爲善，祂的慈愛永遠長存。」（詩一〇六 4）「我要一心稱謝耶和華。」（詩九 1）「耶和華我的上帝啊，我要稱謝祢，直到永遠。」（詩三十 12）在連禱文中，這樣的字句繼續不斷，稱謝又稱謝。

耶穌是主要存感恩之心的人。祂的禱文「父啊，天地的主，我感謝祢」（路十 21），乃是寫在祂生命歷程上的表記。保羅也懂得感激的精神：「我靠著耶穌基督，爲你們衆人感謝我的上帝。」（羅一 8）聖經的衆見證人確實異口同聲催促我們；「凡事要奉我們主耶穌基督的名，常常感謝父上帝。」（弗五 20）

在一定範圍內我們能夠畫上一條分界線，讚美比感謝居於較高的層面。哈列斯比 (Ole Hallesby) 在他那本定名《禱告》*(Prayer)* 的典型著作中觀察到：「當我感謝時，在某種程度上，我的思想仍舊環繞在我自己身上。可是，當我讚美時，我的心靈提升到忘我的崇敬中，只觀看和讚美上帝的威榮和權能，以及祂的恩典和救贖。」[2]

聖經確實充斥著讚美。那古老的法典有一句令我們震驚的話：「祂是你所讚美的；是你的上帝。」（申十21）詩篇回響著讚美的喧聲：「你們要讚美耶和華！我的心哪，你要讚美耶和華！我一生要讚美耶和華，我還活的時候，要歌頌我的上帝。」（詩一四六1～2）「我要時常稱頌耶和華，讚美祂的話必常在我口中。」（詩三十四1）「你們敬畏耶和華的人，要讚美祂！」（詩二十二23）「祂使我口唱新歌，就是讚美我們上帝的話。」（詩四十3）

希伯來書的作者催促我們：「應常靠著耶穌，常常以頌讚爲祭，獻給上帝；這就是那承認主名之人嘴唇所結的果子。」（來十三15）而啓示錄的作者向我們保證，讚美是天上重要的事務：

> 我又看見且聽見寶座與活物並長老的周圍，有許多天使的聲音。他們的數目有千千萬萬，大聲說：「曾被殺的羔羊是配得權柄、豐富、智慧、能力、尊貴、榮耀、頌讚的！」（啓五11～12）

稱頌是喜氣洋洋的讚美，是讚美升到它的最高點。

詩人吩咐說：「我的心哪，你要稱頌耶和華；凡在我裏面的，也要稱頌祂的聖名。」（詩一〇三1）路加在結束他的福音書時，採用那使人著迷的稱頌的話：「［他們］常在殿裏稱頌上帝。」（路二十四53）當我們給帶進稱頌上帝的經驗裏面時，心靈便陷於狂喜而發聲讚美。

誰能質疑心靈和思想這兩種活動的重要性呢？二者同時幫助我們註釋崇敬的意義。願我們的心受激勵；願我們的思想充滿活力；願我們熱烈地加入那古老的上錫安山的行列：「當稱謝進入祂的門，當讚美進入祂的院。當感謝祂，稱頌祂的名。」（詩一〇〇4）

上帝眼中的淚水

假如我們能夠看到父的心，便會更常向祂讚美和感謝。我們很容易認爲，上帝是那麼威嚴、那麼崇高，以致我們的崇敬對祂無關痛癢。當然，上帝的自足是一個寶貴的教義，但我們應該時常緊記聖奧古斯丁的話：「上帝渴望人對祂渴慕。」[3]

我們的上帝不是用石頭造的上帝，祂的心是最敏感、最柔輭的。一切動作無論多麼微小、多麼不重要，祂都留意。一杯涼水就足夠使上帝的眼睛充滿淚水，正如一位自豪的母親從她孩子手中接受一束枯萎的蒲公英而滿懷激動，照樣，上帝因我們輭弱的感激表示而慶祝。

試想耶穌醫治了十個長大痲瘋的人，但當中只有一人回頭感謝，而那人還是撒瑪利亞人。耶穌怎樣受這一個人感動，怎樣因那九個人而哀傷！試想那用感激的眼淚濕了耶穌的腳的婦人，祂怎樣給她單純的奉獻而激動！試想那位不惜工本，用昂貴的香膏膏抹耶穌的頭的婦人，耶穌怎樣給她崇敬的慷慨行為所感動！我們又如何呢？我們膽敢退卻嗎？當我們緊握那刺透了的手，單純而深摯地說：「感謝祢、稱頌祢、讚美祢」時，便給上帝的心帶來喜樂。

崇敬的障礙

魯益師指出好幾件事會妨礙我們對上帝的崇敬。[4] 第一種障礙是疏忽。我們多麼容易給生活的紛擾攫住，以致錯過了屬神之愛的求婚。這不單是說，我們墜入了那徒勞無功的攫取東西的圈套，甚至家園、家庭、學校和工作上全然合法的要求，都同謀使生活變得模糊不清。就像一個故事中的荳莖 (Jack's beanstalk)，我們的任務似乎一夜之間長高了。當我們看不見時，我們便不能崇敬。

第二種障礙是錯誤的注意。我們看見日落，所注意的是如何分析，而不是開聲頌揚。挫折臨到時，我們所覺察到的只是挫折本身——我們「忽略了上帝的氣味」。[5]

一個炎熱的夏夜，我在一個家庭中主領崇拜會。門打開了，希望有微風吹進來。在聚會中某一刻，我鼓勵大家以聆聽的緘默去「等候主」。然而，這靜默很快便給屋主的貓在紗門上抓想要進來的聲音打斷了。我愈想不理這貓，事情就變得愈糟。我禱告上帝做一些事——

把這貓遣走、神奇地把門打開，還有更激烈的禱告，我不會提及，因爲你可能是一位愛貓人士。（奇怪的是，我從未想到起身，把門打開，讓貓進來！）

那天晚上稍後的時間，有人提及那貓，每一個人都開始分享，那貓如何使他們分心，叫他們不能專注於上帝。每一個人都如是，只有比爾例外——他以前是一位海外宣教士，充滿智慧和聖靈。比爾坐著沈思，一句話都不說。我問：「比爾，你想甚麼？」他審慎地說：「啊，我在想，上帝想藉這貓向我們說甚麼。」就我所知，我們並沒有從這貓在紗門上抓獲得甚麼「信息」……除了這個：我把這貓看作一件令人分心的事物；而比爾則把這貓看作一個可能的使者。而這一點很可能就是當晚對每一個人的「信息」。

第三個對崇敬的障礙是貪心。「本來應該說『這也是祢』，一個人卻可能代以那致命的『**再來一次**』(Encore)。」[6] 我們那耽溺於更多、更多、更多的嗜好，會毀滅我們崇敬的能力，其中一個理由是，它使我們不能反省。流連於一朵玫瑰或者聖經中一句短語——盡情地聞聞它、嘗嘗它、咀嚼它、飲用它——這就是崇敬的要素。當我們要求再來一次時，我們所要求的，正多過上帝所樂意賜給我們的。我們不直截了當地欣賞那樂趣，反而要求更多的樂趣——不管我們是否欣賞它。容許我濫用一句古老的話：直到那天已有足夠的樂趣了！

魯益師還提及另一障礙：自負。那些在平凡的事上發現上帝的人，多麼容易因此自鳴得意、沾沾自喜。我們驚奇別人在天空上只能看見灰色，而我們卻能「愉快地觀察珍珠、鴿子及銀的精緻」。[7]我們這些作教師的人特別容易陷入這試探中，我們悲歎說：「你還不懂嗎？」「事情瞭如指掌。」當然，我們對那實體已經研究及反省了十五年，而我們的學生只是現在才遇見它！當自負作主時，我們注意的焦點又是，我們多麼了不起——這就是爲何它那麼有效地把崇敬的繩索割斷了。

踏腳石

崇敬的禱告是必須學習的，它不會自動來臨。看看我們自己的兒女！他們毋須受訓練去要求東西。如果要用經驗去證明這一點，我們只需帶兒女到購物商場或者超級市場一趟便可！但表達感謝呢？那完全是另一回事。我們要用無盡的努力去幫助子女培植感激的習慣。

對我們自己也一樣。感謝、讚美、崇敬——這些很少是我們心思裏面首先出現的字彙，也不是我們嘴唇最先說出的話語。我們需要所能獲得的一切幫助，好叫我們能進入較深刻、較充分的崇敬中。我希望下面的「踏腳石」會有助於在這路上做記號。

我們就從我們的所在地開始——在日常生活的角落和縫隙中、在挫折和恐懼中。比方，當我們充滿憂愁時，數算我們所獲得的許多恩典，或者溫習上帝的光輝屬性，很少會對我們有幫助。我們不是藉著集中於壯麗和廣大無垠去學會壯麗和大規模的崇敬，至少不是一開頭便這樣。一開始便採用這樣的辦法，會令我們精疲力竭，遭致失敗。

不，我們從比較簡單的地步開始。我們不是藉著思想上帝的善良去學習有關上帝的善良，而是藉著觀察一隻蝴蝶。所以，我的忠告是這樣：開始的時候，注意在地上爬行的小動物。不要試行研究或分析牠們，只需觀察雀鳥、松鼠和鴨子。觀察，不要去衡量，只是觀察。

到一條小溪旁，把一些水潑在你灼熱的臉上。在那一秒，不要尋求解決污染和自然生態的一切問題，只要感受這水。最要緊的是，不要試行在水中找到上帝，或者使你自己爲水而獻上感謝，只要讓這涼快的濕氣使你的皮膚清爽。然後坐下，聆聽溪水的聲音。觀察頭上來往搖曳的樹枝，注意樹葉在微風中擺動——注意它們的形狀、顏色、纖維。聆聽樹葉的沙沙聲，以及花栗鼠疾走的聲音，並雀鳥啾啾鳴叫的聲音所匯成的交響樂。請記住，我要求你不要去分析，只需注意。

當我們有規律地做這些事到某種程度時，我們便會開始去**體驗**這快樂，過於僅僅去審查這快樂。這種體驗在我們裏頭所做的，完全是十分美妙的。我們首先被吸引到這些微小的歡愉中，然後超越這些歡愉，進到賜這些歡愉者面前。眞正的歡愉，採用魯益師的短語，到頭來都是「榮耀的光線」而已。當這些事發生時，感謝、讚美和崇敬，在適當的時候，都會自然地湧流出來：「體驗到這種微小的上帝顯現，其本身就是崇敬。」[8]

我們在此開始，但不是在此結束。另一個橫放在我們自我崇拜的水流中的石頭，乃是基德 (Sue Monk Kidd) 稱爲「感激中心」的。[9] 在我們每一個人的生命中都有這個中心——一個時間和一個地點，在那兒我們沒有一切的把持和攫取、沒有一切的推擠和碰撞、沒有一切的非議和異議。

讓我給你描繪我的感激中心。我七歲的時候，我的父母想要移居美國西岸。然而，我們的經濟相當拮据，逼不得已在洛磯山一位叔叔的小屋子中過冬。我敢斷言，那段時間對我父母來說相當困難，但對我來說，卻是一段輝煌的日子。一個城市男孩，忽然撲通一聲跌進一個有高聳的松林、玫瑰色的石英石，以及水花四濺的溪流的樂園中——其實，**樂園**還是太輕的名詞。儘管是小屋的原始性質——燃點蠟燭、用壁爐取暖、浴室在外面另一間屋子——這一切只加添了這次冒險的奇遇。

我和兄弟們征服了許多花崗岩的堡壘，找到好些箭頭及祕密的藏身處。當冬雪來臨時，我們「加入」柏德將軍 (Admiral Byrd) 的行列，作多次的冰封探險。聖誕節時，我幫母親把松菓塗上銀色。

但我最清晰的記憶是壁爐，（我從來沒有圍坐在壁爐旁邊的經驗。在此之前，我們在內布拉斯加州 [Nebraska] 的房子是用燒煤的火爐取暖的。）每晚我會把白天藏在長沙發裏面的牀拖出來，爬進沈重的棉被下面，我的頭離那噼啪聲的壁爐不到十英尺。一晚又一晚，我睡覺的時候，都會注視這使我們溫暖的奇異黃色火燄，而進入睡鄉。我是在我的感激中心裏面。

直到今天，作爲成人，我仍舊能夠通過這奇妙的記憶本能，回到中心裏面，在那兒體驗對賜各樣美好禮物的上帝之謝意和感激。我不是試行逃避或者從現代生活的掙扎和困難中退隱，更正確地說，我是給我自己一個參照點，從那兒去面對那些掙扎和困難。

我敢斷定，你也有這樣一個中心。盡你所能，在想像中常常進到裏面去，從那地方讓低聲的感謝禱告湧流出來。

這樣的經驗幫助我們進到下一個踏腳石：感激之實踐。我們如今能夠發展一種習慣，就是爲一天又一天臨到我們的簡單禮物獻上感謝。嘉蘿玲和我剛從我們屋後一口小池塘回來，我們在那兒餵幾隻不時到來的鵝。這是一件值得感激的事。我高興今天氣溫較涼，使夏日的炎熱稍減；爲我書房窗外那株長得非常均勻的白楊，我獻上感謝。相信你得到了那觀念——食物、家庭、衣服、生命本身——爲這一切以及更多的東西，我們練習感激。試行以完全的感謝去過一整天。把每一個埋怨用十個感激去平衡；把每一個批評用十個讚賞去平衡。當我們**實行**感激時，時候會到，那時我們發覺，自己所說的「不是『請祢』而是『感謝祢』」，正如狄娜德(Annie Dillard)在她所著《流浪者小溪的朝聖客》*(Pilgrim at Tinker Creek)*一書中所說的。[10]

如今我們預備好，進到另一踏腳石上，這石是我們開頭時決不能處理的：擴大上帝。把某種東西放大，意味著你使它看來大一點，把它增加到不適當的比例。不合比例地講論我們自己或者我們的行動，實在是危險的；不過，當我們把上帝放大時，我們則站在安全的地方。我們絕不可能把上帝的善良和慈愛講得過多，我們所能想到的最誇張的事物，仍舊會遠低過實際的情況。

開始把上帝擴大的最容易方法是採用詩篇，幾乎在任何一篇詩篇中，我們都能找到一段經文去幫助我們讚美上帝。詩人說：「你們和我當稱耶和華爲大，一同高舉祂的名。」（詩三十四3）我們就這樣做，讓這些話成爲我們自己的話。

這些話早晚不僅會成爲我們自己的話，並且會引導我們到自己的話上。開始時，我們可以說受惠於別人的話，這話會轉而引導我們到達謝意、欣賞、感激、感恩、讚美與崇敬的境地。[11]

在這一切事上，音樂是一種奇妙的幫助。今天有許多讚美的音樂，它們甚至能夠減輕人憂傷的心，進入崇敬的境界。即使我們只有極少的音樂恩賜，也能歡樂地加入其中去唱這些詩歌。在家中或者在車上，沒有別人聽見，只有上帝聆聽，而祂喜歡我們的歌唱。

我想提及的最後一個踏腳石是：歡欣、輕鬆、頓足的慶祝，我們拍手、歡笑、喊叫、歌唱、跳舞。慶祝最好在團體中去做，不過，即使當我們單獨時，其實我們從來都不單獨，因爲我們加入了衆天使和天使長，以及我們只能猜想的衆活物的節日歌頌中。像米利暗一樣，我們跳舞、唱歌讚美主，因爲祂大大得勝，馬匹和騎士都給丟進海中（出十五章）。像馬利亞一樣，我心尊主爲大，我靈以上帝我的救主爲樂（路一章）。

我們在思考崇敬方面，走了很長的路。我們以嬰孩的步伐起步，就是魯益師稱爲「極微小的崇敬」。[12] 在上帝的時間、用上帝的方法，我們無可抗拒地被引領進入崇敬中，向那位永恆、不朽、不能看見、惟一智慧的上帝崇敬（提前一 17 ）。巴克斯特敦促我們：「要多做天使的稱讚工作。正如最屬天的諸靈會有最屬天的工作，照樣，愈屬天的工作也會使心靈愈屬乎天。」[13]

最高、最榮耀的上帝啊，我左右爲難的景況是多麼重大！在祢可畏的臨在面前，緘默似乎是最好的。然而，如果我閉口不言，石頭本身也會呼叫。不過，如果我說話，我要說甚麼呢？

愛使我說話，雖然它仍覺得口吃費力。主上帝啊，我愛祢、我景仰祢、我敬拜祢、我在祢面前俯首。

感謝祢賜下各項恩典的禮物：

——我所知道的繼續不斷的日出和日落，

——色彩的奇妙，

——安慰聲音。

主啊，我讚揚祢。

讓我看見祢的偉大——

到我能夠接受的地步。

幫助我在祢面前俯伏，

以無窮的驚歎以及不息的讚美

頌揚祢。

奉那永遠配受崇敬者的名祈求。

——阿們

9

安息的禱告

安息、安息、安息在上帝的愛中。惟一要求你現在要做的是，你要全神貫注，聆聽祂在你裏面安靜、微小的聲音。

蓋恩夫人

透過安息的禱告，上帝把祂的兒女安放在風暴的中心。當我們周圍一切都陷於混亂和惶惑時，在心靈深處我們有安穩和寧靜。在劇烈的個人掙扎中，我們仍舊安靜和輕鬆。雖然有千般挫折想要叫我們分心，但我們仍舊集中注意。這就是安息的禱告的果子。

在整部聖經中也許沒有別的邀請，比耶穌親切的話更吸引人：「凡勞苦擔重擔的人，可以到我這裏來，我就使你們得安息。」（太十一28）今天，沒有別的東西比身體、思想和心靈的安息更需要。正如祈里所說的，我們的生命有許多部分都消磨在「一種令人難以忍受的、令人喘不過氣來的狂熱爭奪中」[1]。一切的把持和攫取、一切的控制、一切對生命的操縱力量，都令我們精疲力竭。

只要我們能夠輕輕溜進那種沒有緊張、沒有焦慮、沒有怱忙的生活該多麼好！只要我們能夠曉得上帝那種穩定的平安，在那兒一切緊張都沒有了，而基督已經勝了世界，該多麼好！只要……但，朋友，請聽，我在此告訴你，這種生活方式可能是我們的。我們**能夠**曉得這種安息、這種信靠、這種寧靜，以及這種生命方向的堅定之實體。我們**能夠**知道，也能體驗到畢葛 (Jean Sophia Pigott) 所說的：

耶穌，我安息、安息
　　在喜樂中，知道祢是誰；
我找出祢的偉大，
　　祢慈愛心腸的偉大。[2]

今天，就在這一刻，耶穌正邀請你，耶穌也邀請我，進入祂的安息：「我心裏柔和謙卑，你們當負我的軛，學我的樣式，這樣，你們心裏就必得享安息。」（太十一 29 ）

安息的禱告

希伯來書的作者應許我們：「必另有一安息日的安息，爲上帝的子民存留。」（來四 9 ）從我作基督徒的早期日子開始，我便熟悉這字句，不過，直到最近，當我在加拿大太平洋海岸對過一個小島時，才學會「安息的禱告」。當我正與一個研究小組一起，在一天上午休息的時間，我找到一隻獨木舟，便划到一個小島上。在海灘上放好那獨木舟後，我便開始探索給樺樹遮蓋的地面。當我到達這島的最高處時，我發現一個人造小木臺及一張舊的露天椅子。那椅子在木臺上面靜靜擺著，好像一個孤獨的哨兵。

我慢慢而且小心地讓自己坐在這椅子上，靜待一會，看著它是否能夠承受我的體重，它承受得十分穩定。我靠著椅子靜坐，享受溫暖的陽光，沈醉於陸地、海洋和天空的寂靜。那些樹絕對靜止不動——對上帝的莊嚴作出寧靜的見證。山雀和藍背樫鳥的歌聲沒有打斷這寧靜，反而把這寧靜延續著。

我划到這個可愛的地點，不是為了要禱告，純粹是尋幽探勝。然而，坐在那兒，我記起了嘉蘿玲在機場對我說的道別說話：「我要你回家時精神奕奕，心曠神怡！」我很快發覺自己在簡單地禱告：「主啊，求祢使我精神奕奕，心曠神怡。」在靜默中等候並不難——整個室外聖所似乎在尊敬中寂靜無聲。以後浮現在我意識中的是：「我要指教你安息的禱告。」我身子向前傾，若有所待——我並不確實知道安息的禱告是甚麼東西，但我迫切想要學習。我回應說：「你必需引導我，因為我不曉得我該做甚麼。」然後，有這樣的話來到：「你要安靜……安息……平安。」就是這些。只有這幾個字，並無其他。有一段短短的時間，我尋索進入每一個字的經驗裏面。

那相遇是十分美妙的，但我也覺察到時間慢慢溜走。我變得擔心，腦中在想：「將近正午了。人們會開始記掛我，希奇我為何在此停留那麼久。我最好回去吃午餐。」同樣的話再對我說：「你要安靜……安息……平安。」它們似乎使我的心靈安靜下來，於是我再回到寧靜的留意中。

然而，過了一會，我的心思因一種非常的責任感而變得煩躁——也許你曉得這種感受。我在思索：「下一次開會的時間就快到了，我必需在場。我的怠惰會留下甚麼樣的榜樣？此外，每一個人都會開始眞的擔心我爲何沒有出席。」我的思想如今開始以全速去擬想一套自我中心的、超現實的劇情說明書：「人們可能會猜想我翻了獨木舟，現在他們可能正在討論，是否要發動一次拯救行動！」同樣的話語去約束我的思想：「你要安靜……安息……平安。」

然而，最後的試探最有引誘力。我開始自行思想：「這種經驗絕對美妙，我必需爲將來抓住這一刻。但是，怎樣做呢？我不可能牢記在此發生的每一件事。在哪兒找紙呢？我必需把一切都寫下來！」又是：「你要安靜……安息……平安。」一切都更集中，我安頓下來，回到安息的禱告。經過一段短時間以後，「上帝在其中」的感受似乎結束了，於是我起程回到我那組人中間。你也許會猜想得到，他們幾乎沒有注意到我不在場，而若無其事地按照當天的時間表進行一切。

在上帝裏面安息

聖經告訴我們，上帝自從用說話創造了一切事物，由螞蟻到食蟻獸，又把生命的氣息吹進人裏面以後，便安息了。這種在第七天「上帝的安息」，便成爲安息日誡命的神學架構，號召我們在上帝裏面安息。當我們還未把這舊約的安息日誡命立即放棄之前，我們要看出一件重要的事，就是這條誡命不單想要有一個周期性的喘息，在它後面還有許多重要的信息。比方，它有一種作用是要緩和我們時常都想行前一步的痛苦需要。如果我們想要知道，我們給佔有欲奴役到甚麼地步，只需觀察要維持安息日的節奏多麼困難，便可明瞭。

從安息日的原則所流露出來的教訓中，沒有甚麼比在上帝裏面安息的中心思想更要緊的了。我們學習信靠那位喜歡施予的天父，以此代替極力使這樣或那樣發生的努力。這不會鼓勵人閒散怠惰，但它確實鼓勵人要有倚靠的行動。我們不再自行操縱一切的事。更正確地說，我們把一切事情都放在上帝手中，然後按照內在的提示實行出來。

你可能記起，以色列百姓雖然蒙上帝把他們從埃及地爲奴之家拯救出來，卻不能進入上帝的安息。他們不能信靠耶和華，竟背叛祂，結果，他們把餘下的年日消耗在西乃曠野的漂泊中。上帝用可哀的定局宣告說：「他們斷不可進入我的安息。」（來四3）

今天我們蒙邀請，進入以色列百姓不能進入上帝的安息日的安息中。希伯來書的作者宣布說：「必另有安息日的安息，爲上帝的子民存留。」「常常禱告」的直譯是「來安息」。藉著安息的禱告，我們進入這種極端的寧靜中、這種安靜的警覺中。

在關身語態中禱告

然而，怎樣呢？我們怎樣進入安息的禱告呢？在此我們面對一個嚴重的進退維谷。我們的趨向是，在一方面，緊緊地操縱；或者，在另一方面，絕對不做任何事。

我們在處理禱告時，最常像我們受教去處理每一項別的問題那樣去開始——藉著刻苦工作。我們咬緊牙關、加强我們的意志力，以及嘗試、嘗試、再嘗試。事實上，這是異教徒禱告的概念，在那樣的禱告中，我們透過許多口頭禪以及空洞的重複，去激發神祇有所行動。

布隆講過一個老年婦女的故事。這老婦曾經盡力履行禱告，但從來沒有感到上帝的同在。大主教智慧地鼓勵這老婦每天進入她的房間：「在上帝面前織毛衣十五分鐘，但我禁止你說一個字去禱告。你只需織毛衣，試行享受你房間的寧靜。」

這婦人接納這忠告。起先她惟一的思想是：「啊，多麼好。我有十五分鐘可以不做任可事情而不內疚！」然而過了些時間，她開始進入由她編織所造成的寂靜中。很快，她說：「我體會到這寂靜不單是沒有聲音，這寂靜也有內容。它不是少了一些東西，而是有些東西存在。」當她繼續每天的編織時，她發覺：「在寂靜的核心有上帝。祂是全然的寂靜、全然的平安、全然的寧謐。」[3]她放棄了她握緊拳頭進到上帝面前的努力。而她這樣做，竟發現上帝的同在已經在那兒。

不過，我們不要產生錯誤的觀念，全然的消極也不是答案。在上帝裏面安息並不意味著聽天由命或懶慵。它的意思不是說，我們坐著不動，希望上帝會做些事。那是印度教的禱告觀念，在那觀念中，我們消極地沈入諸神及諸女神的客觀和命定論的旨意中。

有一個晚上，我記得很淸楚，雖然那是多年前的一個晚上。我負責主持有幾百個少年的聚會，聚會進行得很好。晚上的講員剛講完，開始邀請這些青年男女奉獻他們的生命給耶穌基督。肅靜落在各人身上，那是脆弱易感的一刻。但就在那時，一座冷氣機裏面的吹風帶子開始發出吱吱聲，令人分心不安的尖聲響遍了整個禮堂。

我開始禱告：「主啊，這是這些孩子生命中特別的一刻。求祢停止這噪音——給帶子抹油，破壞那發動機——做點事，任何事！」然而，沒有任何事發生，一個小的信心危機與我的挫敗聯合起來。不過，很快我便開始安靜下來。當我靜下來時，我聽到這話：「你爲甚麼不自己走過去，關掉那吹風機？」我離那機的開關不夠五步！在我年青的熱情中，我期望上帝用一些屬神的命令去干預，但實際上所需要的，只是我自己這方面的一個簡單行動。

不，無論操縱性的控制或者漠不關心的消極態度，都不是安息的禱告適當的模式。那麼，我們該採取甚麼樣的步驟呢？我們怎樣去打破這進退兩難的僵局呢？

畢德遜 (Eugene Peterson) 寫著說：「禱告在關身語態中發生。」[4] 在文法上，主動語態是我們採取行動時，被動語態是當我們接受別人的行動時，可是在關身語態中，我們採取行動也接受別人的行動。我們參與行動的形成，也收割其益處。「我們既不是操縱上帝（主動語態），也不是受上帝操縱（被動語態）。我們牽涉在這行動中，而且參與其結果，但不是控制它，或者給它立界限（關身語態）。」[5]

你看，我們不是給實踐主義 (activism) 和寂靜主義 (quietism) 的範疇所捆綁，它們簡直不足以描述在安息的禱告中所發生的事。它當然是「安息日的安息」，那聽起來好像是被動的；但我們也必需「進入」，那聽起來又好像是主動的。我們是在關身語態中禱告，進入那接受和回應的道路中，這道路「放散出上千的精緻景色，包括參與和親密，信靠、赦免和恩典」[6]

那些靈修大師常常講及「聖潔的閒暇」*(Otium Sanctum)*，它是指在生活中一種平衡的感覺：行動和休息、工作和玩耍、陽光普照和大雨滂沱。它意味著有能力去從事一天的各種活動，滿有上帝廣大無邊的忍耐。聖潔的閒暇意味著生活——和禱告——在關身語態中生活和禱告。

永恆的三位一體之活動

我試行解釋的美妙消息是這樣：雖然在那滿有恩典的禱告工夫中，我們是充分的參與者，但禱告的工夫並不靠賴我們。我們常常用掙扎、躊躇的方式禱告。許多時候，我們對那屬天的榮耀只有零碎的一瞥。我們不曉得怎樣禱告。我們最好的禱告，常常覺得好像說不出的歎息。

這就是爲甚麼聖經的應許好像那麼美好的消息來臨：「況且我們的輭弱有聖靈幫助；我們本不曉得怎樣禱告，只是聖靈親自用說不出來的歎息替我們禱告。鑑察人心的（上帝）曉得聖靈的意思，因爲聖靈照著上帝的旨意替聖徒祈求。」（羅八 26 ～ 27）

你了解這是多麼美妙的慰藉嗎？上帝的聖靈，三位一體的第三位，親自在我們的禱告中與我們同在。當我們在言語上顯得遲疑笨拙時，聖靈把句法弄直、弄清楚。當我們用混亂不清的動機禱告時，聖靈潔淨那溪流。當我們對著鏡子觀看模糊不清時，聖靈把我們的祈求加以調整和集中焦點，直到它與上帝的旨意相配合。

那要點是，當我們禱告時，我們並非必須把每一件事都弄得完全。聖靈會把我們輭弱、只顧自我的禱告、重新調整、重新製煉、重新解釋。我們可以在聖靈替我們做的這些工夫上獲得安息。

但還有更好的。希伯來書的作者提醒我們，耶穌基督是我們偉大的大祭司，而正如你所知道的，在古以色列，大祭司的作用是在上帝面前爲百姓代求（來七～九章）。我們曉得這有甚麼意義嗎？今天，當我們從事生活上各種活動時，耶穌基督在爲我們禱告。今晚，當我們在漫長的黑夜中睡覺時，耶穌基督在爲我們禱告。在上帝的寶座前，有人繼續不斷的爲我們獻上禱告。這人不是別人，乃是永恆的聖子。你現在就有人爲你禱告，我現在也有人爲我禱告。我們可以在聖子替我們所做的這些工夫上獲得安息。

但最好的還沒有來到。我們可能很難想像，上帝透過我們顛躓弄糟的禱告，讓祂自己永遠與我們交通。傅塞斯 (P. T. Forsyth) 寫著說：「當我們向上帝說話時，實際上是住在我們裏面的上帝，透過我們對祂說話……恩典的對話實際上是屬神的本性在自我溝通的愛中的獨白。」[7] 多麼難以令人置信！多麼超乎信心之外！「我們禱告，然而不是我們在禱告，乃是一位創造主在我們裏面禱告。」[8] 有一位詩人這樣去描述：

主啊，他們告訴我，
　　當我似乎與祢談話時，
由於只聽見一把聲音，
　　那全是一個夢——一個人說話
好像兩個。

有時是這樣，然而不是像
　　他們所想像的，倒是我
在自己身上尋求我希望要說的東西，
　　但看哪！我的井枯乾。

然後，看見我空無一物
　　祢放棄聆聽者的角色，
透過我笨拙的嘴唇說話，
　　甦醒我從不知道的思想。

這樣，祢既不需要回答，也不可能有回答；
　　這樣，雖然我們似乎是兩個人說話，
但永遠只有祢一個，而我
　　不是做夢者，乃是你的夢。[9]

所以，我們有永恆的三位一體的活動，集中環繞我們脆弱的禱告。上帝聖靈在天上的寶座前，解釋我們的歎息和呻吟；上帝聖子在天上的寶座前，為我們代求；上帝聖父，坐在天上的寶座上，在使用我們的禱告，去完成一個完全的獨白——上帝對上帝說話。

有這樣的屬神幫助，我們難道不能放鬆我們緊握拳頭對生命的執著嗎？我們難道不能放下我們要在禱告中成功的迫切欲望嗎？我們難道不能讓位給屬神的中心嗎？我們難道不能信靠祂帶領我們進入一個更豐富、更完全的團契中嗎？我們難道不能前來進入安息的禱告嗎？

三種古典的習慣

有三種已為大眾所接受的習慣，其原意都是要引導我們進入安息的禱告中。第一個是獨處。在塑造的禱告中，我們簡略地思想過獨處如何改變我們，在此我們要探討獨處如何簡化我們。在獨處中，我們自願地在一段時間內，禁戒我們正常的活動模式，以及與人的交互作用，以使發現我們的力量和福祉都完全來自上帝。布雅(Louis Bouyer) 寫著說：「獨處可用以爆開我們表面安全的甲殼，把它裂為兩半。」[10]

在獨處的經驗中，我們輕輕地擠入至聖所，在那兒，我們在寂靜中接受仔細的審查。我們痛苦地放棄自己的自負形象，自以為要管理一切的事和每一個人。慢慢地，我們放鬆對那些依我們看來十分重要的計劃之緊握。我們文雅地變成較集中注意，也比較簡樸。我們歡愉地接受屬天嗎哪的滋養。

你有沒有注意到耶穌曾多次體驗獨處？那縈繞於心的字句：「次日早晨，天未亮的時候，耶穌起來，到曠野地方去。」這不單是描述一次的事件，而且是描述一種生活的模式（可一35）。耶穌需要時常退隱和獨處，去作祂所作的工。然而，我們似乎認為我們能夠放棄祂認爲主要的東西。

希臘文「安靜」一字是 *hesychia*，而「安靜主義」(hesychasm) 是指在曠野潛修的前輩男女的靈性情況和靈修生活。盧雲注意到：「靜修者的禱告是安息的禱告。」[11] 他們發現「安靜」——這種在曠野的獨處中，身體和靈魂的完全安息。

在我們當中很少人能夠——或者甚至想要——直接效法在曠野靜修的前輩男女。我們有家庭、有職業，以及社會責任。不過，我們能夠體驗獨處。比方，今年我從事一種輝煌的新試驗，爲了對我獨處的經驗給予實際的表達，我在日曆中安排了四次私人的退修，按照一年的季節去安排——冬、春、夏、秋。這些都是短時間的退修，二十四小時或四十八小時，視乎我時間的鬆緊，但它們使我保持一個簡單的獨處訓練程序。我相當熟悉的一羣人，他們每月退修八小時。他們都是大忙人——行政人員、祕書和家庭主婦——但他們發覺，每月一個星期六這樣做很有意思，無論在靈性上或其他方面都如此。[12] 我敢斷言，你也會發現有創意的方法，進入心靈的獨處。

第二種經過時間考驗的習慣是 *silencio*，或者把舊時作者稱爲「受造物的活動」加以靜止。這裏所指的，主要不是禁制語言，而是禁制我們的貪欲，以及我們對人們和環境的操縱性控制。它的意思是，堅決反對我們互相倚靠的衝動，要控制每一個人、要規定每一件事。

這種煽動性的受造物的活動，妨礙上帝在我們裏面的工作。所以，在 *silencio* 的行動中，我們把一切並非源於上帝的每一個動作都加以制止。我們變得安靜、緘默、靜止，直到我們終於集中起來。我們剝除一切多餘的行李，以及非必要的隨身衣物，直到我們進到上帝國赤裸裸的實體中。我放棄一切分心的事物，直到我們給驅策進核心部分。我們容許上帝重新編排我們的先後次序，並且除去不必要的泡沫。

這種對一切受造物的活動之禁制，幫助我們能夠聆聽上帝。芬乃倫 (François Fénelon) 寫著說：「我們必須安靜每一個受造物，我們必須安靜自己，在整個心靈深沈的寂靜中，聆聽那配偶難以言喻的聲音。我們必須側耳，因爲那是一個溫柔和脆弱的聲音，只有不再聽見別的東西的人，才能聽見這聲音。」[13]

有一次，我試行解決我執教多年的大學裏面，一個存留已久的難題。我把那些主要的決策人帶來共用午餐，假定面對面的討論會很快解決這問題。一小時過了，我察覺，不同的人對他們不同的立場更加堅持。會議結束時，看不見有解決的希望。我走回我的辦公室，心灰意冷。我向上帝埋怨：「上帝啊，我們不比以前更接近解決這難題。這要花幾個月的時間開會磋商，甚至到那時，還不能保證會達到一個成功的結論。」

然而，上帝的話來到：「首先，我並沒有請你去解決這難題。放鬆你自己。到時機適當的時候，改變會發生。」我確實放鬆我激昂的努力。這樣做的時候，我學會了多一點有關 *silencio* 的意思。[14]

第三種溜進安息的禱告的方法稱爲「記憶」。記憶的意思是集中，它也意味著思想、內心、靈裏的寧靜。

當我們討論默觀的禱告時，對記憶會較深入地探索，現在只需簡單講論它的實踐便夠了。我們能做甚麼呢？我們能夠以禱告的心態去培植記憶的生活。我們能夠與現有的分類法爭持，謀求解決——我們是誰，以及我們生存的目的爲何？我們能夠從事一次私人的退修，而單是考慮我們生命的方向。這就是記憶的要素。

輕輕彎手成杯形

爲精神上有缺陷的人士創辦了一個名爲方舟團體(L'Arche Community)的范尼雲(Jean Vanier)，常用一個很簡單的例證，去解釋他對那些住在該團體之人的處理方法。他會輕輕地彎曲雙手成杯形說：「假定我有一隻受傷的鳥在我手中。如果我完全閉合我的雙手，會有甚麼事發生？」立即有人回答說：「鳥兒會給擠壓死。」「那麼，如果我完全張開雙手，會有甚麼事發生呢？」「啊，不要這樣做。那隻鳥會試行飛去，但會掉下跌死。」范尼雲微笑說：「正確的做法就好像我彎曲如杯的手，不是完全打開，也不是完全閉合。這是能夠促成增長的空間。」[15]

對我們也一樣，上帝的手輕輕彎曲如杯。我們有足夠的自由，因此能伸展和生長；我們也有足夠的保護，因此不會被傷害——好叫我們得醫治。這就是安息的禱告。

配受稱頌的救主，我在祢手的空隙中安歇得不大好。在我的經驗中，沒有甚麼東西教導我這種安歇。我曾受教如何負責；我曾受教如何控制。但怎樣去安歇？不，我沒有模式、沒有安歇的典範。

那並不完全對。耶穌啊，當祢在耶路撒冷的羣衆中間，以及猶太的山間行走時，祢已經倡導這種生活方式。祢時常警醒活躍。在生活中，祢對父的旨意具有完全敏感的天性。有無數的要求臨到祢身上，然而祢仍舊不慌不忙，滿有平安和能力去工作。

幫助我跟祢的腳蹤行，教導我只看祢所看的、只說祢所說的、只做祢所做的。主啊，幫助我工作時能安息、禱告時能安息。

奉祢善良有能力的名祈求。

——阿們

10

聖禮的禱告

眞正的聖禮是聖潔的人格。

傅賽斯

聖禮的禱告是道成肉身的禱告。上帝用祂偉大的智慧，自由地選擇，透過看得見的實體，把祂的生命介入我們中間。這是一個大的奧祕。上帝是純粹的靈，完全沒有受造的限制，竟俯就我們的輭弱，透過肉體的和看得見的東西，向我們啓示祂自己。那永活的聖子成爲一個嬰孩，臥在馬槽中。那餅和酒賦予聖禮的權力。我們因它的奇妙而俯首。

依我看來，好些世紀以來，基督徒之間形成了不幸的完全不必要的分歧。在一方面，有些人強調儀式和聖禮，以及寫好了的禱文。在另一方面，又有人強調親切和不拘禮儀，以及即興的禱告。每一組人都以敬虔的傲慢眼光去看另一組人。

在此，我們需要那聖潔的連接詞「和」，但我們毋須被逼選擇其中一項過於另一項，二者都被同一聖靈所感。我們能給編製得好的儀式之豐富和深度，提升到崇高聖潔的尊敬；我們也能透過自發的崇拜之溫暖和親切，被引至令人興奮的驚訝。我們所享有的屬靈氣質能擁抱二者。

即使現在，多年以後，我還清楚記得，我與「無宗教的基督教」交往的經驗——這是當時流行的概念，是受了潘霍華在獄中的著作所感動而產生的。這是我的實驗：我尋求與上帝過繼續不斷的團契生活三個月，但不藉助任何外表的「支撐物」——沒有聖經、沒有儀式、沒有聖餐、沒有溝通、沒有崇拜聚會、沒有規定的禱告時間，甚麼都沒有。在那九十天，上帝對我很仁慈，但遠超過其他一切，我所學到最重要的東西是，我多麼需要那些「支撐物」，使我繼續堅持進到屬神的中心去。我發覺，那慣常的靈修模式，形成了一種骨架，使我能在那骨架上建立不住禱告的筋肉。沒有這外在的骨架，我內在心中對上帝的渴慕，簡直不能聯結在一起。這些慣常的模式——通常稱爲儀式——事實上，乃是上帝所制定的恩典媒介。

一本儀式的謎書

當我嘗試那小小的實驗時還不知道的東西，而我猜想你已經知道的是，聖經滿有形形色色的儀式、禮文和慶典。我敢確定，毋須爲你重新述說會幕禮儀律的細則、利未支派的祭司職，並聖殿的儀式。

詩篇當然有豐富的聖禮儀式和聖殿禮文。由於在崇拜的背景中時常採用它們，因此無數詩篇的標題——那些詞語我們今天很難了解——實際上是給聖殿樂師之指示。詩篇中的「夏里路耶」(alleluia) 乃是禮文中的歡呼，意思是「讚美上帝！」有許多詩篇乃是寫好的禱文，是給崇拜的團體去用的。

耶穌在最早的合適年齡，必然曾參與祂同胞的禮儀生活。路加說，耶穌「照祂平常的規矩」，在安息日進了會堂（路四6）。耶穌無疑的接受每一位忠誠的猶太人所受的兩種訓練：每天兩次背誦「示瑪」（*Shema*；編按：猶太人的認信禱文），三次定時禱告——早上、下午、日落。「示瑪」——「以色列啊，你要聽：耶和華我們的上帝是獨一的主」——這是（仍舊是）信仰的告白（申六4）。在每次禱告的時候，都唱一首詩 *(Tephilla)*。它包含好幾個祝福文——第一世紀末有十八個祝福文。

新約的書信包含好幾首早期的聖詩以及信仰宣言，這些在原始的基督徒團體那充滿活力的崇拜中，無疑的會被採用。我們幾乎可以聽見他們大聲的讚美：「但願尊貴、榮耀歸了那不能朽壞、不能看見、永世的君王、獨一的上帝，直到永永遠遠。阿們！」（提前一17）或者他們對基督的信仰見證：「上帝在肉身顯現，被聖靈稱義、被天使看見、被傳於外邦、被世人信服、被接在榮耀裏。」（提前三16下）

我們也容易查出這個滿有信心的團體，那大有喜樂的自發性。「當用詩章、頌辭、靈歌，彼此對說，口唱心和地讚美主。凡事要奉我們主耶穌基督的名，常常感謝父上帝。」（弗五19～20）正如我較早時所說的，在這個位置，我們完全可以說「二者都是」，而不是「或此或彼」。

儀式禱文的自由

雖然並非所有聖禮的禱告都是儀式的，但所有儀式，正確地了解，都是聖禮的。讓我爲你描述這種比較有結構的禱告方式，所具有的一些自由。

第一、儀式禱文幫助我們說出內心想要表達的渴慕。有時我們很難用適當的話去說明我們的感受，又有時我們不覺得想要禱告，而儀式禱文中的字句「促起作用」，正如我們常說的。比方，有誰能改進《公禱書》*(The Book of Common Prayer)* 中滿有聖靈能力的一般性認罪文：

> 全能至慈悲之天父，我等離開聖道，錯行如失羣之羊。我等常任己意、常縱己欲，違背天父之聖法，當爲者不爲，不當爲者反爲。我等實是輭弱，無力行善。求上帝按照我主耶穌基督應許世人之恩，憐憫我等重罪之人；認罪者、求主憐憫；悔改者、求主赦免。又求至慈悲之父，使我等以後尊奉天父，公義待人，安分守己，榮耀天父之聖名。阿們。[1]

第二、儀式禱文幫助我們與「聖徒相通」聯結在一起。我們所從事的企業比我們廣大得多。雖然我們中間許多人對**向**聖徒禱告有不同的意見，但我們大家都同意**與**聖徒一起禱告。請想一想：我們向施恩寶座獻上的禱文，乃是歷代以來跟從這道的人曾經採用過的，正如魯益師所說的，在「我們自己小小的喋喋不休的言辭」

中，加上歷代聖徒的禱文，眞是多麼興奮。[2]

第三、儀式禱文幫助我們去對付要使禱告顯得壯麗有趣的試探。一個有特別才能的性格是不必要的；聰明的言辭沒有用處；璀璨的卓見也沒有需要。我們用素來所採用的字句去祈禱。我們愈來愈集中在上帝，而愈來愈少注意別的領袖。

第四、儀式禱文幫助我們抗拒私人宗教的試探。人性很容易使我們容許自己所關心的小事，變爲我們禱告的全部負擔。爲我們迫切的需要禱告並沒有甚麼不對，但那決不能成爲我們禱告事工的總結。藉著祈禱禮儀，我們不住的給帶回整個團體的生命裏面；我們不住的面對眞實的教義；我們不住的被逼去聆聽窮人的啜泣、去觀看各國的混亂。

第五、儀式禱文幫助我們避免熟而不敬的態度。禱告的親切必須時常給受造物與創造主之間無限的距離所均衡。在聖經裏面常見那些遇見上帝的人，俯伏於地，好像死了一般。祈禱禮儀的莊嚴肅穆、拘謹有禮，幫助我們認識，我們是在**眞正**的君王面前。

可以理解的關懷

這種禱告的方法在你心中可能引起關注，這是完全可以理解的。我自己就對聖禮的禱告有過多方面的關懷（而且在某種程度上仍然繼續關懷），這些關懷是經常有人表達出來的。

其中一項關懷是與固定的禱告和儀文之雷同性有關的。也許你曾說過或者聽人說過像這樣的話：「啊，你只是做完一個動作而已，一切都是機械式的。你沒有眞正思想你所禱告的。」

這種斷言基本上準確，但遠非缺點，我看它基本上是一種有價值的東西。儀式禱文的一種偉大價值，恰巧在於我們不必去思想。如果在寫作的時候，我繼續不斷的凝神於標點符號和不定詞的細則，我還不是在寫作，只是在學習寫作。禱告也一樣。當我誦念早禱的字句時——「上帝啊，求祢幫助。主啊，快來幫助我」——我毋須關心自己如何去表達我的需要。反而，我有自由進入我的需要的深處，以及另一實際情況，就是上帝的資源比我的需要還要深。

另一種關懷集中於是否中肯。禮文的辭句是古老的，連禱文都近乎老式而且與現代世界脫節。

跟前面的情形一樣，我們以爲是缺陷的東西，其實多半是有價值的東西。大多數時候，認爲禱告必需中肯的要求，只是魔鬼的一種試探，是我們必需抗拒的。儀式的本意是要保存基督徒最好的靈修，這樣做的時候，它們常常拯救我們，不致陷於最新的時尚和怪誕的念頭中。它們當然因語言的改變而有所改變，但我希望不會太快。一項理由是，在教會的生活中，我們很少找到足夠的文字技巧，能夠產生甚至接近《公禱書》那樣的作品。此外，正如魯益師在一次短評中所說的：「對彼得的吩咐是餵養我的羊；不是在我的老鼠身上做實驗。」[3]

另一個關懷，集中於禮文的禱告方式是否耶穌那麼嚴厲地批評的「重複話」（太六7）。這是一個正當的關懷。可哀的是，我發覺，這正是時常發生的。我們對文學優雅的愛好，很容易成爲一種盲目崇拜的事物。崇拜聚會的美麗和準確，能夠取代內心對上帝的渴慕。

這當然不是說「粗製濫造」與「屬靈」必然密切相聯，但它應該大聲清楚警告我們，矯揉造作可能成為偶像崇拜。我們很容易像聖經所說的「堆聚空談」，絲毫沒有趨於「公義、和平，並聖靈中的喜樂」（太六7；羅十四17）。

我會提及最後一種關懷。那是擔心我們會把耶穌拘留在一定的場所，正如舊日的敬虔人士所說的，使耶穌成為「會幕的囚徒」。我要說，這關懷又是很適當的。我們多麼容易忽略耶穌的教訓中的重要含義：「上帝是個靈，所以拜祂的，必須用心靈和誠實拜祂。」（約四24）我們多麼容易陷於「聖／俗」的二分中。我們多麼容易認為，我們能夠規限聖靈的運行，而聖靈時常都隨著己意吹。

然而，嚴肅地處理這關懷，不應該妨礙我們認出，上帝的恩典藉著特別的管道，進入我們的心和生命中。承認世界是聖禮的，並不否定一項事實，就是上帝製定特別的聖禮去傳授祂的憐憫。

愛德華滋 (Jonathan Edwards) 說，上帝是使用各種工具的上帝。他說得對。我們的靈性增長，其中一部分來自了解並進入這些「施恩的工具」中。[4] 我們如今要注意的就是這任務。

舊法新歌

詩篇一向以來都同時是教會的聖詩和祈禱書。詩篇 (Psalter) 這字原本是指一種樂器，而希伯來文的詩篇這名稱的意思也是指聖詩。詩篇七十二篇 20 節描述前面的所有詩篇都是「大衛的祈禱」。修道院團體每天五次聚集禱告，也唱詩篇，而著重儀式的教會在晚禱時也如是。

並非所有詩篇都是聖詩或禱文，但這種名稱仍舊合宜，因爲它們都用以榮耀上帝，而這就是聖詩的目標。它們也引導我們進入上帝的旨意和道路中，而這就是禱告的目標。藉著把歌唱和禱告聯在一起，詩篇作了一件確實重要的事。純粹在人的層面上，音樂是最有力的其中一種媒體，因爲它同時吸引了情感和意志、想像和理性。當我們把音樂與禱告聯結在一起時，我們有一個強有力的組合。歌唱也給我們的禱告加添活力、輕鬆和歡愉。你可能知道這古老的格言：「歌唱的人禱告兩次。」當馬丁・路德思想其他禱告書時評論說：「呀，這兒沒有我在詩篇裏面找到的汁液、力量、熱情及火燄。」[5]

我們可以爲今天許多新的努力，把各種詩篇配以音樂而高興，其中有些很成功。我希望這趨勢會繼續下去。我們能夠希望，有一天我們會有整部詩篇配以音樂，正如以前有過的；或者，即使不是全部，至少從詩篇所包含的每一個題目中選取一些，配以音樂：創造、律法、聖史、彌賽亞、教會、生活、苦難、罪過、仇敵、終局。[6]這是我們禱告的其中一種最好的方法，包含上帝的全部計劃，從哀悼到慶祝。

當你唱各種詩篇時，有一個簡單的建議：以禱告的心態去歌唱，也就是充滿著禱告。讓詩篇的字句使你安靜、使你鎮定、使你深入。這不難做到，因爲許多詩篇的架構都是爲了達到這目的。那時常在一篇詩中間出現的「細拉」*(Sela)* 乃是一個記號，表示默想的插曲。如果你爲一篇詩創作一首曲，你可能想在「細拉」的位置上眞的安排一段音樂插曲，好叫人們能夠簡短地沈思他們所唱的內容。馬丁・路德說細拉號召：「一個平穩恬靜的心靈，這心靈能夠抓住及穩執聖靈在那個時候所賜予和所提供的東西。」[7] 我們藉著希伯來詩歌的平行結構——用略爲不同的詞語去重述同樣的觀念——能夠得到進一步的幫助，這種平行結構邀請我們用反省的心去歌唱。藉著簡單的重複，我們便愈來愈深入的沈浸於所作的禱告中。

對那些不習慣於寫好了的禱文的人，詩篇提供了可能有的最好初階。如果我們能把不同的詩篇銘記於心，它們會深入我們的心，以致我們作自發的禱告時，我們的措辭和表達方式，都會受詩篇的詞句影響。在早期的基督徒團體中，背誦「整部大衛的詩」並非一件不平常的事。聖耶柔米說，在他那個時代，人們時常聽到在田間和菜園中有人唱詩篇。但願這日子來到，那時我們也能用這古老的方法「向耶和華唱新歌」（詩九十六1）。

最完整的禱告

基督徒一切禱告的核心，就是舉行聖餐。幾乎禱告的每一方面都牽涉在聖餐裏面：查驗、悔改、懇求、饒恕、默觀，感謝、慶祝等等。聖餐最完全地具體表現禱告的核心，因爲我們完全參與這行動，不過從聖餐中到來的恩典則完全是屬上帝的。我們所有的感官都被採用，我們看、我們聞、我們觸摸、我們口嘗。我們聽設立聖餐的話：「這是我的身體。……這是我的血。」簡言之，聖餐的禱文是我們在永恆的這一邊所能作的最完全的禱告。

誠實的基督徒對基督的生命如何透過聖餐傳遞給我們，早就意見分歧。複雜的字句被用來表達重要的分別：變質說、同質說、紀念說，諸如此類。我相信這些問題是重要的，我對它們有一定的信念，但是，如果我以為在這本書中能夠對這複雜的問題，提供許多亮光，我就會是一個蠢人。才智比我高得多的男男女女已經在許多巨著中探討過這問題。此外，我沒有意思想要動搖任何人的信念，不管他或她是按哪一傳統，而能全然投入聖餐的儀式中。

就我個人來說，我較喜歡聖馬西摩 (St. Maximus the Confessor) 的理解，他是教父時代**最佳**的聖禮神學家。他稱聖餐中的基督的身體和寶血為「象徵」、「形象」和「奧義」。[8]這是他說明的方法：「基督眞正存在我們中間，祂的生命眞正的傳授給我們，但這事怎樣運作，則是聖潔的奧祕。」在此我們的分析讓了位給頌揚。事實上，在東正教的傳統中，正式稱聖餐為其中一種「聖潔的奧祕」。正如魯益師智慧地說一句妙語：「到頭來，這命令是：拿、吃；不是拿、了解。」[9]

在我們中間對享聖餐的頻率和方式，也意見不同。有些人常享聖餐，但儀式簡單。耶柔米說到一位主教，他喜愛貧窮到一個地步，以致只有一個用枝條編製的籃子盛麪包、一隻樸素的杯子盛酒。在另外的時候，聖餐的儀式比較正式，甚至堂皇。然而這一切不同處若與我們共同持守的比較，則只是表面上的問題而已。基督徒團體壓倒性地同聲說，他們認爲聖餐乃是「看不見的恩典之看得見的媒介」。[10]上帝自由地選擇猶太人餐檯上最普通的元素——餅和酒——用某種方法，把祂的生命透過這些元素傳遞給我們。我們一致歡喜地承認這一點。

在聖餐的禱告中，我們繼續不斷的受提醒，基督的受苦乃是福音的核心。它強逼我們繼續回到那偉大的犧牲上。耶穌的身體破碎了，祂的血流出來。我們就因此活著；我們就因此得堅固；我們就因此蒙加力。在聖餐的禱告中，我們大家以同等地位來到聖餐檯前：能言善辯以及聰明絕頂的人，沒有甚麼勝過不識之無以及不夠成熟的人。我們大家都張開雙手來到，用小孩的禱文禱告——就是領受的禱告。

在聖餐的禱告中，我們的感覺是不相干的。這是何等的釋放！我們不必想像出一些特別的敬虔情緒，好令自己配去領受。我當然曉得，一切形式的禱告都是這樣，不過，在此我們更容易相信。「我就這樣，毫無藉口來到檯前，祢的寶血爲我而流。」你也一樣。我們對自己感覺如何，或者我們在上帝面前的表現如何，都沒有分別。我們空手而來，也張開雙手到來。一切發生的事都是恩典。

在此，我要對任何一位，爲了讀保羅在哥林多前書裏面的教訓而心中不安的人說一句話。在那兒，保羅說到，有人因爲不按理吃主的餅、喝主的杯，以致遭受「審判」或「定罪」（林前十一 20 ～ 30）。這些話可能把你嚇倒，特別是假如你一開頭便已覺得自己不配領受上帝的善良、恩典和慷慨。也許你擔心，你做了一些事、或說了一些話、或思想一些事，使你沒有資格去領受主的桌子（聖餐）。如果你眞的領受了，你誠恐給自己帶來審判或定罪。

如果你曾給這樣的思想所困擾，我要向你保證，保羅在此是處理另一種完全不同的問題。他所關心的是那些存著輕忽無理的態度去領受聖餐的人。他所注意的乃是那些「不按理」吃主的餅、喝主的杯的人，他們對所發生的事之聖潔和嚴重性毫無感覺，也漠不關心。

你看，那是與你的情況完全相反的問題。如果有甚麼事的話，那是你過於認眞了、過分關心了。請相信我，上帝就按你現有的情況接納你。你毋須使你自己有所改進、或者加添你善行的配額、或者作更多適當悔改、或者任何別的東西。不要因爲你覺得不配而遲疑，這聖餐正是爲不配的人設立的！來！吃！喝！「你們每逢吃這餅、喝這杯，是傳揚主的死，直等到祂來。」（林前十一 26）

道的聖禮

馬丁·路德說：「在何處上帝的道是按其眞純去宣講、聖禮是按這道和基督的設立去施行，教會便被建立起來。」[11] 聖餐的聖禮是透過眼睛的大門的福音；聖道的聖禮是透過耳的大門的福音。傅賽斯寫著說：「在道的聖禮中，牧師們本身是基督手中的活元素——在心靈上破碎和傾出，直至於死，以致他們不僅爲基督作見證，或者象徵祂，而且藉著人格的聖禮，實際上傳達祂被釘十字架和復活。」[12]

我希望你了解，當我談到道的聖禮時，我不僅指宣道，雖然我的意思當然把宣道包括在內。道同時包含幾件事：上帝活潑的、講述的聲音；耶穌，這屬神的話語 *(Logos)*；聖經，寫成文字的上帝的道；以及在聖靈的能力和靈感下，藉著人所說出來的上帝的眞理。

我也希望你曉得，那些把道的聖禮帶來的，不單是正式承認、正常地按立的牧師，雖然當然包括他們。耶穌基督，作爲教會的元首，揀選而且賦予權力給那些把生命的道帶出來的人。聽起來似乎令人驚異，上帝能夠使用你我去述說祂的道，這道不會徒然返回，必然會完成它奉差遣要完成的目的。

我還希望你認出，道的聖禮除了在指定的崇拜聚會中應該發生外，也在許多地方和許多情況下發生。我曾看見這道被宣講，這能力臨到街角、醫院的病房，以及商場的辦事處。這是上帝的生命湧流到人間，上帝採用祂想要的任何方法去彰顯祂的榮耀。我們可能在電話中與人談話，而說出帶有膏油的話語，正如古老的作家喜歡說的：「講說眞理到能力。」這是道的聖禮。

說了這些，我想強調，道的宣講是上帝所制定的一個主要媒介，藉此把祂的恩典輸送到我們的生命中。如果沒有充滿禱告的宣道以及充滿禱告的聆聽，我們便是貧血的教會，而且是最可憐的人。邦斯 (E. M. Bounds) 宣告說：「我們禱告的品質會決定我們宣道的品質，輕忽的禱告會造成輕忽的宣道。禱告使宣道强壯、給宣道塗油、使宣道有貫穿力。」[13]

在這宣言中，邦斯採用了一個古老的字彙「**塗油**」*(unction)*，這個字描述我們今天迫切需要的東西。「塗油」是臨到宣道的靈性膏抹的奧祕，與其他每一項傳授有別。它多過誠摯、多過熱心、多過修辭學的技術。塗油是宣道中神聖之所在，它使宣道有效、鋒利、有力；它使所啓示的眞理滿有上帝的能力；它支持、撫慰、割切、對抗，並且使枯乾的骨頭活過來。

一次我參加一個崇拜聚會，至今仍印象深刻。我有一個朋友與我在一起，而他對基督教的東西並不熟悉。我們在約好的時間早上十時半抵達，但崇拜早已進行。崇拜場所是一間修整過的貨倉。當我們進入崇拜場所的門時，我們兩個人的身體——我們後來討論這事——都給那崇拜羣體的屬靈力量和活力所震盪。我們實實在在的嚇了一跳，退後半步。

那位牧師說話時滿有溫柔、同情、眞摯、力量，沒有雄辯滔滔的口才——那位好人從未夢想這事——但有一些好得多的東西：敬虔的氣質。我們知道他是在述說活的眞理。似乎在講員的口和聽衆的耳之間，這道活活地賦予不平凡的生命和能力。上帝的恩膏停留在他身上，滿有恩典和憐憫，以致我們的心軟化下來，走向順服。在他身上的膏抹，予人有屬天的聖化的感覺。空氣中似乎充滿了生命力，有聖潔的肅穆臨到各人身上。對我們兩人來說，那宣道的一刻，驅除了關於上帝在人的事務上運作的一切懷疑。

這樣的恩典不會自動來到：「禱告，多多禱告，乃是宣道恩膏的代價；禱告，多多禱告，乃是保留這恩膏的惟一條件。沒有不住的禱告，恩膏決不會臨到傳道人身上；沒有恆切的禱告，這恩膏，好像收藏太久的嗎哪，會生蟲。」[14]

你我怎樣去幫助呢？當然是透過穩定的爲傳道人的禱告。但還有更重要的東西：聖潔的聆聽。當傳道人走向那神聖的桌子時，我們特意採取一顆受教的心。當道的聖禮在施行時，我們的內心採取跪下的姿勢、接受的姿勢。我們時時刻刻都在聆聽主的聲音 *(Kol Yahweh)*。我們用悟性去聆聽、我們用心靈去聆聽。我們一直都在查驗我們的生活，並且呼吸著接納和應用的禱告。

你可能會想：「不錯，但你不曉得我一星期又一星期所要忍受的那種宣道。」「我並不覺得那宣道十分富有聖禮的性質！」我很明白這問題：傳道人傳講一個死的正統敎義；傳道人濫用這屬神的職分去頌揚自己；傳道人賣弄最新的知識和文化的時髦。我知道還有許多講章沒有好好地思想過、沒有好好地準備、沒有好好地宣講。我也敏銳地意識到，加在忠心牧者身上的諸多壓力，妨礙他在宣道的任務上有充分的準備。

但我仍舊說，我們必須學習聖潔的聆聽。我們在聆聽，時常聆聽，在屬人的嘈雜笑鬧聲中聆聽屬神的微聲。因爲，正如傅賽斯所觀察到的：「道的聖禮乃是給一切其他聖禮提供價值的東西。」[15]

身體的禱告

我不是有一個靈，我就是一個靈。照樣，我不是有一個身體，我就是一個身體。你的情形也一樣。然而，我們太常好像沒有身體的靈那樣去禱告。是適當的時候了，我們要對身體恢復一個基督教的道成肉身的了解。上帝的恩典是透過我們的身體傳遞給我們，我們用身體崇拜上帝、我們用身體去禱告。

聖經滿有可稱爲身體的禱告：當以色列人與亞瑪力人交戰時，摩西高舉兩臂禱告；以利沙伏在一個書念男童的身上禱告，使他活過來；當約櫃給擡進聖城時，大衞在耶和華面前跳舞；耶穌按手在衆多的人身上；約翰在拔摩島上時，俯伏在榮耀的基督面前。我們可以無盡地列舉名單。

聖經裏面最常見的禱告姿勢是完全俯伏、雙手前伸，其次常用的姿勢是舉起雙手、掌心向上。[16]我們最習慣的姿勢——疊合雙手、閉上眼睛——在聖經中卻找不到。這並不表示前兩種姿勢適當，第三種不適當，但這會使我們有自由去使用任何一種與我們所進入的禱告經驗相配合的身體語言。

容許我提供一些建議。如果我們被導引而認罪和悔改，我們可能想匍匐於地，面孔向下，以表示痛悔和傷心。如果我們被導引而對上主滿有愛意的敬慕，情緒高昂，我們可能想要跪下，雙手略向上舉，掌心向上，靜默感謝和讚賞。如果我們被導引而活潑的崇拜和讚美，我們可能想要站立舉手，掌心向外，歌唱懇求。最後，如果我們被導引而頌揚那造天地的主，我們可能想要站立，在主面前伸出雙手，掌心向上，口中說出詩人的話：「我的心哪，你要稱頌耶和華，凡在我裏面的，也要稱頌祂的聖名。」（詩一〇三 1)

聖潔的跳舞是另一種身體禱告的方式，如今再一次用在基督徒的慶典上。這種重新的强調中最好的一件事是，把儀式與靈感的狂熱讚美、敬慕和預言混合在一起。我對此非常高興。

有一千年的時間，基督徒在他們許多聖詩中，實行一種跳舞，稱爲**三步舞** (tripudium)。當崇拜的會衆歌唱時，他們會互相挽臂，向前走三步，向後退一步，再向前走三步，向後退一步。他們這樣做的時候，實際上是用他們的腳去宣揚一種神學。他們宣告基督在一個邪惡的世界之勝利，一種使我們前進的勝利，但並非沒有挫折的。

聖潔的跳舞可以作爲私人禱告或崇拜的一部分，也可以在羣體的背景中去實行。像詩人一樣，我們用琵琶和豎琴、用鈴鼓和跳舞、用絃樂和管樂讚美上帝。我們用我們的心腸肺腑慶祝上帝的善良。

我告訴你這一切事，只是想使你引起聯想。上帝會引導你我進入那些我們最需要、而又最能榮耀祂的身體禱告方式中。

一個充分的禱告生活包含無窮的變化。我們以儀式的莊嚴和靈感的歡騰，來到上帝面前。二者對一種沒有簡化的禱告經驗，都是極端重要的。

我們在天上的父。
　　願人都尊祢的名爲聖。
願祢的國降臨，
　　願祢的旨意行在地上，
如同行在天上。
　　我們日用的飲食，

今日賜給我們。

　　免我們的債，

如同我們免了人的債。

　　不叫我們遇見試探，

救我們脫離兇惡。

　　因爲國度、權柄、榮耀，

全是祢的，直到永遠。

——阿們

11

不住的禱告

當聖靈到來住在某人心中時，那人不能停止禱告，因爲聖靈在他裏面不住的禱告，不管他睡覺或醒覺，禱告一直在他心中進行。他可能在吃喝，他可能休息或工作——禱告的香氣會自發地從他心中上升。他心中最微小的移動，都像一個聲音，在寂靜中以及在祕密中，向那看不見的主歌唱。

敍利亞人以撒 (Issac the Syrian)

我想告訴你一種時常活在上帝面前的美妙方法。我不能見證說，我已經完全進入這種與父時刻相交的生活中，但我已獲得足夠的一瞥，叫我知道那是最好、最優美、最豐富的生活方式。

歷代以來都有普通人士告訴我們這是可能的。勞倫斯弟兄 (Brother Lawrence) 只簡單地分享：「世界上沒有甚麼生活方式，比繼續不斷的與上帝交談滿有快樂。」聖約翰拉德 (St. John the Ladder) 忠告我們：「讓對耶穌的記憶與你的呼吸聯在一起。」茱莉安娜坦白說：「禱告使心靈與上帝相聯。」一位拜占庭

(Byzantine) 的靈修作家卡利斯多斯 (Kallistos) 教導說：「不住的禱告在於不住的祈求上帝的名。」有人說，聖法蘭西斯「與其說他是一位禱告的人，不如說他是一位用禱告造成的人」。而劉白克報道說：「啊，這種保持與上帝時常聯絡，使祂成爲我思想的對象，以及我交談的同伴的事，乃是我所遇見過最令人驚奇的事。」[1]

對你來說，這聽起來也許是沒有可能的事，甚至是不想要的事。有時我也有這樣的感受。生活的現況已經夠複雜了，我們爲甚麼還要在已經太多承諾的行事曆中，再加上另一種宗教責任呢？此外，這聽起來似乎難以置信地困難，沒有人能時時刻刻思想上帝。有誰甚至願意這樣做呢？

如果你在任何形式上認同這種觀點，我想鼓勵你。上帝並不期望你立即跳入時刻與祂交通的海洋，從這一洲游到另一洲。我們透過練習的生命歷程走在這道路上，這種進程旣是可以理解的又是實際的。再者，這種「上帝同在的練習」是費力的，故其他一切事都不外如是。我們變得愈來愈集中注意、愈來愈走向中心、愈來愈中肯扼要。我們愈來愈發覺自己能夠用輕鬆和寧靜的心情，去處理日常活動的壓力和緊張。這種情形甚至會令我們驚奇……特別是我們自己。

此外，穩定、信實的交通，在某些方面比我們通常的祈禱方法更容易。前後不一貫的禱告比前後一貫的禱告更難，正如當我們偶然玩一次網球時，很難打一場好球一樣。我們是否眞的認爲，我們能夠過一種不規律的禱告生活，而經歷到心、意、靈的融合呢？我們是否眞的相信，我們能夠藉著我們不可預測的禱告，而像摩西一樣，「面對面與上帝說話」，好像人與朋友說話一般呢？不，我們藉著有規律的聯絡而培育親密，我們也藉此培育從容自然。爲甚麼會有從容自然？因爲我們塑造穩定的正直習慣。這些「聖潔的習慣」早晚會產生融會的運作，以致禱告成爲容易的事、自然的事和自發的事——那時，難做的事將是抑制自己不去禱告。

沒有間斷的交通

關於不住的禱告之可能性，聖經作者沒有緘默。使徒保羅勸勉說：「要不住的禱告。」（帖前五 17）他對羅馬人說：「在指望中要喜樂，在患難中要忍耐，禱告要恆切。」（羅十二 12）對以弗所人說：「靠著聖靈隨時多方禱告祈求。」（弗六 18）對歌羅西人說：「你們要恆切禱告，在此警醒感恩。」（西四 2）對腓立比人說：「應當一無掛慮，只要凡事藉著禱告、祈求和感謝，將你們所要的告訴上帝。」（腓四 6）

希伯來書的作者敦促我們：「我們應當……常常以頌讚爲祭，獻給上帝，這就是那承認主名之人嘴唇的果子。」（來十三 15）耶穌給我們說了禱告的比喻，向我們顯明，我們要「常常禱告，不可灰心」（路十八 1）。祂爲我們留下模式，表明繼續不斷與父交通的眞實性。「子憑著自己不能作甚麼，惟有看見父所作的，子才能作。父所作的，子也照樣作。」（約五 19）「我憑著自己不能作甚麼，我怎麼聽見，就怎麼審判。」（約五 30）「我在父裏面，父在我裏面。」（約十四 11）當耶穌告訴門徒要常在祂裏面，正如枝子常在葡萄樹上時，他們立即曉得祂的意思是甚麼，因爲他們數年來已經觀察祂常在父裏面(約十五 1 ~ 11)。

如火如荼的熱情

我敢斷言，你感悟到，在我們的時代，迫切需要不住的禱告。我們用離散的思想、噪鬧的心靈，去應付無窮的連串活動，把自己弄得喘不過氣來。我們覺得緊張、怱忙、透不過氣來。思想在我們腦中衝進衝出，沒有節奏或理性。我們很少能夠長久集中在單一的事上。每一件事以及任何一件事，都打擾我們集中的意識。我們是一個意亂情迷的人。

不住的禱告有方法化混亂爲和平。我們開始經歷到屬乎上帝廣大無邊的忍耐的東西。我們破裂和零碎的動作，開始集中於新的參考中心。我們經歷到和平、寧靜、安舒、堅定的生命定位。

但這不是自動地來到。我們必須想要它，以如火如荼的熱情想要它。詹姆士 (William James) 寫著說，在有些人當中：「宗教之存在，不像一種痲木的習慣，乃像一種狂熱。」[2] 你裏面每個細胞豈不是大聲呼叫要這種生命嗎？在你內心深處豈不是渴望這種繼續不斷的同在嗎？你難道不是渴望加添上帝的愛、上帝的喜樂、上帝的和平、上帝的能力嗎？我敢打賭，一點點禱告，這裏灑灑、那裏灑灑，對你來說，簡直不夠。啊，不，你要多一點，更多一點。你渴望在繼續不斷的禱告壇上，燃燒靈修的永恆火燄。只要你曉得怎樣做！是的，只要我們大家知道該怎樣做！這是現在我們要注意的任務。

一口氣的禱告

由於歷代基督徒都尋求奉行聖經吩咐要「不住的禱告」的教訓，他們發展了兩種不住的禱告的基本表達方式。其中一種是比較傳統的和重儀式的；另一種則是比較談話式的和自發性的。第一種方式起源於東方基督教的靜修士 (hesychastic) 傳統，通常稱爲呼吸的禱告，或一口氣的禱告。[3] 這種觀念的根源是從詩篇而來，即在一篇詩中有重複的短語去提醒我們整篇詩的意思，例如，「耶和華啊，祢已經鑑察我，認識我。」（詩一三九 1 ）結果，這觀念激發了一個短的、簡單的、懇求的禱告，能夠在一口氣中說出來，因此便有了「一口氣的禱告」這名稱。西乃的貴格利 (Gregory of Sinai) 說：「一個人對上帝的愛應該跑在呼吸前頭。」[4]

最著名的一口氣的禱告是耶穌禱文：「主耶穌基，上帝的兒子，憐憫我這個罪人。」你曉得，這個禱文是從耶穌所說自以爲義的比喻引伸而來的。在那個比喻中，稅吏捶胸禱告說：「上帝啊，開恩可憐我這個罪人！」（路十八 13 ）最後組成了現有的形式。在第六世紀時，這禱文廣泛地被採用，在十四世紀時又在東方教會中重新流行起來。

在第十九世紀時一個無名的俄國農民，在《東正教徒朝聖記》*(The Way of a Pilgrim)* 那本書中，說了一個令人感動的故事，表明他如何去尋求不住的禱告。[5] 他一旦學會了這個耶穌禱文時，便繼續不斷的用它來禱告，直至這禱文從他的思想移入他的心中，最後遍布了他整個身體——這禱文那麼深入他裏面，以致時常都與他同在，不管他清醒或睡覺都如此。這本特別的書對基督徒的影響，遠超出東方教會的範圍以外。

不過，這篇耶穌禱文只是一個例子而已。你可能發現屬乎你自己個人的一口氣禱文。幾年前一個黃昏，我出外跑步，那時一打或者超過一打的「一口氣禱文」從我口中傾吐出來。下面是那個夏日黃昏從我口中忽忙發出的禱文中的幾句：「主啊，用祢的愛洗滌我」；「父啊，教我溫柔」；「耶穌啊，讓我接納祢的恩典」；「仁慈的主啊，除去我的懼怕」；「聖靈啊，顯明我的罪」；「主耶穌啊，幫助我覺得蒙愛」。

請注意每一個禱文的簡潔，也請注意這些禱文的接近和親切的意識：用一種親密的、個人的語氣向上帝說話。也請看這個禱告的人如何表達倚賴、溫順和信靠——與自我倚靠完全相反。然後請注意，這些禱告全都是請求。這是集中於自己的禱告，意思是，我們祈求在我們裏面或者對自己做一些事。不過，這不是自我中心的禱告，因為這一口氣的禱文所祈求的，都是上帝的旨意和道路的適當反映。

一口氣的禱告是發現的過於創作的。我們祈求上帝為了我們目前的需要，向我們顯示祂的旨意、祂的道路、祂的眞理。

這是一種方法，叫你能為自己發現一口氣的禱文。找出一段不受干擾的時間和一個安靜的地方，默然靜坐，讓上帝愛的臨在掌管你。過了一刻以後，讓上帝叫你的名字：「思迪」、「拿單」、「約珥」、「拉結」、「蓮達」……然後，讓這問題浮現出來：「你要甚麼？」直截了當地回答這問題。也許一個簡單的名詞會臨到你的意識中：「平安」、「信心」、「力量」。也許是一個短語：「了解你的真理」、「感受你的愛」。然後，把這短語與你最自然論到上帝的說法相聯起來：「配受稱頌的救主」、「阿爸」、「以馬內利」、「聖父」、「施恩的主」。最後，你會想寫出你的一口氣禱文，且保持在一口呼吸的從容長度中。

以後幾天，讓上帝去略略調整你一口氣的禱文。你可能寫下：「主啊，求祢幫助我了解祢的真理。」但禱告了一兩天以後，你認識你真正需要的不是了解上帝的真理，而是活出上帝的真理。因此，你開始禱告：「主啊，求祢幫助我活出祢的真理。」[6]

盡可能常用你一口氣的禱文去禱告。讓上帝把它深深種入你心靈的深處，不要太快停止或改變你的禱文。八個月之前我領受了一個私人的一口氣禱文，到現在我還沒有迹象這工夫已經完成了。有時——不是時常，乃是有時——我們達致一點是超越了這禱文的，在那兒我們裏裏外外都感寧靜。基督在我們前面、基督在我們後面、基督圍繞我們，穿透我們。這時，我們便把勞苦放下，靜靜地享受與上帝**同在**。

狄奥芬尼 (Theophane the Recluse) 評論一口氣的禱告說：「思想繼續在你腦海中推擠像蚊子一樣。要停止這推擠，你必須把你的心意繫於一個思想，或者只思想一位[主]。一件有助於這事的辦法是一個短的禱告，這禱告會幫助你的心思變得簡單和統一。」[7]

上帝同在的練習

不住的禱告之第二種主要表達方式，是與一些禱告大師相聯的，例如勞倫斯弟兄（《上帝同在的練習》*[The Practice of the Presence of God]*）；祈里（《靈修之約》*[A Testament of Devotion]*）；劉百克（《一位現代神祕主義者的信》*[Letters by a Modern Mystic]*）。他們深奧而簡單的方法是，以歡樂的對上帝同在的感悟，去從事日常生活的一切活動，讚美和崇敬的細聲禱告，不住的從我們心中湧流出來。勞倫斯弟兄稱自己爲「煲煲鉢鉢的主」(the lord of all pots and pans)，在他那如今著名的評語中，把這種觀念具體化：「做事的時間對我來說，與禱告的時間沒有分別。在我廚房裏面的嘈雜聲音中，雖然好幾個人同時叫喊不同的東西，但我仍舊據有上帝，滿有極大的寧靜，好像我在那蒙福的聖禮中跪下時一樣。」[8]

勞倫斯敦促我們：「在我們心中做一個私人禮拜堂，在那兒我們可以不時退隱，與祂平靜地、謙卑地、親切地交通。」他鼓勵我們，把內在的禱告變成晚上最後的活動，以及早上最先的活動。這樣做的時候，我們會發現，「那些曾經給聖靈吹氣的人，即使在睡眠中也繼續向前移動」。[9]

哲學家祈里在他短短一生的最後幾年中告訴我們：「屬神的啓示的活水井，繼續不斷的上湧，一天又一天、一小時又一小時，既穩定、又有變化更新的能力。」他寫著說：

> 有一種方法，使我們的精神生活同時排列在多於一個層面上。在一個層面上，我們可能在思想、討論、觀看、計算、處理外表事務的一切

> 要求。在內裏深處，在幕後一個較深的層面上，我們也可能在禱告和崇敬、歌唱和崇拜，並且有溫柔的容受力去接納上帝的吹氣。[10]

劉白克的許多日記摘錄也放射著上帝顯現的光輝：「今天下午上帝的臨在，使我滿有如此純粹的喜樂，以致我覺得從來沒有遇見過像這樣的事。上帝那麼接近、那麼令人詫異的可愛，以致我覺得，好像給一種奇異的、極其幸福的滿足完全融化了。」在一九三〇年，他在菲律賓一個名叫明丹諾 (Mindanao) 小島上寫著說：

> 這種與上帝在小事上合作的感受，令我十分驚奇，因爲我從來沒有這樣感受過……我這方面要做的是，在這個時刻，繼續不斷的與上帝有內在的交談，而且對祂的旨意有完全的回應去生活。使這個時刻變得輝煌豐富，這似乎就是我需要想及的東西。

幾年以後，在另一個大陸上他禱告說：「上帝啊，這種使我的**意志**傾向祢的旨意的嘗試，叫我與祢漸漸合而爲一。在這加爾各答的場所，我感覺到新的能力，這種能力是我許多年來所沒有的。」[11]

我窮於辭令給你傳達這種親密、奇遇、突破的感受，這種感受不僅在這三位人士的日誌和書柬中可以見到，在許多其他靈性生活的先鋒中也有。這班人活在我們多數人都錯過的一種實際中。他們的著作因這發現的興奮而跳躍。祈里寫著說：「從中心而來的生命，是不忽忙的平安和能力的生命。它很簡單、它很平靜、它令人驚奇、它凱旋得勝、它很燦爛、它不拿取時間，但佔據了我們的全部時間。它使我們的生命程序新鮮及得勝。」12

但**你**能這樣生活嗎？我能這樣生活嗎？我們說：「絕不可能！」但等一等，也許比我們始初想像的較有可能。當然，這種不間斷的團契生活不是自動來到，或者毫不費力的。這不會令我們驚奇，任何有價值的東西時常都要努力。勞倫斯弟兄承認，他花了十年時間才完全進入上帝同在的練習中。劉白克宣布說：

> 祢呼召我去承擔的義務，有如攀登埃弗勒斯峯
> (Mount Everest) 那麼艱辛，但祢能完成它，
> 如果我能使我的意志與祢的旨意協調的話……
> 那是**我的**任務，保持我的意志在能力的水流
> 中，讓祢不息地沖過。13

這是費力的，不錯，但並非不可能——當我們了解所牽涉的進程時則更加如此，每次行一步。

進入不住的禱告的步驟

我們不是一蹴而就跳進那令人暈眩的不息交通中。它的來臨要經歷一段時間，也要通過可計算的、實際的步驟。

第一部是外表的訓練。這是我們在任何事上達到熟練地步必需做的。一位大有成就的鋼琴家的手指今天能

活潑輕快地在琴鍵上面上上落落，皆因她曾經一度痛苦地盡力忍受最簡單的音階練習。我們的情形也這樣。

所以，我們從簡單、顯而易見的，甚至人爲的方法開始。學校的教師能夠利用鐘聲去提醒他們，把他們一口氣的禱文提升到父的膀臂中。那些喜歡紫色的人，每次看見紫色時，都提醒他們上帝繼續不斷的仁慈的同在。外科醫生每次用力洗滌，準備施手術時，都能被激發去禱告。銀行出納員每次有人來到窗前時都能夠禱告。我們能夠把對壓力敏感的標籤黏在冰箱、浴室的鏡子和電視機上。洗碗、鋪牀疊被、在超級市場排隊等候時——這一切都能號召我們去禱告。跑步、游泳和散步也能提醒我們。

這觀念出奇地簡單。劉百克稱它爲他的**分鐘遊戲**(Game with Minutes)，我們也能把它轉變爲愉快的遊戲。今天有多少分鐘，我們能把它們轉變爲聖潔的交通呢？

第二步是讓這工作移進潛意識中。我們說出我們的禱文，但並不覺察我們已經說了。一口氣吐露出來的驚奇和崇敬的渴慕，似乎時常在每一件事的下面和背景中——有點像一首曲調，我們突然覺察我們整天在閉唇低吟。內在的禱告在最怪異的一刻湧了出來：在交通阻塞中間、在驟雨之下、在一個擁擠的商場裏面。我們開始夢見我們的禱告。

到這時，我們會開始注意到我們行爲的改變。我們在交通阻塞時較少激怒、我們較容易忍受家中和辦公室中的微小挫折、我們能夠留心靜聽別人說話、我們對小孩較易注意。

當禱告進入心中時，第三步會發生。實際上，我們把思想移進心中，情感和理性的活動比較協調。我們的禱告工作愈來愈溫柔、愈來愈可愛、愈來愈順乎自然。禱告令人覺得較少像工作，較多像喜樂。

我們如今開始用愛去思想。我們的決定愈來愈多沈浸於愛的理性中。我覺得有點辭不達意。例如，我們變得對別人的損傷和苦難更加敏感。我們進入一間房，很快便曉得誰憂愁、誰孤單、誰在對付深刻而難以言喻的悲傷。在這情況中，我們能輕輕地溜到他們旁邊，靜靜坐下，帶來安慰、了解和醫治，曉得「深淵與深淵響應」（詩四十二7）。

當禱告滲透了整個人格時，第四步便來到。它變得像我們的呼吸和血液在全身流動。禱告在我們裏面發展了一個深沈的韻律。

有人這樣告訴我，因爲我現在是談及超越自己經驗的事。不過，我的消息來源是可靠的。歷代先賢都見證這實體，他們時常稱它爲「屬神的聯合」。蓋恩夫人宣告說，我們一切的禱告以及我們一切的默想，都只不過是這種更深的工夫「準備」而已：「**它們不是目的**。它們是達到目的的一條**道路**，**目的**是與上帝聯合。」[14]

目前，這最後一步對我來說還過於偉大，也許對你也如此。這更加表明我們今天靈性經驗的貧乏過於說明這地步的眞實。不管如何，在本書稍後一章中，我會更詳細討論這一點。

兩個問題

在結束這一章之前，我想評論一個理論上和實際上的問題。理論上的問題與不住的禱告，是否落在耶穌所責難之重複的禱告範疇內有關。你會記得，在上一章我們思想過這問題。在此我們實際上很少危險。耶穌是處理祂那個時代一個特別的行動，就是當時的法利賽人會藉著在市場中誦念他們的禱告，去公開展覽他們的敬虔。那是一種不單是徒然而且滿有虛榮的重複。然而不住的禱告是隱藏的禱告，在祕密小室中的禱告。無人曉得我們在禱告……除了人們也許注意到我們較快樂、較滿足之外。

重複本身不是錯的。耶穌在恆切禱告的比喻中推薦它，而且在客西馬尼園中自行這樣禱告。當然，亞伯拉罕與他超自然的客人討價還價時，也用過這樣的態度禱告。當保羅想他「肉身的刺」給拔去時也曾如此。問題並非重複本身，而是把禱告看作魔術的咒語而重複誦念。以爲我們能把禱文說得恰到好處、用字遣辭中規中矩、前後次序排列整齊，就能夠捉住上帝去贊助我們的事件。這種重複是聖經所拒絕的。

第二個問題的性質比較實際。當我們覺得屬靈並且想要追尋上帝時，我在本章中所說的一切都很美善。但是，當我們感到確實不屬靈的時候又怎樣呢——例如，當我們與孩子對抗，鬧得不開心時，或者與配偶意見相左時又怎樣呢？

坦白的說，除了我們在第一章所討論過的極其迫切的禱告（上帝啊，求祢幫助我！）以外，我發覺在這些時候我不能禱告。所以，與其試行愚弄自己，敬虔地假裝與上帝有不息的交通，我在這種情勢中，只祈求上帝准我暫停。祂時常都是仁慈的並且了解我們的脆弱。時候到了，我們回來，再嘗試。問題不在於我們失敗又失敗——這是預料中事。問題是，在一段時間中，我們是否在發展屬神團契的切實習慣。

上帝在心靈內在的聖所中等候我們。祂在那兒歡迎我們，在那兒我們能夠體驗到蓋恩夫人所說的，一種「繼續不斷的內在堅貞」。[15] 令人歡樂的是：結果常常超過所費的工夫。

「主啊，我的主！祢的名在全地何其美。」金牛宮之七星和獵户星座的三星歌唱讚美祢。麻雀和山雀模仿他們的歌聲。一切受造物似乎與祢這位總指揮和諧。一切，意思是，除了我以外。爲甚麼？爲甚麼只有我想唱我自己的樂曲？我眞是一個頑梗的傢伙。求祢饒恕我。

我實在想更充分，更常與祢達致和諧。我確實想要繼續不斷、長久維持的團契。求祢培育我這欲望，雖然如今這欲望似乎那麼微小和不穩定。願我有一天會像那些樹，「栽在溪水旁，按時候結果子，葉子也不枯乾。凡他所作的，盡都順利」。

奉耶穌的名。

——阿們

12

心靈的禱告

心對心說話。

紐約翰(John Henry Newman)

心靈的禱告是親密的禱告。它是一個孩子對父上帝滿有愛意和溫柔的禱告。[1] 像母雞把小雞聚集在牠翅膀底下，我們透過心靈的禱告，容許上帝聚集我們到祂那裏——抱持我們、嬌養我們、溺愛我們（路十三34）。

「我想溫暖他們的心」

當我躺在蓋著棉被的牀上等待天亮時，我思想過去幾天所發生的事。我剛結束了一次講道任務，相當成功——聽眾很親切，也有很好的回應，聖靈用很溫柔的方法臨到我們。我還只有一項任務——在這地區一間教會負責主日講道——然後便可踏上歸程。

我問：「主啊，今天早上祢對這間教會預備了甚麼？有甚麼特別的東西祢要我述說或者去做的嗎？雖然我的講章通常都提早預備好，但我常常這樣禱告，因為很常都有溫和的輕推暗示，似乎提供正確的焦點去應付個人的需要。這天早上的引導是十分明確的：「告訴他們，我想溫暖他們的心。」

我自己在想：「溫暖他們的心？這是甚麼意思？」我起來，寫下幾點與我準備要傳的信息相聯的意念，但我眞的沒有一點頭緒，上帝要怎樣去溫暖我們的心。然而，這些年來，我已經學會，我毋須知道一切的事。

在聚會前，我與詩班相見，盡可能把這消息與他們分享。當我們禱告，祈求崇拜的經驗到來的時候，一種聖潔期望的低語開始在這羣人中運行。

崇拜程序順利進行。當我講道完了，我十分簡單地分享說，按我所能體會到的，上帝要溫暖在這間禮拜堂裏面許多人的心，因此我們要等候祂觸摸我們。我們用滿足的回應等待了一段時間，在這期間約有十二個人站起來，述說上帝如何用特別的方法去融化他們的冷漠、去軟化他們心中的剛硬。然後我請求那些覺得被吸引，要追求一種更深的作耶穌基督門徒的生活的人站起來。也許有一半的會衆站起來，我帶領他們作了一次很長的委身禱告——間或有靜默的時間——我們繼續等候上帝去溫暖我們的心。我們一直覺得很親切很鼓舞。崇拜聚會結束以後，這種程序還繼續。我本來安排好要在一個成年人的討論會中演講，但結果全部時間都消磨在爲個別人士禱告上。他們在不同的情況中想他們的心得溫暖：有一個人需要身體的醫治，他的心臟有毛病；另一個人則需要情感的醫治，他有一個破碎的關係，諸如此類。甚至接著的午餐時間都蒙主恩，人們內心的創傷不斷湧現，而我默默禱告，懇求醫治的能力繼續運行。

那天下午我與教會的牧師相會——他是一位年青、滿有活力、在他的宗派中步步高升的明星。（較早時我有點懊惱，因爲我必需坐晚班的飛機回家，但現在我了解其理由，因爲我們有充分的時間在一起，周圍的環境安靜，不受打擾。）當他分享時，他愈來愈深入他內心深奧之處。我能看出，這位牧師所經歷的乃是「心靈的黑夜」的典型例子。我靜聽了約一小時，爲這位高度成功的牧師正在經受的一切感動。

我知道那是聖潔的一刻，但我要做甚麼呢？最後，我起來，站在他左肩那邊，把一隻手放在他背上，另一隻手放在他的胸。他把頭靠在我胸前，靜靜地哭泣，不時深深歎息。我爲他禱告約十五分鐘或者更長，多數時間是默禱，但間或不時加插一兩句話。當我禱告時，我漸漸覺察到我的手在他胸前變得多麼溫暖。當我們覺得上帝所要做的工作已經完成了，我們開始稍微交談。我問他，當我們禱告時，他有沒有注意到我的手變得多麼溫暖。他回答說：「啊，是的！假如你在我赤露的皮膚上大力摩擦，也不會更暖。」當他說話時，我把我的手放在他的胸，它立即再次變得非常暖，幾乎灼熱。我們繼續談話，我的手仍舊放在他的胸上。我們兩人都對所發生的事感到驚奇。

我想到羅爾所寫的《上帝的愛火》*(The Fire of Divine Love)* 那本書，在那本書中他描述那種不平凡的經驗，就是體驗到他的心臟周圍非常熱，以致他要摸一摸他的胸，好確知它不是眞的在燃燒。

突然間我理解到，在我們身上所發生的事，以及那天早上當我還在牀上的時候，臨到我的信息之間的關聯。（直到那一刻我才想起這一點。）上帝想要溫暖祂子民的心那種願望，當然是爲那間教會，但最特別是爲這位好牧師。

當我們站在那兒，上帝正在溫暖他的心，而這熱力的物質顯示，乃是一個親切的指標，向我們顯明，一種深刻得多的醫治之愛的工作，以及滿有恩典的憐恤正在裏頭運行。這位基督的忠心僕人，已有很長的時間沒有「覺得」上帝的同在了，而按我們所知，上帝正親切地向他證實這眞實性。即「我永不離開你，也不撇棄你」，並且醫治他在早幾年的牧職事奉中所遭受的深刻創傷。

我與你分享這故事，是要强調上帝渴望與我們密切交談，心對心密切交談。格勞 (Jean-Nicholas Grou) 說：「禱告的是心，上帝聆聽的是心聲，上帝回答的也是心。」[2] 我們——像多年前約翰・衛斯理一樣——需要我們的心「奇妙地溫暖」起來。

試金石

心靈的禱告是「阿爸」禱告。偉大的使徒保羅告訴我們：「上帝差祂兒子的靈，進入我們的心，呼叫『阿爸！父！』。」（加四6）耶穌的「阿爸經驗」，形成了心靈禱告的試金石。

當我們讀福音書的時候，最先使我們印象深刻的一件事是，耶穌所經歷以及教導的父上帝，是深入的、個人的、親切地與人接近的。上帝是父這個觀念當然不是新的。詩人宣告說：「父親怎樣憐恤他的兒女，耶和華也怎樣憐恤敬畏祂的人。」（詩一〇三13）在何西阿書中，上帝描述自己爲父，用臂膀抱著祂的兒女，用「慈繩愛索」牽引他們，彎腰餵養他們（何十一4）。

祂也不是只把父親的形象賜給我們。比方，透過先知以賽亞，上帝採用母親的說法：「母親怎樣安慰兒子，我就照樣安慰你們。」（賽六十六13）

不，當我們讀福音書的時候，叫我們驚奇的不是上帝的父母形象，而是祂邀請我們用如此個人的親切的說法去**稱呼**上帝，這一點是全新的。門徒要求耶穌教他們禱告時，對耶穌的回應必然感到震驚，因爲耶穌直截了當地說：「你們禱告的時候要說：『……父……』」（路十一2）忠實的猶太人甚至遲疑不願說出上帝的名字，耶穌這種像小孩子那麼親切的字句，必然會叫他們感到極度震驚。

「阿爸」*(Abba)* 和「音媽」*(imma)*——爸爸和媽媽——是猶太人的小孩最初學習說話時的字彙。**阿爸**是那麼個人的、那麼熟悉的名稱，從來沒有人敢用以稱呼這位統管宇宙的偉大上帝——沒有人，直到耶穌的時候。耶利米亞教授 (Professor Joachim Jeremias) 宣告說：「在猶太全部文學著作中，沒有一個例子，採用**阿爸**去稱呼上帝……」[3]

耶穌與父上帝完全的親密令我們震驚。即使祂十二歲的時候，在耶路撒冷聖殿中，耶穌已向祂的父母解釋：「我應當在我父的家裏。」（路二49）十八年以後，當祂開始祂公開的事奉時，耶穌從洗禮的水中上來，天上有聲音說：「祢是我的愛子，我喜悅祢。」（路三22下）再者，在變象山上，從雲彩中有聲音宣告說：「這是我的愛子，你們要聽祂！」（可九7）耶穌不僅在變化形象的狂喜狀態中經歷到與父上帝親密的聯繫，而且在客西馬尼園極大的痛苦中也如是：「阿爸，父啊！在祢凡事都能；求祢將這杯撤去；然而不要從我的意思，只要從祢的意思。」（可十四36）

這些當然只是一瞥而已。這種最深的親密實質，滲透了耶穌所說和所作的。正如戴林普爾所觀察到的：「耶穌的整個生活，就是『阿爸經驗』的延伸。」[4]

就本體論來說，耶穌與父上帝的關係，當然是絕對獨特的，但在經驗上，我們被邀請進入與父上帝的親密關係中，且是與耶穌在地時所知的同樣親密。我們受鼓勵，爬到父的膝上，接受祂的愛和安慰、祂的醫治和力量。我們可以自由地、公開地歡笑和哭泣。我們可以和祂擁抱，在祂的膀臂中找到安慰。我們也可以在心靈裏面深深崇拜。

我曾在一間著名的神學院中舉行一系列的演講，那一週充滿精彩的神學辯論。在那段時間中，上帝在一個學生身上重新甦醒她的音樂恩賜，賜給她一首歌——《阿爸的搖籃曲》*(Abba's Lullaby)*。她給了我一張手抄稿，當我讀那些字句時，我的心給那首歌甦醒過來。我立即打電話給她，說我相信上帝不單給她一首歌，並且給整個神學院團體一個十分特別的信息。我問她是否會考慮第二天在禮拜堂中唱這首歌——一系列演講中最後一次聚會。她親切地同意這樣做。

星期五，在習慣上的開場白以後，我分享我的信念說，上帝有一個特別的信息給我們，不是透過我，而是透過他們自己人中的一位。我解釋說，這首歌——剛剛在昨天作好——是一個禱告，不過是一個相反的禱告，是耶穌向我們唱的，如果我們用領受的心態去聆聽會有幫助。

我的學生朋友來到擴音器前面。她美妙的女高音十分清澈，我們大家都融入崇拜中。她所唱的字句非常簡單，因此也正是這班有了高度訓練，以及精通世故的聽衆所需要的：

親切可愛孩，你知我關懷；
親切可愛孩，你知我在此。
親切可愛孩，你知這是眞；
親切可愛孩，我眞的愛你。

給我一搖籃，是的，我的主，
大且穩搖籃，給我，請給我。
給我一搖籃，是的，我的主。
祢手是搖籃，給我，請給我。

輕輕地搖我，我的主耶穌，
輕輕地搖我，整夜不休止。
輕輕地搖我，我的主耶穌，
在祢慈手中，我能夠強壯。[5]

這班善良的男女——他們曾經長期而且激烈地在巴特 (Barth)、尼布爾 (Niebuhr)、潘寧博 (Pannenberg)，和田立克 (Tillich) 的辯論中角力掙扎——像乾的海綿般吸收這些簡單的愛和親密的字句。聖潔的肅靜籠罩了整個禮堂，見證一項事實，就是我們的心已經給牽引靠近上帝的心了。我們停留在那些字句裏面一段時間。我敢斷言，我所有的演講給完全忘記以後許久，這首簡單的詩歌仍會存留在人的心中，因爲在那天，耶穌向我們唱祂的搖籃曲。

聖靈在我們裏面禱告

心靈的禱告究意是甚麼？十分簡單，它是聖靈在我們裏面禱告。舊日的作者說到在禱告中的三個階段：嘴脣的禱告、思想的禱告、心靈的禱告。[6] 無論我們對這種分類有怎樣的想法，我們大家都能同意他們的評估說，當我們來到心靈的禱告時，我們進入一個境地，在那兒聖靈是發動者。聖靈創造了這禱告，也維持了這禱告。

在心靈的禱告中，我們已經智盡技窮。我們試行採用語言，但語言到了山窮水盡的地步。我們掙扎著去表達我們的心意，而痛苦地感悟到，這表達離實際多麼遠。在此，聖靈踏足進來，用「說不出的歎息」爲我們禱告。我們從聖靈領受嗣子的靈，藉此我們呼叫「阿爸！父！」（羅八 17 ～ 26 ）

在心靈的禱告中，我們經歷到貝特力 (George Buttrick) 所用的一個短語：「滿懷敬意的友誼。」[7] 我們被聖靈領進深奧的親密中，在那兒我們成爲「一池靜止的水，能夠完全反映太陽」。[8]

常見的表達方式

心靈的禱告的表達方式，正如上帝的心意那樣變化無窮。我們決不可太仔細地試行編排或規範聖靈之風的運行。雖然如此，有時提及一些比較普通的——在心靈的禱告中，聖靈在祂子民之間運行——方式，可能會有幫助。

也許在一切方式中最普通的，是透過聖靈傳授給個人的特別啓示概念和言辭。希臘文常常稱這爲 *rhema*，意思是「話語」。當耶穌看出，我們活著不是單靠食物，乃是靠上帝口裏所出的一切話時，祂採用 *rhema* 這個字（太四 4）。照樣，當保羅說到上帝的道像兩刃的劍那樣鋒利時，他所用的字也是 *rhema*（弗六 17）。

當人們讀聖經時，常常體驗到一種特別的「道中之道」，意思是一段特別的經文，似乎以新的方式，應用在個別的情勢中。有時我在想，在這樣的經驗中，上帝是否透過腦筋的創作因素，把觀念和識見的奇妙新組合，帶到有意識的思想中。不管如何，這種「道的復甦」鼓勵我們，叫我們曉得上帝與我們相近，而且對我們生活中的特別情況極感興趣。

一個特別的「話語」也常從其他人臨到我們，在那情況中，一個從上帝而來的屬神啓示，會應用在我們生活的特別事件上。這些經驗的結果是，吸引我們的心愈來愈深入地進到上帝的心中。

方言是心靈的禱告的另一表達方式。這種經驗相當普通，而且不限於第二十世紀。從第一世紀時開始到現在，幾乎每一個時代以及所有羣體，都體驗過這種聖靈的恩賜。

使用方言的理由以及方言的用法都很多，但最基本的是，釋放我們的心靈進入上帝的靈中，由此聖靈透過我們去禱告。靈觸及靈。雖然我們不傷害我們理智的才能，但我們超越理智。我們藉著屬天的言語進入屬天的境界。這種屬天的言語不惜紆尊降貴，採用我們輭弱、口吃的聲音，去表達那不能用言語表達的東西。

我第一次引進「禱告的語言」，正如有人這樣稱呼它，是相當平凡的。那是多年前在一個禱告小屋中發生的，那小屋是一個退修中心的「靜室」。我與一位得我信任的朋友在一起，我曾請他教導我有關心靈的禱告的事。他解釋道，他的主要教導方法是藉著禱告，於是我們靜坐——聆聽主。我很快便覺察到我朋友口中發出一種溫柔的崇拜，和敬慕的低吟——那些音節對有意識的思想並無意義，但對聖靈則具有完全的意義。

我以恭敬的心聆聽。我的朋友沒有試行逼使我這樣禱告，也沒有勉強我做任何事情。附帶說明的是，我對此深深感激，因為我會逃避任何設計好的操縱，像逃避瘟疫一樣。

當時我沒有說出任何聽得見的聲音，可是那天下午在我心靈中有一些東西得到釋放。在往後的日子中，方言的恩賜很自然地出現，好像我日常的禱告生活中一個普通的部分。

心靈的禱告另一種表達方式，就是有時稱為「在聖靈中安息」的狀態。那是給聖靈的能力提升的經驗，在那種經驗中，個人會在一段時間失去了知覺。有些人進入像魂遊象外的境界；另外有人則靜靜地躺在地板上。

按我所知，若這種經驗不是預先設計的（在這領域中有許多騙子），它們似乎時常都有有益的結果。多數人報道，有一種貫穿的內在交通，以及聖潔之愛的加增。有些人經歷到深奧的內在醫治。雖然我自己未曾有這個特權去領受這種恩典，但我曾經觀察過有這恩典的人——有少數人在我爲他們禱告時就滑倒在地板上。在每一宗個案裏，他們似乎完全平靜、完全安息。那好像上帝的平安住在他們身上。顯然，內在的禱告在這段時間一直進行，心對心、靈對靈。

「聖潔的歡笑」又是心靈的禱告另一種表達方式。聖靈的快樂似乎在一個人裏面湧了上來，直到它爆發成一種崇高、聖潔、輕鬆的笑聲。它有時在私人禱告時賜給個人，但更常在共聚的團體中來臨。這也應該如此，因爲歡笑，到頭來，乃是一個集體的經驗。對那些在這事上一無所知的人來說，它可能看來好像這些人都喝醉了，他們實在是這樣　　不過是在聖靈中醉倒。我猜想，這經驗能夠加以停止，但誰願意這樣做？聖靈在給靈魂補充力量，又給人心醫治創傷。許多時候，長期使人垂頭喪氣的哀傷和愁苦，都立即獲得醫治。

聖潔的歡笑與好的古式捧腹大笑種類不同，但它們**是**遠房表親！眞正的歡笑、眞正的輕鬆——不是嘲弄他人的廉價東西——時常都來自上帝。它是爲了醫治我們而賜下的；它是爲了要叫我們喜樂而賜下的；它是爲了我們的健全而賜下的；它沒有甚麼可怕的。我們知道心理學的一些東西，以及普通歡笑的心理學，聖潔的歡笑只是加强和加深了那實體。那是一種恩典，是要用喜樂和感謝去領受的恩典。

有些人可能對我所提的例子感到困惑——話語、方言、在聖靈裏安息、聖潔的歡笑，諸如此類。這些眞的是禱告的表現嗎？通常我們想到禱告乃是我們要去做的東西——在那些東西上，我們是發動者，或者至少是活躍的參與者。在此我們似乎讓人在我們身上有所行動過於主動參與其事。當我們所做的少於所得時，又怎能稱它爲禱告呢？

這是一個很好的問題，我會盡我所能去回答。首先，當我們進入與宇宙的全能創造主交通時，接受並非一個壞姿態。當然，我們的參與是較被動的，但有時那就是我們所能承受的限度。此外，我們參與的程度可能遠超過我們所知道的。即使當一個人在聖靈裏休息時，也很可能有深刻的內在交通在進行，這種交通比任何其他時候更活躍、更具參與性。我猜想我們有限的屬人心靈是完全清醒的，而且與宇宙無限的靈正在進行交互作用。我們在禱告，不錯，也許比以前更眞實地禱告。

然而，我不能給人一個印象，以爲心靈的禱告之惟一表達方式是在狂喜的領域中，因爲許多都不是。通常有一種心靈裏面單純的溫暖，傾向於上帝的事。我們覺得更愛上帝、更渴望祂的同在、更迫切地學習祂的道路。有上帝作我們的同伴，我們變得更能面對日常生活的要求：期待與別人相見、預期與同事一齊工作、迫切等候與孩子和配偶相聚的時間。這是心靈的禱告的普通要素。

愛的回應

在心靈的禱告中有些事要我們去做，雖然它實在只是聖靈首先在我們心中發動之事的反射作用。不過我們的回應是重要的，值得我們加以注意。

雖然我在分享我們能夠進入心靈禱告的道路，但我不是講論方法或技術。我是講論培植與父的祕密歷史；我是講論發展與耶穌的熟悉友誼。蓋恩夫人寫著說：「教導這種簡單的經驗，這種心靈的禱告。不要教導方法；不要教導一些崇高的禱告法。**教導上帝的靈的禱告**，不是人的發明。」[9]

第一條進入心靈的禱告的道路是藉單純的愛。愛是我們的心對上帝勢不可擋的善良的回應，所以單純地進去，用率直的誠實與祂交談。你可能在祂面前感到充滿敬畏以及滿有愛意，以致啞口無言。那不要緊！能夠經歷曼寧 (Brennan Manning) 所稱為「認可之溫柔的智慧」[10]，也便夠了。

你可能得到一個特別表達愛意的名去稱呼上帝，你可以靜靜地輕聲念這名字，按你自己的需要，一而再，再而三地念，這樣呼召你回到祂愛的跟前來。這樣的表達愛意的名字可能只是「阿爸，父」，或者你可以採用司布真 (C. H. Spurgeon) 最喜歡稱呼上帝的名字，是從雅歌書得來的，就是：「我心所愛的。」

如果你有思想困擾，只需回到你用以稱呼上帝的特別名字去，你的困擾會被趕跑。如果你必須每小時這樣做五十次，那麼，你已經對上帝做了五十次美妙的愛的行動。

用愛和熱情的字句向父說話。起初你可能覺得陌生和不自然，因為你不習慣愛上帝。然而，過了一段時間，你會發覺，愛的語言對那些在愛中的人是完全自然的。

在禱告時睡著了不成問題，你可以在上帝面前安息。此外，在上帝的心旁邊是一個睡覺的好地方、一個安全的地方。《不知之雲》*(The Cloud of Unknowing)* 一書的隱名作者說：「如果你在禱告中不自覺地睡著了，感謝上帝。」[11]

「阿爸，我屬乎祢」(Abba, I belong to you) 的禱文，是一個完全合乎身體節奏的禱文。在英文來說，它包含七個音節，可以很容易一口氣說完。你會受引導獲得其他類似的禱文。

當然，我們受吩咐要盡心、盡性、盡意、盡力愛上帝，但你可能發覺難以愛上帝。每一種努力似乎都令你意冷心硬，你沒有給上帝的恩典和憐憫所感動。祂的愛和關懷並沒有觸及你。你該做甚麼呢？

我建議，你開始時便邀請上帝在你裏面點燃愛火。祈求祂在你心中發展一種疼痛感覺。然後，當你離開祂的臨近有一段相當長的時間時，這種疼痛感覺會再在你裏面發生，這樣便吸引你回到祂慈愛的跟前來。

但即使這樣，藥的分量對你可能還不夠強。還有甚麼可做的嗎？是的，確實還有！我把多恩 (John Donne) 的禱文介紹給你：「重擊我心，三位一體的上帝。」[12] 這是多恩所寫的一首十四行詩中的第一句，那首詩描述上帝的善良和溫柔如何沒有感動他悔改。他懇求上帝採用強硬的手段把他帶回頭：「盡祢最大的力量去打破、去猛擊、去燃燒，使我更新。」那當然是一個強烈的禱告，但這種禱告能產生令人震驚的果效。

父的傾盆大雨

我知道我只抓到心靈的禱告的表面，還有很遠的路要走、很多的事要學。但我也曉得你有一個比我好得多的教師，祂會引導你進入一切眞理。父的愛好像一陣驟雨，在你最意想不到的時候忽然傾盆而下，把你提升到驚奇、讚美和不能言喻的講說中。當這事發生時，不要撐起雨傘去保護你自己，反而要站著，讓父的傾盆大雨濕透你。

阿爸，親愛的阿爸，祢曉得愛的語言不容易從我口中說出來。我能講論勇氣和信心，以及一大堆其他東西比講論愛更容易。在某些情況中，我捨己身叫人焚燒，比愛更容易。

我內心的美酒啊，用祢的愛使我沈醉。

奉耶穌的名。

——阿們

13

默想的禱告

默想是靈魂的舌頭以及我們心靈的言語。

泰勒 (Jeremy Taylor)

你有沒有觀察牛反芻的情形呢？這種不擺架子的動物會在胃中塞滿青草和其他食物，然後靜靜地安頓下來，透過反芻的程序，把所接受的東西重新做過，在這過程中，慢慢地轉動牠的口。這樣便能把以前所吃進的東西完全消化，然後將它化為營養豐富的含有乳酪的牛奶。

默想的禱告也如此。將曾經默想過的眞理，從口中轉進到思想上，再進入心中，在那兒透過安靜的沈思——反芻，如果你想這樣說——會在那位禱告者心中產生一種可愛的、滿有信心的回應。

跑步的修士

讓我給你述說我從前一個學生史雅各的故事。他天資聰穎，大學畢業以後，前往美國東岸一間著名大學讀研究院。然而，第二年，他掙扎著去保持他的靈性生命，於是決定作一次私人退修。

他抵達退修院時，有人給他介紹一個弟兄，這弟兄在那個星期會作他的靈性導師。雅各立即感到失望，因爲在這弟兄的修道士袍下面，他注意到一對跑步用的膠鞋。……那是一雙「 Adidas 」名牌跑鞋！雅各原期望有一位留了長鬍子的聖人，滿有長者智慧的修士作他的導師，然而換來的卻是一位跑步的修士！

這位弟兄只給雅各一項功課：默想路加福音第一章，天使向馬利亞報信的故事。就是這麼多。雅各回到他的房間，打開聖經，喃喃自語：「降生故事，我已經讀過一千遍。」開始的兩小時，他像任何一位好的註釋家會做的一樣，將那段經文細細分割，得到好幾點有用的亮光，可作將來的講章使用。而那天其餘的時間則花在無聊地扭弄拇指的緘默中。

第二天雅各會見這位弟兄，討論他的靈性生活。他問雅各對所指定的那段經文默想的經過如何。雅各分享他所得的亮光，希望會給這位修士一個深刻的印象。

結果沒有。

他問：「你讀這段經文的目的是甚麼？」

「我的目的？我想，是對這段經文的意義有所了解。」

「還有甚麼？」

雅各躊躇一會。「沒有甚麼。還有甚麼呢？」

「唔，不單是要找出它說甚麼、有甚麼意義。裏面還有一些問題，例如，它對你有甚麼話說？你是否給甚麼東西忽然感動？此外，最要緊的是，當你讀這段經文時，你是否經歷到上帝？」

這位弟兄叫雅各在那整天再讀同一段經文，敦促他多多用他的心，正如用他的頭去讀一樣。雅各整天嘗試按照那位靈性導師所吩咐的去讀那段經文，但一再失敗。到晚上的時候，他實際上把那段經文背熟了，但仍然死氣沈沈，雅各覺得他會因這沈默而變成聾子。

次日他們再相會。雅各失望地告訴這位弟兄，他簡直不能按照所要求於他的去做。那時，在那對跑鞋後面的智慧變得很明顯：「雅各，你太努力去嘗試了，你想試行控制上帝。再回到那段經文去。這一次要敞開心懷，去接納上帝賜給你的任何東西。不要操縱上帝，只要接受。與祂交通並不是你所制定的東西。它好像睡覺。你不能使自己睡覺，但你能創造條件，容許睡覺發生。我要你做的只是創造那些條件：打開你的聖經，慢慢地讀，聆聽它，反省它。」

雅各回到他的房間，開始讀那段經文。沒有甚麼事發生。到中午時分，他向天花板大喊：「我放棄！祢贏了！」並沒有回應，正如他所預期的。他撲倒在書檯上，開始哭泣。

不久以後，他拿起他的聖經，再次忽忽地把那段經文看一遍。字句非常熟悉，但不曉得如何，總覺得有點不同。他的思想和心都很柔輭。馬利亞的回應中開頭的字句成爲他自己的話：「情願照祢的話成就在我身上……情願照祢的話成就在**我**身上。」這些字在他的腦海中徘徊叮噹作響。然後上帝說話。那情形好像一個窗門突然大開，上帝想要像朋友對朋友一樣說話。跟著來的是關於路加福音裏面的故事，關於上帝、關於馬利亞、關於雅各本人的對話。

聖靈把雅各深深帶進馬利亞的感覺中，馬利亞的懷疑、馬利亞的懼怕、馬利亞難以置信的滿有信心的回應。當然，那也是雅各自己的感覺、雅各自己的懼怕、雅各自己的懷疑的旅程，因爲聖靈用醫治的愛以及溫柔的同情，觸及雅各過往的破碎記憶。

雖然雅各幾乎難以相信，可是天使對馬利亞所說的話，似乎也是對他說的話：「你在上帝面前已經蒙恩了。」馬利亞的困惑詢問也是雅各自己的問題：「怎麼有這事呢？」然而事情就是這樣，雅各在上帝恩典和憐憫的膀臂中哭了。

在那段經文中，天使剛給馬利亞報告她將來的命運。雅各將來的情形又怎樣呢？他們傾談這個——上帝和雅各——會怎樣、能怎樣。雅各與上帝同作一次禱告的散步，看夕陽在巨大的橡樹後面閃爍，好像小孩子在玩捉迷藏。當太陽在水平線上落下時，他能夠說出馬利亞的禱文，像是他自己的禱文一樣：「情願照祢的話成就在我身上。」雅各剛剛對他自己的生命失去控制，但與此同時，他找到他的生命。[1]

受聖經約束

雅各的故事顯示了基督教默想的最基本方式——受聖經約束，也受偉大的靈修著作約束的默想。在本章，我們會集中注意這種致力於默想的禱告最基本的方法。[2]這樣做的理由很簡單。我們必須首先讓我們的思想給聖經充滿和管制，然後我們才能進到那聖者面前，直接交通，眞正得益。我們要效法在詩篇導言中所描述的忠實信徒，「喜愛耶和華的律法，晝夜思想」（詩一2）。在歷史上所有靈修大師都把默想聖經 *(meditatio Scrip-*

turarum) 看作最中心的諮詢點，其他一切形式的默想，都藉著它而保持在正當的觀點上。

在默想的禱告中，聖經不再是引證的字典，反而成爲「美妙的生命之道」，引導我們到**這位**生命的道（耶穌基督）那兒。它甚至與研究聖經有別，研經集中於註釋，默想聖經集中於把那段經文主觀化和人格化。寫成文字的道成爲向我們所說的活的道。這不是作技術性的研究的時候，也不是分析的時候，甚至不是收集資料與別人分享的時候。我們要把一切傾向於傲慢的趨勢放置一邊，用謙卑的心接納向我們所說的話。我常發覺，這個時候最適當的姿態是跪下。潘霍華說：「正如你不分析你所愛的人的話，而是按它們對你所說的去接納它們。照樣，接納聖經的話，在你心中反覆思想，像馬利亞一樣。全部就是這樣。這就是默想。」[3] 當潘霍華在芬肯窩 (Finkenwalde) 設立神學院時，神學院裏面每一個人，每天都有半小時默想聖經。

我們要拒絕一種試探，就是把許多經文輕輕掠過，這是很重要的。我們的忽忙反映我們內在的情況，而需要如此變化的就是我們內在的情況。潘霍華推薦我們花整個星期去默想一段經文！因此，我的建議是，我們採取單一件事，或者一個比喻、幾節聖經，甚至一個單字，讓它在我們裏面紮根。

在默想時，我們體驗到祈克果稱爲聖經的「同時代」。過去的事不單是與現在平行，而且實際上貫穿現在。在論及這種實際時，那位著名的蘇格蘭牧師懷德 (Alexander Whyte) 說，聖經成爲「你的全部自傳式描述」。[4] 比方，在默想聖經時，我們不能用完全超然的態度，去閱讀上帝對亞伯拉罕說，要把他的兒子獻爲祭的故事，慶幸自己不是處於亞伯拉罕的地位。事實上，我們正站在他的位置上！我們跟亞伯拉罕一樣，要做決定，是否要犧牲我們最寶貴的一件東西。像亞伯拉罕所做的一樣，我們也把最珍愛的事物帶來獻給上帝。再者，像亞伯拉罕一樣，我們從山上下來時，「我的」、「屬我的」，這些字的涵義都永遠改觀。

聖化想像

最簡單最基本的默想聖經經文方法是透過想像。在這方面，懷德說到：「基督徒想像的屬神職分以及輝煌服役。」[5] 也許有極少數的個別人士能夠單單透過抽象的默想而體驗上帝，但在我們中多數的人都需要較深地紮根於感官。

當我們來到聖經經文時，這是一個美妙的幫助。我們渴望看見、聽見、觸摸聖經所描述的東西。藉著想像這種簡單的方法，我們開始進入這故事裏面，使它變成我們自己的東西。我們從超然的觀察移入主動的參與。

我們不可藐視這種比較簡單、比較卑微的進到上帝面前的道路。耶穌自己就曾用這種方式教導，時常都在祂的比喻中呼籲人去想像。許多靈修大師也鼓勵我們這樣做。大德蘭說：「由於我不能用我的理解力去反思，我設法描繪在我裏面的基督。我做了許多這類簡單的事。我相信我的心靈在這方面獲益良多，因爲我開始練習禱告，雖然不知道它是甚麼。」[6] 在我們中許多人能與她的話認同，因爲我們也曾經嘗試頭腦的進路而發覺它過於機械式、過於超然。

抑有進者，想像幫助我們繫牢思想、集中注意力。聖芳濟沙雷 (Francis de Sales) 注意到：「藉著想像的方法，我們把思想規範於我們所默想的奧祕裏面，叫它不會來回漫步，正如我們把一隻鳥關在籠子裏，或者把一隻鷹用一根皮帶綁住，好叫牠停在手上。」[7]

採用想像，也把情感帶進平衡，於是我們用思想和心一齊來到上帝面前。在知識上了解聖經是極其重要的，不過，如果我們沒有在情感上感受到那經文，那麼我們便沒有完全了解它。

有些人反對使用想像是因爲擔心它不可靠，甚至可能被那惡者採用。這是一個擔心的好理由，因爲想像，像我們其他才能一樣，也與墮落有分。不過，正如我們相信上帝能夠拿我們的理性（雖然它也是墮落的），把它聖化，使用它去完成祂的美好目的。照樣，我們相信，祂能聖化想像，使用它去完成祂的美好目的。當然，想像能給撒但歪曲，不過，我們其他一切才能也可能會如此。上帝創造我們有想像力，作爲祂受造物的主宰，祂能夠，而且確實救贖了它，把它用在上帝國的事工上。

另一種對使用想像的擔心是恐怕受人的操縱，甚至自己騙自己。畢竟有人有過分活躍的想像力，他們能夠編造各式各樣他們心中想要的意象，使它發生。此外，聖經豈不是警告我們謹防惡人的虛妄想像嗎（羅一21）？

這種擔心是合法的。這一切都有可能只是人的虛妄努力。這就是爲甚麼在這些事上要完全倚靠上帝，對我們來說是極端重要的。我們是尋求按照上帝的想法去思想、在祂面前高興、渴慕祂的眞理和祂的道路。我們越發這樣去生活，上帝也便越發使用我們的想像去成全祂善良的目的。相信上帝能聖化並使用想像，簡直就是把基督教的道成肉身的概念認眞看待。上帝如此使自己適應環境、如此使祂自己成爲肉身進入我們的世界，以致祂使用我們所知道、所了解的意象，去教導我們有關看不見的世界的事。對那世界我們所知甚少，而且發覺它極難了解。

活出聖經的經驗

在基督教的默想中，我們尋求活出聖經的經驗。懷德說：

> 你揭開你的新約聖經……藉著你的想像，那一刻你是基督在場的一位門徒，並且在祂腳前……用你的想像，用聖潔的膏油膏抹祂的腳……有一段時間，你是稅吏；在另一段時間，你是浪子……又在另外一段時間，你是抹大拉的馬利亞；另一段時間，你是在門廊上的彼得。8

作爲一種實際的辦法去幫助我們活在聖經的經驗中，依納爵鼓勵我們，把我們一切感官都應用在我們的任務上。我們聞海的氣味、我們聽水輕拍海岸的聲音、我們看羣衆、我們感受頭上太陽的熱力，以及在我們肚腹中飢餓的痛苦、我們嘗空氣中的鹽分、我們觸摸祂的衣裳繸子。

假定我們想要默想耶穌令人吃驚的宣言：「我將我的平安賜給你們。」（約十四27）我們的任務主要不是研究這段經文，而是被帶進這段經文所說的實體中。我們沈思這眞理，就是祂現在就用祂的平安充滿我們。我們的心、我們的思想、我們的靈都甦醒，去體驗祂注入我們裏面的平安。我們感受到我們一切懼怕的情感都給那「剛强、仁愛、謹守的心」（提後一7）所安靜和勝過了。我們不是在分析平安，而是進入平安中。我們給包圍、吸納、收緊在祂的平安裏面。

關於這樣的經驗的美妙之處是渾忘了自己。我們不再憂慮怎能使自己能夠更加平安，因爲我們正從事我們心靈裏面平安的傳授。我們不必再辛辛苦苦地想出辦法平靜行事，因爲平靜的行動從我們裏面自然地迸發出來。

許許多多的經文爲默想的禱告提供一塊試金石：「你們要平靜，知道我是上帝」；「你們要常在我的愛中」；「我是好牧人」；「要靠主常常喜樂」。在每一件事上，我們都尋求去發現上帝與我們相近，並且渴望去邂逅祂的同在。

請記住，在默想的禱告中，上帝時常向我們的意志說話。基督面對我們，要求我們選擇。聽見祂的聲音以後，我們要順從祂的話。這種要我們悔改、要我們改變、要我們順服的倫理呼籲，把基督教的默想與東方世俗的默想極清楚地分別出來。在默想的禱告中，個人的身分不會喪失，不會把自己融會在宇宙的意識中，也不會有幻想的星際旅行。反而，我們蒙召作生命更新的順服，因為我們已經遇見了亞伯拉罕、以撒、雅各的永生上帝。基督實在與我們同在，去醫治我們、赦免我們、改變我們、加力量給我們。

有一個技術名詞去說明我上面所描述的，在此把它說出，對你可能有幫助——「靈閱」(*lectio divina*)。這是一種閱讀方法，在這種閱讀中，思想降至心內，而二者都給上帝的愛和善良所吸引。盧雲有一次指著掛在他住所牆上一幅美麗的圖畫，對我說：「那就是靈閱。」那幅畫描繪一個婦人，膝上有一本展開的聖經，但她的眼睛向上望。你懂得這意思嗎？我們不單是閱讀字句，採用巴特的短語，我們在尋求「在字句中展露的道」。我們用我們的心去聆聽裏面的聖者。這種存禱告的心的閱讀——我們不妨這樣稱呼它——開導我們、堅固我們。

滋養我們的井

雖然我們時常都要斷言，聖經是靈閱的首要和最純粹的資源，可是我們也能從偉大的靈修著作中採取資料，這些著作在歷世歷代都曾滋養基督徒。

我幾乎遲疑不想採用靈修著作這個短語，因為有些人會想，我是指今天坊間流行的陳腐、鬆散、空泛的東西，把它們當作靈修著作。遠非如此！在此我們必須有智慧地使用否決權。對今天「靈修書籍」的遼闊境域無知，是一種好的德行。

不，我是講論那種來自曠野長期經驗，以及來自懺悔室的長期經驗的著作。那種著作是從那些住在西乃山上的人湧流出來的，而且仍舊對活在與他們同一層面上的男女有話說的著作。

這些滋養我們的井既大且深。開始的時候，你可以採用尼沙聖國瑞 (Gregory of Nyssa) 所著《摩西生平》*(The Life of Moses)* 一書。這本書對怎樣過道德生活有所指引。對尼沙聖國瑞——以及我們這些跟隨他的人——來說，德行之發現，主要不在於達到目標，而在於嘗試、掙扎，以及參加賽跑。我們在動機純潔中找到德行。最後的目標是成爲上帝的朋友：「我們認爲，惟一可怕的事是失去了與上帝的友誼。我們又認爲，成爲上帝的朋友，是惟一值得尊敬以及渴慕的東西。這……就是生命的完全。」[9] 那是值得我們奉獻生命的目標，對嗎？

其次，你可以採用聖奧古斯丁的《懺悔錄》*(Confessions)*。單是追蹤奧古斯丁通到釋放的迴環曲折、多有痛苦的道路，這事本身就是一種探險。他經歷過無數的改道和死巷才得到釋放。留心觀察，個人的不順服、制度的邪惡，以及社會的腐敗，這一切如何取道進入他生命的經緯線中——也進入我們生命的經緯線中。他寫著說：「誰能解開這最糾纏曲折、最不容易解開的死結呢？它令人作嘔；我不願意想到它；我不願意去看它。」[10]

研究他在知識之道上的歷程。從西塞羅到摩尼教、到「學院派哲學」(the Academics)、到柏拉圖、到使徒保羅。注意德行的極佳榜樣如何穩定地影響了奧古斯丁：例如，慕妮嘉、他少年時去世的朋友、維多利努斯、安多尼、安波羅修。爲上帝充滿恩典的道路感到興奮，看上帝如何終於把他從他所稱爲「邪惡的漩渦」中釋放出來——這些邪惡包括：驕傲、野心、肉欲、懶惰、揮霍、爭競、懼怕、仇視。

在奧古斯丁的艱辛和掙扎以後，你可以轉向聖法蘭西斯那滿有喜樂的簡樸《聖法蘭西斯的小花》*(The Little Flowers of St. Francis)*。與法蘭西斯共同崇敬上帝，萬物的創造主，唱他所唱的《太陽歌》，與太陽弟兄、月亮姊妹、風哥哥、水妹妹一同慶祝。盡情欣賞伯納弟兄和佳蘭修女、馬悉奧弟兄，以及我最喜歡的朱尼弼弟兄那些令人驚詫的故事。爲在那本名爲《基爾斯弟兄言論集》(*Sayings of Brother Giles*)的書上所表現的智慧，和通情達理的言論而讚賞。基爾斯對一個因行爲失控而幾乎絕望的人忠告說：「你因你的罪憂傷是對的。然而，我忠告你有節制地憂傷。因爲你必須時常相信，上帝赦罪的能力比你犯罪的能力大。」[11] 不管你對這些故事的歷史性有何想法，我們在讀了這些小托鉢修士 (Friars Minor) 的故事以後，都會變成較好的人。他們稱他們自己爲「上帝的耍把戲者」(God's Jugglers)，到處謙卑服事人，給上帝的愛弄得酩酊大醉。

說到上帝的愛，下一步你可能想讀茱莉安娜所著《神聖之愛的啓示》*(Revelations of Divine Love)* 那本書，這本書包含她對十六個異象的成熟反思，那十六個異象是在一三七三年五月八日賜給她的。這本書包含著一些在所有宗教文學中最美麗的愛的語言。她寫著說：「我們的愛人渴望我們的靈魂盡其所能貼近祂，我們應當永遠緊緊抓住祂的善良。」今天我們這班很容易傾向於沒有熱情的宗教的人，需要聆聽她滿有愛情和熱力的話：「在祂的愛中，祂包裹我們、擁抱我們。祂爲了愛緊抱我們，祂永不會讓我們離開。」[12]

你當然不會忽略那五百年來都備受尊崇的靈修文學名著《效法基督》*(The Imitation of Christ)*。全世界基督徒都給這本簡樸的書無限量地豐富了。這本書把第十五世紀一個滿有力量的屬靈運動的眞知灼見加以濃縮，這種運動稱爲「平凡生活的弟兄」(Brethren of the Common Life)。這本書極得全世界基督徒喜愛，這從它被譯爲超過五十種語言可以證明。這本書從頭到尾密布著精簡語錄，可供人一天天按照它的指導過活，而獲得眞正的益處。試思想這些隨便抽取的例句：「一位有極大平安在他心中的人，無論譭譽都不掛心」；「抗拒我們的弱點比流汗做苦工更艱辛」；「不要太快去隨從每一個美好的感覺，也不要太急切去避免每一個不愉快的感覺」；「那古蛇會試探你、引誘你，但藉著禱告，會把他趕跑；如果與此同時，你做一些有用的事，你會阻塞他的主要進路」。[13]

有一位作者會擴闊你對受傷和破碎的人性的視野，那人名叫武爾曼。雖然他的《日誌》*(Journal)* 是在第十八世紀寫成，但它對今天仍舊掙扎的問題：種族主義、消費主義、軍國主義，仍有一針見血的見地。讀了武爾曼的著作以後，我們永不能再把對上帝的愛與對鄰舍的愛分開，因爲他正確地看出，它們乃是一條誡命，不是兩條。武爾曼站在反對奴隸制度的信念之巨浪前頭，這巨浪攻擊而最終廢除了在貴格會中蓄奴的習俗，比美國廢除奴隸制度的南北內戰，還早了將近一百五十年。令人印象最深的是，他如何把憐憫和勇氣、溫柔和堅定融會在一起。武爾曼的《日誌》很値得用忍耐和禱告的心去閱讀。

一種由來已久的滋養靈性生命的方法是，閱讀歷代聖賢的故事。透過他們的故事，我們懂得偉大的基督徒如何與上帝同行、我們又怎能跟從他們的引導。有許許多多的故事可供我們閱讀；從第四世紀的《安東尼生平》*(The Life of Anthony)* 到第十四世紀的大德蘭的《自傳》*(Autobiography)* 到第二十世紀的《賀川豐彥》*(Toyohiko Kagawa)*。其中一本眞正有幫助的入門書，介紹了一大羣像雲彩團繞著我們的信心見證人，那書就是羅遜 (James Gilchrist Lawson) 所寫的《著名基督徒的深奧經驗》*(Deeper Experiences of Famous Christians)*。

我要抗拒這試探，就是繼續無窮地介紹這些滋養我們心靈的美妙著作，一方面是因爲我在別的地方已經這樣做了[14]；但另方面也因爲當我第一次面臨有所選擇的汪洋深海時，很可能會淹死而不能在其上游泳。最好還是找出幾種屬靈名產，用來餵養，直到它們塑造了你。

閱讀靈修大師的傳記，對我們自己所產生的一種眞正滿有報償的經驗是，我們會發現，他們多麼容易、多麼自然地從準確的描述流入最熱情的禱告裏，然後再回到故事中，絲毫沒有人爲的不自然感覺。我相信，他們這樣做，是因爲他們體驗到，工作和禱告好像一件無縫的袍。巴斯噶 (Pascal) 宣布說，他所寫的《沈思錄》*(Pensées)* 那本書是「跪著寫的」。祈克果論到他作爲一位作家的召命時這樣說：

> 我眞正與上帝同住，好像一個人與父親同住一樣，阿們……我早上起來，感謝上帝，然後我開始工作。晚上，在所規定的時間，我放下工作，再向上帝感謝，然後我睡覺。我就這樣生活。[15]

無怪乎聖本篤把靈閱作爲他日常生活的《法則》*(Rule)* 的必要部分！這種充滿了禱告的閱讀是上帝所賜的，用以堅固和加力給我們的生命。當我們閱讀的時候，我們最好依從金碧士的忠告：「在聖潔的著作中搜尋眞理，不是搜尋口才。一切聖潔的著作應該用寫作該書同樣的靈去閱讀……不要讓作者的權威或學問影響你，不管它是少是多，惟獨讓對純粹眞理的愛吸引你去閱讀。」[16]

上帝之愛的光芒

在默想的禱告中，上帝親自向我們說話。這事不是我們使之發生。的確，即使連想要聆聽上帝活潑聲音的欲望，也是上帝在我們心中的工作，因爲我們自動地逃避天上的獵犬的追蹤。梅頓寫著說：「任何人若幻想他能夠不祈求默想的欲望，以及從事默想的恩典，而自行開始默想，他很快便會放棄。不過，默想的欲望以及開始默想的恩典，應被視爲進一步的恩典之暗中的應許。」[17]

我曉得，這欲望已經賜給你，否則你不會讀這些話。進一步的恩典會按需要來臨。願上帝賜給你我這能力，從心坎中說出詩人的話：「我何等愛慕祢的律法，終日不住地思想……祢的言語在我上膛何等甘美，在我口中比蜜更甜！」（詩一一九 97 、 103 ）

主啊，如今我尋求默想祢令人感到不安的話：「我來，要把火丟在地上。」（路十二 49 ）它們是甚麼意思呢？它們對我有甚麼意義呢？

是否在我裏面有些東西要燒掉呢？……驕傲……懼怕……憤怒？燒掉它，每一項。

是否在這個世界有些東西祢想消滅呢？——我們用以隱藏自己，不見祢面的宗教體制——我們所劃的人工界線，把我們各人分開：把黑人從白人中分開、把男女分開、把父母與兒女分開——對輭弱和無助之人所作之可怕的不義行爲——對婦女和未曾出世的嬰孩所作的難以言喻的暴力行爲？

主啊，赦免我們。

奉耶穌的名。

——阿們

14

默觀的禱告

我神聖的主宰啊，求祢教導我這種述說許多事的無聲的語言。

格勞

默觀的禱告把我們沈浸於上帝的緘默中。我們這班活在摩登世界的人，多麼迫切需要這種無言的洗禮！像早期教父亞歷山太的革利免 (Clement of Alexandria) 所說的，我們已經變得像舊鞋一樣——除了鞋舌以外，全都破了。我們活在一個多言多語的世界中，到處充斥著複雜的高科技的傳播系統。我們如今有那曖昧不明的區分，就是能夠傳達得更多，然而比歷史上任何文明都說得少。

一位名叫以撒 (Isaac of Nineveh) 的敍利亞修士，有一次注意到：「那些喜歡一大堆說話的人，即使說優美的事情，裏頭都是空的。」[1] 我們今天站在這種觀察所得的責備之下。

默觀的禱告是一種訓練，能夠使我們從熱中於言辭的癖好中釋放出來。與上帝親密相交的增進，意味著在緘默上有進步。詩人宣告說：「我心默默無聲，專等候上帝。」（詩六十二1）聖安東尼的一位門徒，曠野之父安蒙那斯(Ammonas)寫著說：

> 我已經向你顯明緘默的能力，它如何徹底醫治，又如何完全得蒙上帝喜悅……要曉得，聖賢是藉緘默而成長，就是因爲緘默，上帝的能力便住在他們身上；就是因爲緘默，他們便曉得上帝的奧祕。[2]

在默觀的禱告中，我們受呼召去重新創造這種緘默。

一個警告及一個預防

在開始時我必需說一句警告的話，有點像藥樽上面的警告標籤。默觀的禱告並不適合初入門的人，關於其他的禱告方式，我不這樣說。大家都受歡迎，不管你是否熟練、是否專家，都可以自由地進入崇敬、默想、代禱，以及一大堆其他的禱告方式中。可是默觀的禱告則不同。雖然我們大家在上帝眼中都同樣寶貴，可是我們並非大家都同樣預備好了去聆聽「上帝在祂奇妙的、可怕的、溫柔的、可愛的、包羅萬象的緘默裏頭的話語。」[3]

我們讓嬰孩喝牛奶而不叫他吃牛排，因爲牛排對他無益。電器學徒不准做熟練工人的工作，因爲他還不適宜承擔那任務。如果讓他承擔這樣的工作，事實上，可能是危險的。

在靈性生活上也如此。我們可以說，我們必須先學習乘數口訣，然後才能嘗試微積分。這簡直就是屬靈領域中的一個事實。如果我不告訴你這一點，那便是我的錯。

魯益師告訴他的朋友馬爾科姆(Malcolm)，他怎樣在他初作基督徒時便嘗試無言的禱告，但極少成功。他寫著說：

> 我仍認爲無言的禱告是最好的——如果一個人眞能達到這地步。但現在我看出，試行使它成爲我日用的口糧，我要靠賴我實際上還沒有的較大的精神和靈性力量。不用說話而能成功地禱告，那人必需「在他最好的狀態中。」4

魯益師說得對。默觀的禱告是爲那些已經對他們的屬靈肌肉有點鍛煉，而且對屬靈的景致有點認識的人。事實上，那些在屬靈方向的區域中工作的人，時常都尋找信仰成熟的徵兆，然後才鼓勵個別人士進入默觀的禱告中。一些比較常見的指標是，繼續渴慕與上帝有親密的聯絡交通、能夠付上大的個人代價去饒恕別人、有一種活潑的感覺，曉得惟獨上帝能滿足人心的渴慕、在禱告的時候有深深的滿足、對個人的能力和短處有實事求是的評估、不會爲靈性上的成就而誇耀，以證明自己有能力，以及忍耐地智慧地活出生活的要求。

這不是說我們必須在這些地方都完全成功了，只是說，在這些地方有清楚的進步迹象。你不妨問自己好幾個測驗的問題，去幫助你衡量自己是否已經預備好：「我是否變得較少懼怕給上帝認識以及屬於上帝呢？」「禱告是否在我裏面發展成受歡迎的訓練呢？」「我是否比較容易接受建設性的批評呢？」「我是否學習超越個人的犯罪，並且慷慨地饒恕那些得罪我的人呢？」如果在這些小小的審查經驗以後，你覺得你還未預備好直接與上帝交通，那麼，你可以完全自由地掠過這一章。不要擔心，時候會到，那時在你裏面會湧出一種渴慕，並且自覺已經預備好，去「讀宇宙的原稿」[5]。

我也想說一句預防的話。在靜默默觀上帝時，我們深深進入屬靈的界域中，在那兒有超自然的引導，但不是屬神的引導。雖然聖經沒有給我們提供許多有關屬靈世界的性質的資料，但我們有足夠的知識去認出，有好幾種不同等級的靈物存在，其中有些必然不是與上帝以及祂的道路合作的！

我說這些事不是要令你懼怕，只是叫你有足夠的知識。你需要知道，「你們的仇敵魔鬼，有如吼叫的獅子，遍地遊行，尋找可吞吃的人。」（彼前五8）你們也需要知道，「那在你們裏面的，比那在世界上的更大。」（約壹四4）

在稍後的一章，我們會相當詳細討論我們所要作的屬靈戰爭。不過現在我要鼓勵你去學習並練習保護的禱告。這是馬丁・路德採用的一篇禱文：「主啊，求祢用祢的右臂護庇我們，拯救我們脫離罪的可怕陷害。」[6]我自己的辦法是，在默觀之前，說出這簡單的禱文：「藉著全能上帝的權柄，我用基督的光包圍我自己、我用基督的寶血覆蓋我自己、我用基督的十字架封住我自己。一切黑暗和邪惡的靈現在必須離開。不准任何影響力靠近我，除非先行透過耶穌基督之光的過濾。奉祂的名禱告。阿們。」這些當然是我的建議——你有自由採用你認爲最舒服的任何方法去禱告。

對上帝滿有愛意的關注

巴克斯特稱之爲「令靈魂狂喜的屬天默觀的運動」，這種經驗究竟是甚麼？里修的聖德蘭稱之爲「夢見天堂」；格庫薩的尼古拉 (Nicholas of Cusa) 稱之爲「注視上帝」；蓋恩夫人則稱之爲「眞實的禱告」。

默觀的禱告之最基本以及最重要的說明是，它是對上帝滿有愛意的關注。我們侍候這位愛我們、接近我們、吸引我們到祂跟前來的上帝。在默觀的禱告中，說話退到背後，感覺來到前頭。羅爾有一天坐在禮拜堂中，那時他「忽然覺得在自己裏面有一種不尋常的非常舒服的火」。[7] 克理霍伯納，那位第十二世紀傑出的宗教和政治人物，這樣去描述耶穌與他同在的經歷：「我感覺到祂在場；我後來記得祂曾與我同在；我有時甚至有預感祂會來。不過我從未感覺到祂的來臨或者祂的離開。」[8] 約翰·衞斯理在那次著名的與莫拉維 (Moravian) 的弟兄在奧德斯蓋特 (Aldersgate) 會面以後，喊著說：「我感到我的心奇妙地溫暖。我覺得我確實信靠基督，惟獨信靠基督去得救。而一種保證賜給我，說祂已經除去我的罪，就是我自己的罪，並且拯救我脫離罪和死的律。」[9]

請注意，在每一個事例上都有感情的句子。這類的禱告顯然多屬於心的經驗過於頭腦的經驗。不過，這種對感覺的强調令我們感到困惑。我們一直都受訓練，不要信任我們的感覺。如果說我們能透過感覺獲得一些有關眞理和實體的知識，這種觀念似乎是可笑的。

然而，我們不要太快下判斷。第一、如此鼓勵我們的見證人很多，而且都是有名氣的。第二、他們是在處理一些比單純的情感更深的東西。在使用感覺的語言時，默觀是指深深經歷過的對上帝的感覺——一種內在的聆聽，如果你想這樣說的話。他們是在尋求簡單地、忠實地順從耶和華的命令：「你們當就近我來，側耳而聽，就必得活。」（賽五十五3）當他們說到感覺的時候，默觀的意思是指進入這種內在的交通中。

此外，我們的感覺能夠被上帝所訓練及聖化，正如我們的理性和想像能被上帝完全地訓練及聖化一樣。請記住，默觀的禱告是爲那些在信心生活上有豐富經驗的老兵而設的。這些人不是那班給每一種教訓之風吹來吹去的人……或者給每一種情感之風吹來吹去的人。這些都是很久以前已經從世界、肉體，和魔鬼中走開的人。這些都是透過豐富的經驗，曉得暫時的屬靈高潮所產生的熱情，和聖靈所賜的穩定信念間的分別的人。這些都是藉著重複的試驗和錯誤，已經學會去分辨基督的聲音，和屬人的操縱者的聲音的人。

與上帝聯合

默觀的禱告的目標是甚麼？對這問題古時的作家異口同聲回答說：「與上帝聯合。」茱莉安娜宣布說：

「我們為甚麼禱告的全部理由，是要與我們向祂禱告的那位聯合，在異象以及默觀中與祂聯合。」[10] 一位跟從聖法蘭西斯的人，名叫聖文德 (Bonaventure) 的說，我們最終的目標是「與上帝聯合」，那是一種純潔的關係，在那關係中，我們「看不見甚麼東西」。[11] 而蓋恩夫人寫著說：

> 我們如今來到基督徒經驗的最後階段——屬神的聯合。這不能單從你自己的經驗帶來。默想不會帶來屬神的聯合；愛、崇拜、靈修、獻祭也不能……最終需要上帝的**行動**才能使聯合成為實體。[12]

這些話使我們想起耶穌在樓房上的偉大合一祈禱文的內容：「你們要常在我裏面，我也常在你們裏面」；「我是葡萄樹，你們是枝子」；「這些事我已經對你們說了，是要叫我的喜樂存在你們心裏，並叫你們的喜樂可以滿足」；「我……祈求，使他們都合而為一；正如祢父在我裏面，我在祢裏面，使他們也在我們裏面」（約十五 4、5、11，十七 21）。

與上帝聯合並不意味著失去我們個人的身分，不僅不會喪失身分，聯合反而帶來充分的個人身分。我們變為上帝創造我們所要達成的一切。默觀之人有時採用一根木材在火中的比喻，去講論他們與上帝的聯合：燃燒著的木材與火密切相聯，以致它本身就**是**火，但與此同時，它仍舊是一根木材。另外有人採用在熔爐中白熱的鐵去比較：「我們的人格在上帝之愛的熔爐中，給更新變化，不是失掉了。」[13]

兩種重要的準備

我們怎樣去達到與上帝聯合的目標呢？雖然聯合完全是上帝在人心中的工作，但是在我們這方面有兩種重要的準備：對上帝的愛和心的清潔。

默觀的禱告以愛上帝開始。事實上，這是推動整個計劃的發動機。簡單地說，我們接受祂對我們的愛，回頭愛祂。梅頓寫著說：

> 默觀者所提供給你的希望信息不是說，你需要自行找出辦法，穿過今天圍繞著上帝的語言叢林和問題；乃是說……上帝愛你、在你裏面與你同在、與你同住、長期居留、呼召你、拯救你，並且給你提供了解和光輝，是你從來沒有在書本上發現過，或者在講章中聽見過的。[14]

默觀者掙扎著去描述那不能描述的。當我們辛辛苦苦地通過了這一切模糊不清、幾乎無法了解的語言以後，我們便減縮到希頓 (Walter Hilton) 的簡單信條：默觀是「愛點燃著忠誠」。[15]

當愛達到完全的地步時，它便引導我們進入心的清潔。當我們不住的給屬神之愛的狂喜經驗所轟擊時，我們自然想要像我們所愛的一樣。詩人宣告說：「誰能登耶和華的山？誰能站在祂的聖所？就是手潔心清、不向虛妄、起誓不懷詭詐的人。」（詩二十四 3 ～ 4) 耶穌

贊同這建議：「清心的人有福了，因爲他們必得見上帝。」（太五8）

不潔對與上帝聯合是致命的。清潔和不潔永不能聯合。兩種東西要成爲一，它們必需有類似的性質。比方，淤泥的不潔簡直不能與黃金的精純聯合。必須把火引入，以便把渣滓燒去，使金精純。對我們也是這樣。蓋恩夫人說：「這就是上帝爲甚麼差遣火到地上來，是要把你裏面的一切不潔毀掉。沒有甚麼東西能夠抗拒火的能力，它把**一切**都燒毀。祂的智慧把人裏面一切不潔燒掉，只有一個目的：**使他適合與神聯合**。」[16]

在較早的幾章中，我們曾經探討引到心的清潔的幾條不同的道路，包括像這樣的東西，例如，效法基督生命的訓練，以及「心靈的黑夜」。我敢斷言，還可以加添一些，但祈克果已把這個問題帶入最清楚的焦點。他有一句著名的短語：「清心是專注一件事。」

我們就是這樣做：我們專注一件事。我們放棄一切競爭的效忠，我們變得對那屬天的調音器完全敏感。我們只看父所看的、只說父所說的、只做父所做的。我們專注一件事，正如祈克果提醒我們的，那就是善良，就是上帝。這就是心的清潔。

學習心神收斂 (recollection)

進入默觀的禱告有三個基本步驟。我發覺，把它們加以簡單的描述，對人們常有極大的幫助。

第一個步驟就是傳統上稱爲**心神收斂**的。它的意思是簡單收拾我們自己，直到我們合一或成爲整體。潘寧

頓 (Basil Pennington) 採用**集中的禱告** (centring prayer) 這片語。基德稱它為**同在的禱告** (prayer of presence)。古老的貴格會門徒則採用**向下集中** (centring down) 這名稱。它們都指同樣的經驗。那觀念是，把一切競爭的分心之事都放下，直到我們眞正在我們所在的地方。

這是從事心神收斂的一種方法。開始時舒舒服服地坐下，然後慢慢地故意把一切緊張及焦點放下。感悟到上帝在這房中。也許你想在腦海中有一幅構圖，耶穌坐在你對面一張椅子上，因為祂確實在場。[17] 如果心中生起煩惱或分心，直截了當地把它們提升到上帝的膀臂中，讓祂去處理。這不是壓抑我們內在的騷動，而是讓它離去。壓抑包含壓下、阻擋的意思。然而在心神收斂中我們放棄、我們釋放。它甚至不是中性的心理學的鬆弛那麼簡單，它是主動的降服。用高賽德的話是：「自我放棄，就是把自己放在上帝的安排中。」

正因為主與我們同在，我們能夠鬆弛並且把一切放棄，因為在祂面前，沒有甚麼東西眞正緊要，除了事奉祂以外，沒有甚麼東西是重要的。我們容許內在的分心和煩惱在祂面前融化，像雪在陽光下一樣。我們容許祂把我們內心洶湧的浪潮平靜下來說：「住了罷！靜了罷！」我們讓祂的偉大靜默去安靜我們吵鬧的心。

我必須警告你，這種集中在開始的時候不容易來到也不會快快來到。在我們當中由於多數的人過著那麼斷裂和零零碎碎的生活，以致泰然自若對我們是陌生的。我們試行眞正集中的一刻，便痛苦地感悟到，我們眞的那麼分心。葛鼎尼 (Romano Guardini) 注意到：「當我們試行鎭靜自己時，不安便加倍激烈，其情況有如我們晚上試行睡覺時，擔心和欲望用一種白天所沒有的力量攻擊我們。」

我們不要因這情況而氣餒。我們必須準備好把默觀的全部時間用在心神收斂上，毫不計較其成果或賞賜。我們甘心樂意這樣做去「浪費我們的時間」，當作一種過分慷慨的愛祭 (love-offering) 獻給上帝。然後上帝會使用那看來好像愚蠢的浪費，把我們進一步的帶到祂慈愛的儀容面前。葛鼎尼觀察入微地評論說：「如果開頭的時候，我們所達成的只不過是了解到我們多麼缺乏內在的合一，我們都已經有所得著。因爲在某些方面，我們已經與那中心有所接觸，那中心沒有分心這回事。」[18]

安靜的禱告

當我們漸漸成長，對心神收斂的統一恩典慢慢習慣時，我們便給帶進默觀的禱告的第二步。大德蘭稱它爲「安靜的禱告」。藉著心神收斂，我們已把內心一切的障礙、思想上的一切分心、意志上的一切優柔寡斷除去。愛和崇敬的屬神恩典，好像海洋的浪花淹蓋我們，沖洗我們。當這事發生時，我們經歷到內在的對屬神動作的關注。在我們本體的中心，我們肅靜下來。這種經驗比單純的寂靜或者缺少話語深奧得多。當然有肅靜，但那是聆聽的肅靜。我們覺得自己比以前更活躍、更生動。那時，我們的心思給「大量」和「許多」弄得歪斜了。有些在我們心靈深處的東西給甦醒過來，引起我們注意。我們的心靈踮著腳尖——警醒和聆聽。

有一種內在而穩定的心的注視，有時稱爲注視主。

我們在祂同在的溫暖中暴曬，我們感受到祂的相近和祂的愛。鮑思迪 (James Borst) 說：「祂比我自己更接近我的眞我；祂比我自己還愛我。祂是我的阿爸、父。**我是** (I am) 因爲**祂是** (HE IS)。」[19]

在變象山上，上帝的話從籠罩著的雲彩中出來說：「這是我的愛子，我所喜悅的，你們要聽祂。」（太十七5）於是我們聆聽、眞正聆聽。我們用思想、心、靈、骨頭、肌肉和腱去聆聽。我們用整個人去聆聽。

芬乃倫說：

> 要肅靜，聆聽上帝。讓你的心在預備的狀態中，好叫祂的靈可以把祂所喜悅的美德印在你身上。讓你裏面的一切都聽祂。如果我們要聽祂的聲音，一切外表和屬世的愛好，以及我們裏面屬人的思想都要肅靜，這是必要的。[20]

這種聆聽確實牽涉到一切「外表和屬世的愛好」之肅靜。聖十字若望採用這生動的短語：「我的屋子現在全都肅靜下來。」在那短短的一句中，他使我們看出，把一切身體的、情感的，以及心理的感覺都安靜下來是重要的。

當我們在主面前等候時，我們蒙祂仁慈地賜予一個受教的靈。我說「仁慈地」，因爲如果沒有一個受教的靈，上帝的任何要引我們進入眞理的道，只會使我們的心剛硬。除非我們是可教的，否則我們會抗拒任何及一切的教導。不過，如果我們眞正願意及順服，主的教訓是生命和光。目標當然是把這種聆聽禱告的姿態，帶進每天經驗的軌道上。這不會立即來到我們中間。然而，時間久了，我們會愈來愈多經歷一種內在的留意，就是在生活的一切動作中留意上帝的低語——平衡支票簿、在地板上吸塵、拜訪鄰舍或生意上的同事。

屬靈的狂喜

進入默觀的禱告之最後步驟是屬靈的狂喜。狂喜與我們所提及的其他兩種步驟大不相同。它不是我們所採取的動作，乃是上帝在我們身上所做的工夫。我們在此的責任，只是要有繼續的開放和接受性，讓聖靈停留在我們身上。除了這以外，狂喜這件事是上帝的事，而不是我們的事。

你無疑的記得，使徒保羅被提到第三層天上去的經驗。他在那兒聽見隱祕的言語，是不准與人分享的（林後十二 1 ～ 5 ）。但你可能不很熟悉聖奧古斯丁和他母親慕妮嘉在臺伯河 (Tiber River) 的奧斯提亞 (Ostia) 城的美妙經驗。請容我與你分享。

他們兩人把身體伸出窗外，看那經過人工修剪的美麗花園，討論在上帝國中生活的美妙。奧古斯丁寫著說：「用我們心靈的口，我們渴慕祢泉源的屬天溪流，祢的泉源是生命的泉源。」然而，當他們談話時，忽然，再說不下去，他們給提升：

> 愈來愈高，一步又一步越過所有物質的東西，
> 甚至天本身，從那兒太陽、月亮和星辰照射在
> 地上。我們仍舊向上升，默想、講說，並且以

> 驚奇的心看祢的工作。我們來到自己的靈魂那兒，又超越我們自己的靈魂，達到從來都不缺乏的豐富地區，在那兒**祢**用眞理的食物永遠**餵養以色列**。

在描述了這種不平凡的屬靈狂喜經驗以後，奧古斯丁批註說：「我們歎息，讓我們心靈的初熟果子留在那兒。我們恢復了我們說話的聲音，在那兒一個字有開始也有結束。」[21]

奧古斯丁的經驗雖一定是不平凡的，可是並非獨特的。請聽第十七世紀一位荷蘭神父布雷克 (Theodore Brakel) 的見證：

> 我……給遷移到這樣歡欣的境界，我的思想被吸引向上到那麼一個地步，以致用我靈魂的眼看見上帝，我感到與祂合而爲一。我覺得自己給遷移到上帝的本體裏面，與此同時，我充滿了喜樂、平安和甜蜜到不能言喻的地步。在靈裏面，我全然在天上有兩三天。[22]

狂喜是默觀的禱告帶到無限的程度。甚至在默觀生活中公認的權威人士，都發覺它是一種漂浮無定的經驗，而不是他們主要的食物。它可能有點超越你——或者我——想希望的，這不要緊。因爲這不眞是我們去做的事，乃是上帝所賜下的東西——而且惟有祂曉得我們甚麼時候預備好接受它。此外，很可能，這一切崇高的有關默觀的講法令人灰心，也許你覺得離這經驗很遠。

與其嘗試攀登屬靈狂喜的高峯，倒不如希望能夠弄妥下星期的事。

如果上述一切在某種程度上描述了你的感受，不要灰心。我寫這一章時便有一些這樣的感覺，因為我誠恐我是在並非活著的真理 (unlived truth) 的邊緣。許多時候，我們都與我們的目標相距甚遠。很常我們對聆聽的禱告之嘗試，似乎從未越過我們對洗濯盆中沒有洗好的碗，或者明天要考的化學試的煩惱。不過，我們所經歷的一點點便鼓勵我們，因為我們對上帝慈愛的心有了一瞥。祂滿有恩典和憐憫，歡迎我們到聖靈團契的檯前來。

關於默觀的禱告之最後一點鼓勵。當我們的生命接近黃昏時，當我們理智的官能開始走下坡時，它的一項偉大價值便出現。有一個時間可能會來到，那時我們不再能夠說話，然而——榮耀就在此——我們仍舊能夠禱告，不用言語禱告。在生命的盡頭，正如在生命開始時一樣，我們發覺我們自己，像特爾斯鐵根 (Gerhard Tersteegen) 所說的：「注視時常與我們同在的上帝，讓祂看顧我們。」[23]

> 我的主、我的上帝，聆聽對我很難。我的意思不是真的很難，因為我了解，這件事實在是接受多過嘗試。我的意思是，我的思想取向常常是以行動為主導，常常要受生產的欲望所驅使，以致對我來說，做 (doing) 比是 (being) 容易。如果我要安靜和聆聽，我需要祢的幫助。我想嘗試。我想學習如何沈浸於祢面光之中，

直到我能在那姿態中變得舒服。

現在求祢幫助我去嘗試。

感謝祢。

——阿們

第三部

向外移動：尋求我們需要的事奉

更新變化和親密二者都大聲要求要事奉。我們蒙引導通過上帝的清潔之熔爐，不僅是爲了我們自己，也是爲了別人。我們被吸引，投入上帝之愛的胸懷，不單是要體驗被接納，也使我們因此能夠將祂的愛賜給別人。

這世界在它的傲慢和自足的痛苦中，痛得打轉。如果我們願意，我們可以改變這情況。

在較早的日子中，我們試行從我們靈性的破產中去事奉，我們失敗了。如今我們曉得，事奉必須從豐盛中湧流出來。

克理霍伯納寫著說：

> 如果你有智慧，你會顯示你自己像一個蓄水池過於像一條運河。因爲一條運河一接受了水便分散到外面去，可是一個舊水池會等待，直到水滿了才氾溢出去，這樣傳播而不會喪失它自己，不會喪失它非常豐富的水。在今天的教會中，我們有許多運河，但很少蓄水池。

我們決心要做蓄水池。

15

在普通的事上禱告

不要忘記，生命的價值和興趣，主要不在於做引人注目的事……而在於做普通的事，理解到它們極大的價值。

德日進 (Teilhard de Chardin)

在我們中許多人，今天都活在內在的種族隔離制度中。我們分隔開一個小角落，作敬虔的活動之用，然後在我們生命的其他地方，則完全沒有屬靈的意識。我們對這種生活方法已經變得那麼習慣，以致看不出其中的矛盾。今天基督教的醜聞是，我們竟有一種只有百分之五屬靈生命的異端。

我們藉著祈求普通的事，去勝過這種現代的異端。我們在三方面祈求普通的事：第一、把日常生活的經驗轉變爲禱告；第二、在日常生活經驗中看見上帝；第三、在生活的普通經驗中一直禱告。

普通事件的神聖

我想告訴你我母親瑪利 (Marie Temperance Foster) 逝世的故事。那時我還是個少年，而她則屆中年，或者是我們認爲的中年時期。不過，她的死遠非突然的，也不是戲劇性的。起初沒有人曉得甚麼地方不對——媽只是行動不便。後來她的病情被診斷爲多種硬化症，雖然似乎沒有誰眞正肯定。她慢慢地愈來愈差。我有時發覺她清晨五點便起牀，試行在地板上吸塵。她會掙扎著把地氈的一個小角落弄乾淨，然後撲在沙發上，精疲力竭。休息了一會，她會起來，再在地氈的另一小塊地方工作。

當她的病情惡化時，我們三兄弟承擔了日常生活的責任。事實上，事情不算壞，因爲媽媽時常都鼓勵我們，在她的字典中似乎沒有埋怨這兩個字。當她病得必需臥牀時，我們便在客廳中安放一張醫院病人用的牀。那時我已成爲基督徒。在我最早的禱告中其中一項，就是爲她得醫治禱告，但她沒有痊愈。

很快，我便離家到一千英里外的大學讀書，那時媽已住在醫院裏。第一年的時候，我三次忽忽回家，因爲醫務人員來電說，她快離世了。然而每次她都恢復部分氣力，變得好一點，而那死亡的黑暗悲劇，會給太平無事的、無戲劇性的正常情況所取代。最後，我的哥哥和我作了一個艱難的實用決定，就是，直到媽已經去世才通知我。

然而媽去世時，我恰好放暑假回到家中。她是否藉某種方法知道呢？我是她生前最後探望她的人。有好幾個月我們都不敢肯定，當我們探望她的時候，她是否認出我們當中任何一個，因爲一切語言和身體上的回應都沒有。可是在我最後一次探望她時，她緊握我的手。我爲此十分高興。

不過，當她悄然溜進永恆時，我不在她身邊。她那麼久以來都瀕臨死亡，因此要長期守候簡直是不合理的。她去世時是凌晨二時正，她獨自一人……除非可能還有上帝的天使。她只是停止呼吸。這是醫務人員說的。事實上，她的離世是那麼安靜、那麼順利，以致醫務人員稍後才發覺。

也許事情本來就應該如此。有那麼多有關我母親的事都是平平靜靜、普普通通的。沒有壯麗的戲劇、沒有報紙的頭號標題、沒有高度的冒險事件。她過著平凡的生活，去世時也是普通的死亡。

但她在這兩件事上都做得好。她深愛我父親，也深愛我們三兄弟。她以恩惠和溫柔度過單調平凡的一生，她以崇高的信心接受她慢慢變壞的病情。她接受死亡像她接受生命和殘廢一樣：用忍耐和勇氣去接受。我的母親了解普通事件的神聖。

受造物的聖潔

聖經幾乎以隨便的語氣去斷言：「起初上帝創造天地……上帝看著一切所造的都甚好。」（創一 1、31）然後，時候滿了，上帝藉著選擇在馬槽中降生，作爲祂的終極啓示，去增援並加强這種實質。那班牧羊人對那兩個藉以認出彌賽亞的記號——襁褓和馬槽——必然感到驚奇。多麼不顯眼！多麼平凡！

然而，試想這件事：在創造和道成肉身中，宇宙的偉大上帝把屬靈的和物質的交織在一起，把聖俗融化在一起，把普通和平凡的事物加以聖化。多麼令人驚奇！多麼美妙！

發現上帝繫於每天發生以及平凡的事物，不在於壯觀的以及英雄式的事物。如果我們不能在家庭和商店的日常事務中找到上帝，那麼我們便決不能找到祂。我們的敬虔應該是交響樂的敬虔，在那敬虔中，一切工作、遊戲、家庭、崇拜、性和睡眠的種種活動，都是永恆的聖潔居留地。梅頓敦促我們要有一種「對受造物的聖潔性難以言喻的尊敬」。[1]

在行動中禱告

我們必須緊記，耶穌把祂在世的生命，多數消磨在我們稱爲藍領職業中。祂沒有等到在約但河受洗時才發現上帝。遠非如此！耶穌一次又一次在木匠鋪子中證實了上帝的實在，然後才在祂的事奉中，作爲一位拉比去述說上帝的眞實性。

今天有許多人把他們的職業看作禱告的妨礙。「只要我有點時間，不受工作分心，那麼，我便能禱告。」這是常見的心態。然而，禱告不是加在已往過分忙碌的工作日程中的另一種責任。在爲普通的事禱告時，我們的職業，不僅不是一種妨礙，反而是一種資產。

怎會如此呢？是不是當我們工作時便學會了禱告的祕訣呢？這當然是重要的，但這不是我們的工作爲甚麼對禱告是一種資產的原因。我們的職業之所以對禱告是一種資產，是因爲我們的工作**變成**禱告。這是在行動中禱告。藝術家、小說家、外科醫生、水喉匠、祕書、律師、家庭主婦、農夫、教師——大家都藉著向上帝獻上他們的工作而禱告。

「所以你們或吃或喝，無論作甚麼，都要爲榮耀上帝而行。」（林前十 31 ）這是保羅的忠告。當我在少年時期，一年夏天，有機會在阿拉斯加的科策布 (Kotzebue) 與愛斯基摩人同在一起，那時我對保羅這句忠告有較豐富的了解。我在那兒所遇見的愛斯基摩基督徒，對生活的整體有較深的感受，在他們的禱告和工作之間沒有脫節。

我來到科策布是從事一項探險工作，即幫助「建造北極圈上第一間高級中學」，但那工作本身遠非探險奇遇。它是一件艱辛、令人腰酸背痛的苦工。有一天我試行掘一條安放水管的壕溝——在凍凝地帶挖溝，不是一件輕而易舉的小事。一個愛斯基摩人來到，他的臉和手都顯示出飽歷寒冬的粗糙和堅韌。他看我工作了一會。最後他簡單而深入地說：「你是爲」上帝的榮耀挖溝。」我知道，他說這話來鼓勵我，我從來沒有忘記他的話。除了我的愛斯基摩朋友以外，從來沒有別人曉得或者關心，我的那條壕溝挖得好或者不好。將來它會給遮蓋起來，被人忘記。可是因著我那位朋友的話，我用盡我的力量工作，因爲每一剷坭都是一篇對上帝的禱告。雖然那時我還不曉得，我是試行用我微小和簡樸的方法，去做中古時代那些偉大的藝術家所做的工作。他們留心雕刻一件藝術品，曉得惟獨上帝會看見它。

布隆寫著說：「只有活出來的禱告才是有意義的禱告。除非它們是『活出來的』、除非生活和禱告完全交織，否則禱告會變成一種文雅的情歌，就是當你偶然把時間給上帝時，向祂所獻上的。」[2] 我們的手和我們的思想所做的工作，乃是做出來的禱告，是一個獻給永活上帝的愛的奉獻。在《烈火戰車》(*Chariots of Fire*) 那套電影中，有一句可能是最好的對白。那位世運賽跑運動員李德爾 (Eric Liddell) 告訴他的妹妹：「珍妮，當我跑的時候，我感覺到祂高興。」應該滲透所有職業的就是這種實體，不管我們在寫小說或者洗廁所都如此。

許多人就在洗廁所的事上有問題。我們不難看出米開蘭基羅或者艾略特 (T. S. Eliot) 怎樣歸榮耀給上帝——他們的職業是創造性的職業。然而那些令人厭煩的職業、那些不重要的職業、那些世俗的職業呢？那些禱告又怎樣？

在此，我們必須了解在上帝國中的秩序。就是在這穿著廉價的現成衣服去工作的職業——我們所厭惡的職業——中，我們最常找到上帝。我們毋須有好的感覺或者溫暖的光華，才能為上帝的榮耀而工作，一切好的工作都蒙父喜悅。即使那對我們來說似乎沒有意義以及愚鈍的職業，在上帝國的秩序中都有極高的價值。上帝重視那平凡的事物。如果為了上帝的榮耀，你把供應不竭的硬殼果，放在一條無止境的布帶上，你的工作就像馨香的祭，上升到上帝寶座前。祂對你勞苦工作感到高興。

你可能在想：「你難道不是把工作稱讚得過分一點——把基督教的工作倫理高舉得過分一點嗎？」我認為不是。在人類墜落前就有工作，墜落以後的詛咒是「汗流滿面才得餬口」——意思是，工作的果效不會與所下的勞苦等量相比。事實上，上帝給我們施恩的一個最清楚記號是，我們勞苦的果效遠超過我們所做工作的數量。我們在工作中榮耀上帝，因為當我們從事工作的創意活動時，我們最接近這位創造主。

你可能會問：「然而那些沒有工作，那些失業以及退休的人又如何？他們怎樣在普通的事上禱告呢？」不管我們有沒有可以受雇的技術，我們大家都可能工作。在上帝國中決定工作的價值，報酬不是一個因素。如果我們的能力或者機會，只容許我們拾樹枝，我們便盡全力這樣做，爲了榮耀上帝以及我們鄰舍的好處這樣做。

你可能會問：「一個人能夠榮耀上帝而無工作，卻仍舊過一個充分滿足的生活嗎？」我不曉得怎樣。當然，在上帝凡事都能，但我敢斷言，這樣的事將是例外的而不是常規的。事實上，我十分重視勞苦工作，認爲它是反映在我們裏面的上帝形象，以致我個人的信念是，天上的部分福氣將會是快樂的、創造性的、生產的工作。

行動的禱告

當我們從事格勞所說的「行動的禱告」時，我們也是在普通的事上禱告。「每一個在上帝眼前所做的行動，由於它是上帝的旨意，而且是按照上帝所要的樣式去做的，因此便是一個禱告，而且確實比在這樣的時候能夠用的語言去做的禱告更好。」[3]

日常生活的每一個活動，只要在那活動中我們爲了別人的緣故而拉緊自己，這種活動便是一個行動的禱告——當我們自行節省，儲蓄點錢，俾能給孩子買點特別的東西時；當我們在一個下雨的早晨，與別人分享自己的汽車，提早離家，俾能準時把他們送到工作場所時；當我們晚上累得要死，但爲了保持與朋友書信上的往來而寫信，或者給最後一個人覆電話時。這些時間以及許多類似這樣的時間，都是活出來的禱告。依納爵注意到：「每一件事，只要人轉向上帝那方面，都是禱告。」[4]

當我們在生活的普通經驗中看見上帝時，我們也是在普通的事上禱告。我們能否從小孩子用顏色筆在牆上所畫的東西找到意義呢？它們是否以某種方法代表上帝的手指，在我們內心的牆上所寫的字呢？

等待是普通時間的一部分。我們在等待中發現上帝：在排隊等候付款時、在等候電話響時、在等候畢業時、在等候升職時、在等候退休時、在等候死亡時。當我們把我們的等候交給上帝時，等候本身便成爲禱告。在等候中我們開始與生活的節奏接觸——寂靜與行動、聆聽與決定。它們是上帝的節奏。在每一天以及普通的事上，我們學習忍耐、接納以及知足。聖本篤容許訪客在修道院留宿的準則是：「他對所發現的生活感到滿足，不作出過度的要求……而對他所發現的感到滿足。」[5]

我被這種「不作過分要求的滿足」所吸引，因爲這正是我想要過的生活方式。在一個**透過恐嚇而得勝**乃是常規的世界中，我被那班不受「堅持的暴政」所束縛的人所吸引。[6] 有一些人能夠就別人的現況與人相交，毋須控制、毋須支配、毋須逼使他們做甚麼，我被這班人所吸引。我高興與他們在一起，因爲他們完全沒有操縱甚麼，便把我裏面最好的東西取出來。

另一種在普通的事上禱告的方法是，在生活的普通經驗中一直禱告。我們拿起一份報紙，內心受催促，爲面臨重大決定的世界領袖低聲禱告，祈求上帝指引他們。我們在一間學校的走廊上，或者在一個購物區與朋友閒談，他們的話激發我們滑入爲他們禱告的境地，或者開聲禱告，或者默默祈禱，視乎當時的情況而定。我們跑步經過我們的鄰居時，便求上帝賜福給住在裏面的家庭。我們在園地上種植，爲陽光和雨水以及一切美好的東西感謝天上的上帝。這就是透過普通經驗所作的普通禱告的要點。

聖潔是家中自製的

從家庭關係中產生的禱告，也許是在普通的事上禱告的最常見表達方式。海斯 (Edwards Hays) 在他所著《家庭教會禱文》*(Prayers for the Domestic Church)* 一書中，提供了一大堆禱文，不管那個家庭大或小，都可供全家的人共同參與。它包含每一項東西，從「爲一輛汽車的祝福禱文」到「在風暴或危險中求保護禱文」，以及「單親禱文」。[7] 當我們在家庭關係中祈禱時，我們學會了聖潔是家中自製的。最早的祭壇是爐邊磚砌的爐牀，爐中的火在家庭中心燃燒。即使今天，家庭的餐桌可能是重要的祭壇，在那兒全家共餐，我們個人歷史上的一切大小事件都可以重新述說。在此母親和父親充任祭司的角色。

我們也可以在家中建立一個「隱居之所」，一個隱居之所是一間屋子，特別撥歸靜默和獨處之用。在古老的俄國，每一條村莊都有它的隱居之所 *(poustinia)*。今天在我們的社區中缺少這樣宗教聖所，這使在家中設立一個這樣的聖所更加需要。它可能是一間小小的私室、一間書房，或者頂樓小閣，它可能是家中任何一處安靜的地方，當有人用作隱居之所時，家中其餘的人則不要接近。

單親家庭常常需要不同種類的社區結構，使這些事能夠實行。有時不同形式的家庭可以定期一齊聚餐或者一齊活動，這樣會有幫助。這樣做的時候，單身人士、單親家庭、有孩子的夫婦，以及核心家庭都能因爲大家聚在一起而豐富了自己。

有些家庭藉著「家庭祭壇」的經驗，獲得幫助和堅固。所謂「家庭祭壇」，就是全家人聚在一起讀經禱告。而別的家庭則發覺，這種做法即使並非不可能，也非常困難去維持。他們因爲沒有這樣做而深感內疚。這種內疚是不必要的，因爲這些事情大致上代表一種文化模式的改變，過於家庭中缺乏敬虔。當農業社會和大家庭制度盛行，全家人一齊用飯，晚上共同活動是常見的情況時，這種家庭祭壇完全有意思。然而，對我們多數的人來說，這些日子已經過去了。我們住在都市環境中，而且屬於小家庭。許多時候我們都在外面的快餐店吃東西，而且在同一個晚上要與芭蕾舞課程、足球練習、學生家長會等爭時間。

問：我們怎樣做？答：盡我們所能！當孩子們跑出門口時，嘗試「祝福禱文」；當他們回來時，嘗試「感謝禱文」。在孩子踏入少年期之前，特別適合在晚上爲他們禱告。這可以在他們睡覺之前做，又可以在他們睡了以後再做。我們可以祈求主醫治當天所遭受任何情感上的創傷，而我們時常都加上懇求保護的禱告，求主保護我們平安度過漫長的黑夜，以及前面的日子。

有一個古老的習慣，可以追溯到基督教早期的日子，就是孩子們每晚臨睡前請求父親爲他們祝福。我們可能覺得那種習慣的家長特質難以接受，不過，父母——以及祖父母——可以祝福小孩子。讓他們跳上你的膝蓋，給他們讀一個故事，然後給他們——每一個人，一個一個的——一個費心想好的祝福。有時你可能想搖你的孩子入睡，那麼，邊搖邊唱你的祝福。

少年時期需要調整。通常少年時期的孩子不想你在他們的房間裏，他們不想你觸摸他們，也不喜歡家庭禱告！雖然明顯地表示的禱告性質常須改變，但你仍舊可以時常在心中爲他們禱告。再者，你會發覺，你禱告的內容會改變。你會愈來愈多說出釋放的禱告，因爲他們在嘗試割斷情感上的臍帶，而你必須幫助他們。

很常，這是滿有緊張的時間，因爲少年時期的孩子掙扎著要爲他們自己定位。他們可能有一段時間要拒絕你的信仰，好叫他們可以重新肯定它，作爲他們自己的信仰。比方，我們家的情況是，我們的兩個男孩子在少年時期，都到與我們不同的教會去，好叫他們有情感的空間，去探索自己的信仰經歷。

如果你有在少年時期的孩子，我想給你一句鼓勵的話。我知道這幾年常常是動亂不安的——有點像一隻橡皮筏經過一連串的急流。我曉得它覺得這些急流似乎直衝向一個災難性的瀑布，可是多數的時候，在這條河流上沒有瀑布，而在另一端的水流是平穩安靜的。不管如何，當我們的孩子通過這些急流時，我們爲他們禱告，也爲通過這些急流後將會來臨的事、爲我們的孩子們禱告。當我們這樣禱告的時候，我們是在普通的事上禱告。

生命中常見的冒險

我們大家都贊同杜必律 (D. Elton Trueblood) 所稱的「生命中常見的冒險」——出生、結婚、工作、死亡。[8] 耶穌在祂的生平和教訓中，對這些日常生活的經驗，給予聖禮的意義。在祂自己的生活中，平凡和神聖已經永遠聯結在一起。祂在加利利一對新人的婚禮上感到高興，並且給他們的婚筵添酒。祂與漁夫和稅吏以及其他企業人士交際。祂瞪視死亡，毫不退縮，好叫我們面對自己的死亡時有了盼望。

由於這種像磐石那麼堅固的根基，我們曉得一切工作都是聖潔的工作；一切地方都是神聖的地方。因此我們揚聲高唱歡樂之歌，宣布說：「這是聖地，我們站在聖地。因爲主在場，而祂所在的地方便是聖地。這些是聖潔的手，祂賜我們聖潔的手。祂透過這些手工作，因此這些手是聖潔的。」[9]

全能、至聖、至高的上帝，感謝祢對小事的關注。感謝祢看重無關緊要的東西；感謝祢對田間的百合花和天上的飛鳥感到興趣。感謝祢關懷我。

奉耶穌的名。

——阿們

16

懇求的禱告

不管我們是否喜歡，祈求是天國的法則。

司布真

你是否知道宇宙的大能上帝為甚麼選擇去應允禱告呢？那是因為祂的兒女祈求。上帝對我們的祈求感到高興，祂喜歡我們向祂祈求。祂的心因我們的祈求而感到溫暖。

我們主要的食糧

當我們為自己祈求時，它叫做懇求；當我們為別人祈求時則稱為代求。祈求是這兩種經驗的核心。

我們決不可否定或輕視我們禱告經驗的這方面。比方，有人建議，認識較淺的人會繼續向上帝請求幫助，但是靈性生活的真正大師會超越懇求以外，完全沒有需要或請求，只愛慕崇敬上帝的本質。按照這看法，我們的祈求代表比較粗淺和天真的禱告方式，而崇敬和默觀乃是比較開明和高尚的禱告方式，因為它們沒有任何自我中心的要求。

我認為，這是錯誤的屬靈觀念。懇求的禱告在我們一生中，一直保持其主要地位，因為我們永遠都必須倚靠上帝。那是我們從未眞正「超越」，甚至不是我們應該要的。事實上，希伯來文和希臘文通常用作祈禱的字，意思是「請求」或者「作一次請願」。[1]聖經本身滿有懇求的禱告，而且毫不害羞地介紹給我們。

當門徒請求有關禱告的指示時，耶穌給他們畢生所說過的禱文中最偉大的禱文——就是我們今天稱爲「主禱文」的——其內容多半是懇求性的。祂催促祂的門徒去祈求，說：「你們祈求，就給你們；尋找，就尋見；叩門，就給你們開門。因爲凡祈求的，就得著；尋找的，就尋見；叩門的，就給他開門。」（太七7～8）

我曉得，我們的許多懇求似乎不成熟以及自我專注。在一種意義上，停留在崇拜、敬慕和默觀中，會較少問題。這些東西使人覺得高超、莊嚴、高貴。假如把我們保持在這種「崇高」的境界中、智力的層面上，基督教將會是一個容易得多的宗教。這樣我們便不必經常處理未蒙應允的禱告的挫折，以及那些想爲自己的目的而操縱上帝的困窘。不錯，我們可能喜歡比較不是那麼粗淺的崇敬，和默觀的境界，可是正如傅賽斯所觀察到的：「不純粹的懇求只能用懇求去淨化。」[2]此外，耶穌繼續不斷吸引我們進入孩子與父母的最基本關係中，去祈求和接受。巴爾薩澤 (Hans Urs von Balthasar) 寫著說：「將講說 *(oratio)* 置於默觀 *(contemplatio)* 之下是十分錯誤的，似乎有聲的禱告多半是爲初學者去採用，而默觀的禱告則多半爲較高深的人士所採用。因爲每一端決定另一端，也以另一端爲先決條件，其中一端直接引至另一端。」[3]

那麼，懇求並非比較低級的禱告方式，它是我們的主要食糧。我們以像孩子的信心表現，把每日的需要和願望帶到我們的天父面前。耶穌說，當我們的孩子向我們求餅時，不會有人把石頭給他們；當孩子們向我們求魚時，也不會有人把蛇給他們。不，甚至我們這班充滿了自我中心思想的人，都懂得尊重父母兒女之間的關係的最基本法則。那麼上帝，必然會更加仁慈地尊重我們。當我們向祂祈求時，祂必然會歡歡喜喜地賜給我們（太七9～11）。

兩個常見的問題

由於集中於這種基本的父母兒女之間的關係上，我們對於懇求的禱告中最常見的兩個問題便有了亮光。第一個是十分合理的問題，上帝已經知道我們的需要，爲甚麼我們還要向上帝祈求。最直截了當的答覆是，上帝喜歡人向祂祈求。我們喜歡兒女向我們要東西，雖然我們本已知道他們的需要，因爲祈求本身便加深及加強這關係。傅賽斯注意到：「愛喜歡人告訴它本已知道的。……它喜歡人向它要求它渴望給予的東西。」[4]

此外，我不十分確定上帝知道我們懇求的每一項東西。上帝似乎已經自由地選擇，讓這關係的動力去決定我們最後要祈求的。上帝無所不知的事實，並不預先排除祂抑制自己對一些事件的判斷，在這些事件中，其決定繫於這關係的給予和支取。稍後的一章對這問題會較詳細討論。目前我們只需因這事而受鼓勵，就是上帝渴望眞正的對話。當我們把心中的話說出來時，我們是與上帝分享祂極感興趣的眞消息。

第二個有關懇求的禱告的問題，是從那些顧慮周到的心發出來的。由於心中對上帝滿有敬意，因此這樣說：「我不應該拿我生活上的瑣屑小事去麻煩上帝。在世界上有許多問題，比我自己的小小需要，會產生廣大得多的後果。」

但在此，我們必須看上帝的阿爸心懷。在一個重要的意義上，對祂來說，沒有甚麼東西比這更重要的，就是我們對明天必須面對的手術而產生的焦慮；我們今天因我們兒女不負責任的行爲而激起的憤怒；我們因年老父母的悲慘景況而感到的絕望心懷。這些事件對祂來說十分重大，因爲它們對我們來說是十分重要的。如果我們退後，不將我們最深切的需要與祂分享，那是錯誤的謙卑。祂的心因我們的緘默而受傷。正如我們渴望兒女與我們分享他們在學校一天中的瑣屑小事，照樣，上帝渴望聆聽我們向祂訴說生活上最微小的事情。當我們與祂分享時，祂十分高興。

未蒙垂聽的禱告的困惑

我們如今來到懇求的禱告中一個最令人困惑的難題，就是未蒙垂聽的禱告。在此我們不要即時太快去油腔滑調地解答這問題，說上帝應允禱告的方法是「答應、不答應或等待」，諸如此類。如果我們誠誠實實，不是單單試行掩飾我們的沒有安全感，我們大家必須承認，爲這些事情深感困惑。魯益師提到：「每一個戰爭、每一次饑荒或瘟疫、幾乎每一次死亡，都是未蒙應允的懇求的紀念碑。」[5]

當我們考慮到在新約裏面所包含的應允禱告的豐富應許，特別是耶穌自己的話時，這問題更加嚴重。例如，試思想祂在馬可福音十一章24節那令人震驚的宣言：「所以，我告訴你們，凡你們禱告祈求的，無論是甚麼，只要信是得著的，就必得著。」這種應許的光華給我們個人禱告生活的經驗資料減弱了。對這令人煩惱的問題，我們有何話說呢？

我們必須承認的第一件事是，我們有一個眞正的而並非想像的難題。我或任何人所提供的任何假定解決方法，都不過是部分的解答方法，不能使這問題消失。我不曉得爲甚麼一個患了絕症的人內心至誠的懇求，或者一個無家可歸的人內心至誠的懇求，竟不蒙應允。坦白的說，我巴不得事情會另有發展。我們在此是站在上帝之道的奧祕之下，我們只是透過鏡子有模糊的一瞥。只有在將來的世代中，我們才能完全了解，正如主知道我們一樣（林前十三12）。

事實上，從那將要到來的世代的有利觀點——就我們對那觀點所能了解的程度而論——我們對不蒙應允的問題獲得第一個解決的暗示。傅賽斯觀察入微地注意到：「有一天我們會來到一個境地，在那兒我們會心懷感激地曉得，上帝那偉大的拒絕，有時正是對我們最眞實的禱告的眞正答案。」[6] 許多時候，在我們的短視中，我們祈求一些並非對我們最有利的東西。在另外的時候，我們的禱告會傷害別人，或者意味著拒絕別人的禱告，又或二者。此外，有時我們的禱告簡直是自相矛盾的，如「快點給我忍耐」之類的禱告。最後，有時我們的禱告如果蒙應允的話，會把我們累得要死。我們還沒有準備好，去承擔我們所祈求的。

在這樣的事例中，以及其他許多類似這樣的情形，恰好是上帝的恩典和憐憫，阻止了我們的禱告得應允。上帝爲了我們的好處，抑制自己而不把祂的恩物賜給我們。如果我們的請求蒙應允，我們對將要到來的東西會應付不了。所以我們應當感謝上帝，我們許多的禱告不蒙應允。魯益師寫著說：「如果上帝應允了在我生命中所作的一切愚蠢禱告，我現在會落在甚麼地步呢？」[7]

另一個要記住的實況是，事實上，許多時候我們的禱告已蒙應允了，不過我們缺少眼光去看它。上帝了解我們禱告的較深刻動機，因此回應這種較大的需要，這樣，在適當的時候，以適當的方法，解決了我們所牽涉的特別禱告。我們可能祈求較大的信心，好叫我們能夠醫治別人，可是上帝比我們更清楚了解人的需要，祂賜給我們較大的同情心，以致我們能與別人同哭。我們的部分懇求必須時常包括：祈求主加增我們的洞察力，好叫我們能夠像上帝那樣看東西。

我們也必須承認，我們對上帝的道路和時間知道得很少。有時我們像古時的門徒，想要從天上降下火來，消滅上帝的敵人。（當然，他們時常也變成我們的敵人，因此如果事情發生，對我們也很好。）可是耶穌清清楚楚的說明，從天上降下火來簡直不是上帝的方法（路九 54）。在另外的時候，我們輕敲手指的焦慮，只是與那永恆之主的恆久忍耐的憐憫，在時間上不配合。

此外，我們必須記住，由於懇求的禱告集中在我們自己和我們的需要上，故我們並非公正無私的一方。關於那些對我們沒有直接衝擊的事情，我們比較容易作清晰的禱告，但關乎我們發炎的腳趾，則遠非如此。然而，這種情形決不可阻止我們爲自己的需要禱告，因爲我們受吩咐要這樣做。不過，它應該提醒我們，我們可能無限地自己騙自己。

關於未蒙應允的禱告，我還有一件事要說明，雖然我有點遲疑去提及它，誠恐被人誤會。那就是罪會妨礙我們禱告的事實。我這樣說，並非表示我贊同那誤導性極高的老生常談：「上帝永不垂聽罪人的禱告。」如果事情眞是這樣，那麼我們大家都陷入眞正的痲煩中！我的意思也不是說，我們必須達到某種特別程度的聖潔，然後全能的上帝才會回應我們的懇求。單是簡單的觀察，便會顯明上帝十分慷慨地廣施憐憫，回應各種各類人的禱告，不管他們是否聖潔。我自己的歷史就清楚證明這一點。

不，當我說罪妨礙我們的禱告時，我的意思是指一些大不相同的事。我的意思是，我們的罪，因著它本來的性質，把我們與上帝分隔，割裂了那親密的團契，使我們屬靈的敏感性變得遲鈍。我們變成近視，我們的耳膜漸漸變厚，如果你想這樣說的話。結果我們不能覺察上帝的心意，我們的祈求也變得歪斜了。正如雅各所說的，我們妄求，要浪費在我們的宴樂中（雅四 3）。於是我們的禱告受到攔阻。

比方，上帝告訴我們，要對鄰舍有愛心，也許邀請他來家裏吃晚餐。我決定不這樣做，主要是因爲我對他感到厭煩，因爲他家的樹葉落在我的後園中！上帝不止一次提醒我對我鄰舍的懷恨，但我置之不理。過了些時候，我不再聽見上帝對我說到有關我鄰舍的事。我自己想：「很好，我逃脫了那個人！」啊，不，我沒有。耳聾已經有幾分來到我身上；眼瞎已經有幾分來到我身上。我希望我們對靈性的敏感性漸漸變得遲鈍，會有懼怕的心。

我知道這幾點評論，不會清除你對未蒙應允的禱告所感到的疑難。許多時候，我對那似乎被忽視的禱告也感困惑。我們曉得，我們有一位救主，祂在客西馬尼園的黑夜中，承擔未蒙應允的禱告的重負，在祂最大的痛苦的一刻，分享我們困惑的問題：「爲甚麼？」明瞭這一點，對我們可能會有鼓勵。

主禱文

純粹從權力和莊嚴而論，沒有禱文能與主禱文——「我們在天上的父」（太六9～13）——匹敵。正如我在較早時所提過的，今天我們稱它爲「主禱文」，雖然這禱文較正確地區分，應是耶穌在樓房上所作的大祭司禱文（約十七章）。主禱文是主賜給祂門徒的禱文，也就是賜給你我的禱文。

主禱文是一篇眞正完全的禱文。它所牽涉的包括整個世界，從國度的來臨到每天的口糧。大事小事、屬靈的事和物質的事、內在的事和外在的事——沒有甚麼東西在這個禱文的視域之外。

它把每一種可能想像得到的情況，都給提升到上帝面前。它從大教堂的聖壇、從不知名之地的簡陋小屋中興起，孩童和君王都誦念它。在婚禮和臨終的臥塌前都用這禱文禱告。富人和窮人、知識分子和文盲、頭腦簡單的人和智者——大家都念這禱文。當我今日早上在我的靈性塑造組中用它禱告時，我與全世界數以百萬計，每天都這樣禱告的人同聲禱告。它是一篇那麼完全的禱告，以致它似乎在所有時候、所有地方，達到所有的人。

主禱文基本上是懇求性的——祈求。崇敬在開頭和結束時都存在，不過懇求則貫穿這禱文的主要部分。在它的七個設計完美的請求中，有三個是與個人的懇求相聯的。這三個懇求可以總括在三個詞中：賜給 (give)、赦免 (forgive) 和拯救 (deliver)。它們合在一起，形成了懇求的禱告一個模範，藉著它我們能夠配合個人祈求的一切動詞。

賜給

如果我們不是對主禱文那麼熟悉，我們會爲著每天的口糧祈求而感詫異。如果它來自耶穌自己以外其他人的口，我們會把它當作物質主義對高尚的禱告境界之入侵。然而在此，它在這最偉大的禱文中間突然出現：「日用的口糧，今天賜給我們。」

不過，當我們想一想這句話以後，我們便曉得，這句禱文與耶穌的生活模式完全一致，因爲祂素來都忙於關懷人類的瑣屑小事。祂給那舉行婚禮慶典的人預備了酒、爲那些飢餓的人預備了食物、爲那些疲累的人預備歇息（約二 1 ～ 12 ，六 1 ～ 14 ；可六 31 ）；祂出去尋找「小人物」：窮人、病人、沒有權柄的人。所以，祂邀請我們爲日用的口糧禱告是完全合理的。

耶穌這樣做的時候，便把日常生活的瑣屑小事改變了。試想，假如祂禁止我們爲小事禱告，我們的禱告經驗會像甚麼。假如我們只准講論有分量的事情、重要的事情、深奧的問題，情形會怎樣呢？我們會成爲宇宙的孤兒，感到寒冷並且極其孤單。不過，事實則相反：祂歡迎我們帶來一千零一件小事，因爲每一件事對祂都很重要。

我們把每天生活上充斥著的小事帶到上帝面前，這便是爲日用的口糧禱告。當我們上班工作時，是否不能找到臨時看顧小孩的人，爲我們照顧小孩呢？那麼，我們便求主每天賜下看顧小孩的人。我們是否需要一個小小的空間去思想事情的處理辦法呢？那麼，我們便求主每天賜給獨處和安歇的空間和時間。我們是否因爲天氣嚴寒而需要溫暖的毛衣和手套呢？那麼我們便每天爲衣服祈求。我們是否爲在工作上或家庭中的關係而掙扎呢？那麼我們便祈求忍耐、智慧和同情心——每一天、每一小時。這就是我們怎樣爲日用的口糧禱告。

赦免

我們時常都感驚異，在主禱文中「賜給」的懇求先於「赦免」的懇求，而不是反過來。那好像是上帝優雅而慷慨地施恩給我們，好叫我們能夠看出我們對上帝有極大的虧欠，且引導我們喊出：「免我們的債」。

所欠的債實在是巨大的。不單是我們所做的事，雖然那些事本身已經足夠，而且是我們留下沒有去做的事。我們犯了所做過的罪 (sins of commission)，也犯了「冷漠旁觀的罪」(sins of omission)。罪過的山堆得太高——它的重量威脅著我們，要把我們的生命壓得粉碎。

正當我們被壓得喘不過氣來的時候，耶穌邀請我們禱告說：「免我們的債。」祂這樣教導我們，因爲祂曉得上帝多麼樂意赦免。這是祂渴望要做的事、痛切要做的事、急速要做的事。在宇宙的核心裏頭，乃是上帝渴望賜給和赦免。

可是在這種懇求中，我們面臨一個進退兩難的窘境。主教導我們禱告：「免我們的債，如同我們免了人的債。」那是一種有條件的請求，我們蒙赦免像我們赦免人。而且似乎使這問題變得更加嚴重，惟獨在這個懇求中，耶穌覺得不得不詳細說明：「你們饒恕人的過犯，你們的天父也必饒恕你們的過犯；你們若不饒恕人的過犯，你們的天父也必不饒恕你們的過犯。」（太六14～15）爲甚麼這樣呢？這不是說，上帝吝嗇祂的赦免，也不是說，極難使上帝施行赦免，以致我們必須證明我們有好的信心，就是先行赦免他人，去顯明我們能夠做得多麼好。不，完全不是這樣。那只是說，按照受造秩序的本質，我們必須給予才能領取。比方，如果我不付出愛，我不能領受愛。人們可能試行向我們提供愛，不過，如果我們心中滿有憤恨和復仇的意念，他們的愛只會像「水過鴨背」一樣，從我們身上滾過去。如果我緊握拳頭，我的手臂緊緊地交抱在我自己身上，我便不能握住任何東西。

然而我一旦付出愛，我便可以接受愛；一旦我張開我的雙手，我便能領受。正如聖奧古斯丁所說的：「上帝找到空的手才會施予。」[8]

赦免也是這樣。如果在我們中間所聽到的惟一喊聲乃是報仇，便不可能有復和。如果我們的心那麼狹窄，只看見別人怎樣傷害及得罪我們，我們便不能看出我們怎樣得罪上帝，因此也便不覺得有需要尋求赦免。如果在我們心中時常都計算，這個人或者那個人，干犯我們的權利有多少，因著事情的本質，我們便不能用這禱文去禱告。

在人類的事務上，有一個報復的惡性循環：你用角刺我的牛，我也用角刺你的牛；你傷害我，我也傷害你；「你半斤，我八兩」！施行赦免之所以那麼重要，是因爲它打破了這條報復律。我們被人得罪，我們不用得罪他人去回報，相反的，我們赦免。（我們要確知，我們所以能夠這樣做，只因爲在各各他山的超卓赦免行動，這行動一次過而永遠有效地打破了報復的循環律。）當我們這樣做、當我們赦免時，它便從天上放出了如洪水一般的赦免之恩，也在人類之間放出了如洪水一般的赦免之恩。

如果赦免是那麼重要，我們眞的要問這問題：甚麼是赦免？今天對這件事有極大的混亂，因此我們必須先了解甚麼不是赦免。

赦免並不意味著我們會停止感受傷痛。傷痕很深的話，我們可能仍會傷痛一段很長的時間。但我們繼續經歷到情感的痛苦，並不意味著我們已經在赦免上失敗了。

赦免並不意味著我們會忘記，那樣做會傷害我們理智的天賦。邱立基 (Helmut Thielicke)，一位德國牧師，他曾忍受過納粹第三帝國最黑暗的日子，說：「一個人決不應該一口氣提及『赦免』(forgive) 和忘記 (forget) 這兩個字。」[9] 不，我們會記得，但是在赦免中我們不再用記憶去敵擋他人。

赦免不是假裝所犯的罪其實無關緊要。它實在重要，以前這樣，現在也這樣，假裝無關緊要是沒有用的。那觸犯是眞的，不過，當我們赦免時，那觸犯不再控制我們的行爲。

赦免不是表現得若無其事，似乎事情與未曾有所觸犯之前並無分別。我們必須面對這事實，就是事情永會像以前一樣。藉著上帝的恩典，它們可能比以前好得一千倍，可是它們決不會跟以前一樣。

那麼赦免是甚麼？它是一個恩典的神蹟，因這神蹟，所犯的罪不再使我們分隔。如果一個丈夫忽視他的妻子，把生意、事業和其他一切東西，看得比妻子重要，他已犯罪得罪了她。這種得罪是眞的，所受的傷害也是眞的。一個神聖的信任已經破碎了。我們說，在他們中間有一些東西來到，這說法很對，她永不能忘記這種對尊重的觸犯。即使在年老時，在她的記憶中，這種不尊重她的表現，都會令她感到冰冷。

不過，赦免意味著這種眞實的而且可怕的觸犯，不會把我們分隔開來。赦免的意思是，我們不會重蹈覆轍，把一根楔子插在我們中間，彼此傷害。赦免的意思是，把我們聯在一起的愛的能力，要比分隔我們的罪行的能力更大。那就是赦免。在赦免中，我們把得罪我們的人釋放，以致他們不再綁在我們身上。在一種十分眞實的意義上，我們是釋放他們去接受上帝的恩典，我們也邀請得罪我們的人回到團契的圈子中來。

最後一句直接關乎這懇求的話：當我們赦免時，上帝限定自己有責任去赦免。也許你曾經深深感到你得罪了天的罪疚重擔，你對從上帝而來的赦免覺得不舒服也不確定，你渴望一些保證會給你平安。那麼，在此有一個保證是從最高權威發出的。耶穌基督，這位永活的聖子，保證你得蒙釋放：「你們饒恕人的過犯，你們的天父也必饒恕你們的過犯。」（太六14）

拯救

這第三個懇求也許是其中最重要的。它包含消極（不叫我們遇見試探。〔譯按：原著作「不要引導我們進入試探」〕）以及積極（救我們脫離兇惡）兩方面。

這個懇求的第一部分曾使許多人感到困惑。上帝怎能試探我們，或者引導我們進入試探裏面呢？希臘文本身的意思是「試煉」或者「試驗性的情況」，而上帝試驗我們的惟一時間是，當我們心中有些事情需要顯明時。比方，猶大是對金錢有困難的人，這正是耶穌爲甚麼使他擔任門徒團體司庫的原因。早晚，在猶大心中的情形會顯明出來。

所以，「不要引導我們進入試探」的禱告意思是這樣：「主啊，求祢使我裏面沒有甚麼東西要逼使祢把我放在試驗裏面，以便顯明在我心中有甚麼東西。」我們想在更新變化的界域中有進步，沒有隱藏的罪，以致上帝不會被逼把我們放在試驗中。

我們在此不要想到兒童時期的試探，就是馬丁・路德稱它爲「少年的罪」的。[10]不，那是成年人的罪，我們對這樣的罪必須關心。我們像耶穌在曠野中一樣，會受試探去使用權力、影響力，以及幫助他人的機會，而撇開上帝。我們可能會想，只要我們有那些東西，便能夠完成許多好事。這些在我們心中的欲望乃是毀滅的種子。在主禱文中，我們祈求上帝從我們心中把它們挪去，好叫祂永不會逼不得已把我們放在試驗中。

如今關於「救我們脫離兇惡」的懇求：儘管我們可能想它有別種意義，但原文的意思清楚表明，耶穌催促我們祈求上帝拯救我們，不是脫離一般性的邪惡，而是拯救我們脫離那惡者，即撒但。我知道在我們現代或者超現代的對實體的理解中，這種說法可能不大適合，但它的意思仍然是這樣。

邸立基在第二次世界大戰將要結束，盟國軍隊剛剛佔領了他的故鄉司徒加特城(Stuttgart)時，他用這節經文講道。論到現代「正當地把『邪惡的觀念』屬靈化」時，他寫著說：

> 親愛的朋友，在我們的時代，我們與鬼魔的權力有太多接觸。
>
> 我們意識到也看到，人們以及整個運動如何給神祕的、地獄的權力腐化和控制，引領他們走到他們無意去的地方。
>
> 我們太常觀察到，一個外來的靈怎樣能夠駕御人們，並且把人的本質改變。那些人以前可能是相當得體和通情達理的，但如今竟給那

> 外來的靈驅遣到殘忍、權力的迷惑，以及瘋狂的病症裏面。這情況是他們以前從來都沒有迹象能做到的。
>
> 一年又一年，我們看到一種日益加增的有毒氣氛，在我們這個地球上停留下來。我們體會到惡靈多麼眞實，幾乎可以觸摸得到地停留在空中。我們又看到一隻無形的手，把一杯無形的毒藥，由一國傳到另一國，把他們弄得一片混亂。[11]

在這數十年中，我們難道沒有看夠那可憎的和可怕的東西，以致我們可以毫不覺得狼狽地說出馬丁·路德那句短語：「幽暗之君猙獰可怖」？你可能記得，馬丁·路德繼續說：「幽暗之君雖猛，不足令我心驚；他狂暴我能忍，日後勝負必分，主言必使他敗奔。」[12] 這就是祈求拯救的禱告所產生的結果。

劍橋大學的費默教授 (Prof. Herbert Farmer) 提醒我們：「如果禱告是宗教的核心，那麼懇求便是禱告的核心。」[13] 沒有懇求的禱告，我們所有的便是一個削去尖峯的禱告生活。讓我再次提醒大家，上帝多麼高興我們向祂祈求，祂尋找一個藉口好向我們施恩。

> 親愛的父，我不想把祢看作聖誕老人，但我的確需要向祢要東西。求祢今日給我食物吃。我不是爲明日祈求，我是爲今日祈求。求祢赦免我許許多多觸犯祢的善良的罪——今天……此刻所犯的罪。其中多數我甚至沒有覺察到。我

活得太渾噩了，這事本身就是得罪了天的罪過。真對不起。求祢增加我的覺悟力。

在我的愚昧中，如果我祈求了一些實際上是破壞性的東西，求祢不要把它們賜給我——不要引導我進入試探。求祢拯救我脫離那惡者。

奉耶穌的名。

——阿們

17

代求的禱告

代求的禱告是潔淨的沐浴，是個人及團契必須每天都要有的。

潘霍華

如果我們眞正的愛別人，我們會渴望他們獲得超乎我們本身所能給予的東西，這便引導我們進入禱告。代禱是愛別人的一種方法。

當我們從懇求移到代求時，我們把我們的引力中心從自己的需要轉移到別人的需要和關注上。代求的禱告是無我的禱告，甚至是捨己的禱告。在上帝國日常進行的事工裏頭，沒有甚麼比代求的禱告更重要。今天的人們迫切需要我們所能給他們的幫助。婚姻正遭受破碎；兒童正遭受毀滅。個人所過的生活相當失望，沒有目的或前途。而我們能把事情改變……如果我們學習爲他們禱告。

代求的禱告是祭司式的事奉，而新約中最具挑戰性的一個教訓是，信徒皆祭司。作爲祭司，被上帝所委任、所膏抹，我們有這個榮譽，可以爲別人進到至高者面前。這不是有選擇性的，那是神聖的義務——也是一個寶貴的特權——是一切承擔基督之軛的人所具有的。

一個卓越的模式

摩西是世界上偉大的代求者中的一位。他生平的一件特別事故，給我們提供了一個卓越的模式，可作我們繼續代求的事工的借鏡。這次的場合是亞瑪力人與以色列人交戰（出十七 8 ～ 13 ）。摩西的戰略是奇怪的以及大有能力的。他吩咐約書亞帶領軍隊下到谷中打仗，摩西本人則上到山頂，與他的兩位助手亞倫和戶珥，俯瞰戰場。當約書亞從事肉體的戰爭時，摩西則從事屬靈的戰爭。他爲這場戰事舉起雙手禱告。摩西顯然有較難的任務，因爲辛勞疲累的是他。亞倫和戶珥必須介入，幫助摩西舉手，直到日落。

在軍事的年鑑中，約書亞是在那天打了勝仗的元帥。他是到前線去的人，深入酣戰中，但是你我都知道這故事的前因後果。在幕後，摩西、亞倫和戶珥贏了代求的戰爭。每一個角色對勝利的獲得都是重要的。他們需要約書亞去牽領軍隊，他們也需要摩西爲以色列人代求。此外，他們還需要亞倫和戶珥在摩西困倦時幫助他。

摩西、亞倫和戶珥那天所做的工作，也是我們大家受呼召去做的工作。我們大家並非都被要求做公衆領袖，但我們大家都要從事代求的禱告。正如傅賽斯提醒我們的：「我們愈深的下到決定的幽谷，我們必須升得愈高……上禱告山去，我們必須托住那些人的手，他們主要關心的是與上帝共同得勝。」[1]

代求者

在這種代求的事工上，我們並非孤單無助的。我們小小的代求禱告，是得到那位永恆的代求者的支持和增援的。保羅向我們保證：「基督耶穌已經死了，而且從死裏復活，現今在上帝的右邊，也替我們祈求。」（羅八34）而且希伯來書的作者似乎要加強這眞理，宣布耶穌是按著麥基洗德的等次，永遠爲祭司——「祂是長遠活著，替他們祈求。」（來七25）

在約翰福音所記，樓房上的講論中，耶穌淸淸楚楚的對祂的門徒說明，祂到父那裏去，會提升他們進到一個新的禱告範圍。祂向祂那一羣困惑的門徒解釋：祂在父裏面，父在祂裏面，祂到父那裏去是爲他們預備地方，因爲祂往父那裏去，他們能做更大的事。他們不會被撇下爲孤兒，但眞理的靈會來引導他們。他們要聯住祂，好像枝子聯住葡萄樹一樣。凡他們奉祂的名祈求的，祂必成全。祂要作的，還不止如此（約十三～十七章）。

耶穌往父那裏去，會那麼激烈地改變這方程式，究竟是甚麼意思？爲甚麼那件事會使他們的——以及我們的——禱告經驗有那麼大的改變？這新的範圍是這樣：耶穌是進入祂永遠的工作，作爲上帝寶座前的代求者，結果，我們便能夠用全新的權柄爲別人禱告。

我嘗試說明的是，我們代求的事奉之所以可能，只因爲基督繼續不斷的作代求之事奉。我們知道單因著信就蒙拯救，這確實是奇妙的發現。我們不能做甚麼，使我們得蒙上帝接納。照樣，我們只藉著信而禱告——耶穌基督，我們永遠的代求者爲我們的禱告生活負責。米蘭的安波羅修 (Ambrose of Milan) 寫著說：「除非祂代求，無論我們或者衆聖徒，都不會有與上帝交談的可能。」[2]

靠我們自己，我們沒有進入天庭的進場權。那會像螞蟻對人說話。我們需要一個傳譯員、一位斡旋者、一個中間人。這就是基督在祂作永遠的代求者的角色所做的事——「在上帝和人中間只有一位中保，乃是降世爲人的耶穌基督。」（提前二5）祂打開那門，賜給我們進入天庭的權利。抑有進者，祂把我們輭弱的、誤導的代求變得整全，並加以潔淨，使它們在一位聖潔的上帝面前可蒙接納。還有更進一層的意思是，祂的禱告支持我們禱告的欲望、催促我們繼續前行、給我們希望，叫我們相信禱告必蒙垂聽。看見耶穌在天上爲我們代求，我們便有力量奉祂的名禱告。

奉耶穌的名

如今已經提起了奉耶穌的名禱告的題目，我想稍微加以評論。在福音書中以及其他地方，我們一再受催促這樣禱告。如果這樣做，主承諾說，我們會有美妙的結果。耶穌說：「向來你們沒有奉我的名求甚麼，如今你們求，就必得著，叫你們的喜樂可以滿足。」（約十六24）

我知道這種思想似乎相當狹窄，有些人難以忍受。你也許在想：「是否可能稍微寬宏大量一點，不管奉誰的名，藉著甚麼權柄，只要是眞誠的禱告，便加以接納呢？」首先，接納或者拒絕任何人的禱告，不是我的事情，也不是你的事情。感謝上帝，那是屬乎祂的事。我猜想，上帝比在我們中最寬懷大量的人更肯接納禱告。（在我們的寬宏大量中，我們常常顯得極其狹窄。）然而，耶穌基督吩咐我們這班屬乎這道的人，憑藉著祂所賜給我們的權柄去禱告。對我們來說，祂是上帝獨特的啓示。祂這樣吩咐，我們便這樣做。

但在此我們面對這個實際的問題，就是我們怎樣奉耶穌的名禱告。任何有思想的人都曉得，這裏的意思顯然不單指在禱告的末了附加一句機械式的慣用語。不過，它的確切意義是甚麼呢？

至少有兩方面的意思，第一項我們已經討論過。奉耶穌的名禱告的意思是，基督所達成的偉大事工對我們的禱告作充分的保證——祂的生平、祂的死亡、祂的復活、祂在父上帝的右邊繼續掌權，都對我們的禱告作充分的保證。布洛艾斯 (Donald Bloesch) 寫著說：

> 奉耶穌的名禱告的意思是，在禱告時覺悟到，除了祂的贖罪犧牲和救贖調解以外，我們的禱告沒有價值或果效。它的意思是，呼籲基督的寶血作爲禱告生活的能力的來源；它的意思是，承認除了祂的調停和代求以外，我們完全無助。奉祂的名禱告，意思是我們認識到，我們的禱告不能穿過上帝的裁判所，除非它們藉著子、我們惟一的救主和贖罪者呈獻給父。[3]

這是奉耶穌的名禱告之客觀、審裁方面的意義。不過，當中也有主觀的、經驗方面的意義。奉耶穌的名禱告的意思是，我們的禱告與基督的道路和性質一致。它的意思是，我們所作的代求也是祂會作的，假如祂的肉身活在我們中間的話。我們是祂的大使，受祂任命。我們獲得授權，以祂的充分權威去使用祂的名字。因此我們禱告的內容和性質，都必須與祂的本性相一致。

當西門要求得著能力按手在人的頭上，叫他們領受聖靈時，他想利用上帝的能力去達成自己的目的（徒八14～24）。他不是奉耶穌的名禱告。彼得認出這一點，因此斥責西門這樣做。猶大祭司長士基瓦的七個兒子，看見保羅奉耶穌的名趕鬼，於是他們也試行這樣做，說：「我奉保羅所傳的耶穌，勅令你們出來。」但邪靈回答他們說：「耶穌我認識，保羅我也知道，你們卻是誰呢？」你看，雖然他們採用正確的慣用語，但他們的禱告不是出自耶穌的生命和能力，因此他們失敗了。在幾乎令人發笑的旁白中，路加告訴我們，那些邪靈跳到那七個假的驅魔人身上，制服他們，叫他們「赤著身子受了傷」，從那房子逃出去（徒十九11～16）。

所以，我們怎樣奉耶穌的名禱告，意思是，怎樣才能與祂的本性相一致呢？耶穌自己說：「你們若常在我裏面，我的話也常在你們裏面，凡你們所願意的，祈求就給你們成就。」（約十五7）這種「常在我裏面」是有效的代求的總括性條件，它是奉耶穌的名禱告的鑰匙。我們學習成爲像枝子一樣，從葡萄樹接受生命：「你們要常在我裏面，我也常在你們裏面。枝子若不常在葡萄樹上，自己就不能結果子。你們若不常在我裏面，也是這樣。」（約十五4）對禱告生活，沒有甚麼比學習如何成爲枝子更重要的了。

當我們這樣生活的時候，我們便發展了金碧士所稱的「與耶穌熟悉的友誼」。我們變得習慣祂的面容，我們能夠分辨何爲眞正的牧人的聲音、何爲宗教販子的聲音，正如職業的珠寶商從玻璃贋品中分辨出鑽石一樣——藉著熟習。當我們對眞正的物品熟悉的時日夠長時，那廉價的以及冒充的東西便一目了然。

當我們把自己沈浸於基督之道的時日夠長時，我們便能夠聞到福音。所以我們祈求，並做那些我們知道耶穌會祈求以及會做的東西。你可能會問，我們怎能**知道**耶穌會祈求以及會做那些事呢？那麼，一對結婚多年、彼此相愛的夫婦，怎能知道彼此所想的、所要的，以及所感覺的東西呢？我們知道，正如我們被祂認識一樣。這就是我們怎樣奉耶穌的名禱告。[4]

堅持得勝

當開始爲別人禱告時，我們很快便發現，我們很容易對結果灰心，因爲它似乎來得令人失意的慢，而且參差不齊。這是因爲我們進到屬神的影響，和屬人的自主的奇異混合中。上帝從來都不强逼人，因此這種屬神的影響時常都容許一條出走的道路，從來沒有人被逼要像機械人那樣順服。

上帝這方面的性質——這種尊重、這種禮貌、這種忍耐——我們很難接納，因爲與我們的做法多麼不同。有些人令我們挫敗那麼多，以致有時我們會想，巴不得我們能夠打開他們的頭殼，在裏面做點修補的工夫。那是我們的做法，但不是上帝的做法。祂的道路高過我們的道路，祂的道路好像雨水和雪慢慢地落到地上，當它們滋潤這地時，便在地上消失了。當時機適合時，新生命便勃然生長。沒有操縱、沒有控制、完全自由、完全隨意。這就是上帝的道路（賽五十五 8 ～ 11 ）。

這種過程我們很難接納，也很容易因此灰心喪志。我想耶穌了解這一點，結果祂便不止一次教導我們堅持的需要——就是我們今天稱爲堅決請求的比喻。祂甚至特別說明祂講這些故事的理由，就是要我們「常常禱告，不可灰心」（路十八 1 ）。

這些比喻對我自己是一種特別的恩典，因爲我很快便灰心。也許你曉得我的意思。我們禱告一次或兩次，然後似乎沒有甚麼變動，我們便轉到別的事上去，或者生氣自憐，甚至完全放棄禱告。我們那種快快弄好的想法，有點像開啓一個電燈開關，如果光不立刻來到，便宣布說：「唔，我無論如何都不相信電力！」

然而耶穌給我們一個完全不同的有利觀點，好從那兒去看我們禱告的工作。祂說，禱告有點像一個無助的寡婦，她拒絕接納她的無助情況，反而起來要討個公道，而她的堅持終於得勝（路十八 1 ～ 8 ）。它有點像勉强一個鄰舍幫助爲一個陌生人預備食物——雖然這樣做十分不便——若不然的話，整個村子都會因爲不照顧來到他們中間的陌生人而丟臉（路十一 5 ～ 13 ）。在每一個事例上，教訓的要點是堅持。我們不住的祈求、我們不住的尋找、我們不住的叩門。

有一個宗教的字彙可表達我所描述的：「懇求」

(supplication)。懇求的意思是，用誠摯的心去祈求、用熱烈的心去祈求、用堅忍的心去祈求。那是一項宣布，我們以極其嚴肅的態度看待這禱告的事。我們會堅持下去，決不放棄。加爾文寫著說：「我們必須重複同樣的懇求，不單是兩次或三次，而是按我們的需要常常重複，一百次或一千次……我們必須永不困倦地等候上帝的幫助。」[5]

這是我們要聽的一個重要教訓，因為我們活在一個逃避委身的世代中。一個古老的主要美德是堅忍，但今天我們可以在甚麼地方找到這種滿有勇氣的堅持力量呢？我們必須承認，我們找過的每處地方都很少有這樣的美德。然而，耶穌卻認為它是使代求的禱告真正有效的基本因素。

你我在為別人禱告時，有沒有表現這種忍耐的決心呢？我們多麼容易陷於不足呢！在利未記的法典中，祭壇上的火要時常點燃，永不熄滅（利六 13）。正如上帝在我們屬靈的事上建造了堅忍和勇氣，我們今天必須學習在靈修的祭壇上，燃點禱告的永恆火燄。

有組織的、團體的、代求的禱告

代求可以由個人去做，也可以由團體去做。耶穌應許，無論甚麼時候，信心的羣體眞正的奉祂的名聚集，祂必以大能與他們同在（太十八 20）。當一個羣體裏面有足夠的信、望、愛時，祝福便倍增，因為那時有組織的、團體的、代求的禱告便有可能。

耶穌從以賽亞先知那兒取材，宣告說：「我的殿必作禱告的殿。」（賽五十六 7 ；路十九 46 ）我巴不得看見我們的禮拜堂成爲禱告的殿，我知道你也會這樣。然而，禮拜堂太常用來作一切大小事情，只是沒有用作禱告的殿。我這樣說時，心中憂傷，因爲我相信這也令上帝傷心。的確，我們需要事務性會議、委員會會議、查經聚會、自助班聚會，以及崇拜聚會，不過，如果中間的火不熱，這些東西只不過是我們手中的灰而已。

在十七世紀時，愛德華滋寫了一本薄薄的書，但書名卻出奇的長：《一個小小的嘗試去鼓吹上帝的子民，爲了宗教的復興以及基督在地上國度的促進，依照聖經的應許，以及關於末時的預言，在非常的禱告上，有明顯的同意並可見的聯合》。愛德華滋有極正確的了解。我們必須有「明顯的同意」並「可見的聯合」，讓這種禱告向前邁進。它不是一個容易得到的聯合，可是當它發生時，「非常的禱告」並非是過分強烈的描述字眼。

不久之前，我的一個學生蘇榮安 (Jung-Oh Suh)，他是南韓一位牧師，來美國進修。他聽見我在研究禱告，因此給我帶來一份報上登載的文章（這篇文章是用韓文寫的，由他譯爲英文，譯得很好）。這篇文章描述漢城東南部一間長老會 (Myong-Song Presbyterian Church) 的故事。韓國教會的清晨禱告會是遠近知名的，雖然如此，但這故事仍然是不平凡的。這是一個約在十年前開始組成的團體，當時只有四十個人，今天已有一萬二千人。他們每天清晨聚集在一起，參加三次祈禱會——早上四時、五時、六時。榮安向我解釋，他們在早上四時必須關門，以開始第一次禱告會。如果有人稍爲遲到，便必須等五時的禱告會。然後他補充說：

「這是我們國家的一個難題。因爲在冬天天氣很冷！所以每一個人都帶來一壺茶或咖啡，在他們等待下一次禱告會時用來保暖。」[6]這就是有組織的、團體的、代求的禱告。

有迹象顯明，當我們朝向第二十一世紀時，在鮮明的記憶中，最大的禱告運動已經開始。在規模小得多，但仍然重要的方式上，那間韓國長老會的故事能夠多次重現。我所知道的一間教會，每星期有四十次禱告會，牽涉到總數一千人。我熟悉的好些教會，信徒中有百分之十五到百分之二十四，每週都從事有組織的、團體的、代求的禱告。我曾經遇過全國性的禱告領袖，他們中沒有人曾經看過像現在開始發生的情形。這種新的對禱告的醒覺究竟多麼重要，目前還言之過早，但其迹象則令人鼓舞。

上帝渴望把個人和家庭帶進得救的信仰中；上帝渴望救人脫離毒品、色情、金錢、身分的癖好；上帝渴望拯救人脫離種族歧視、性別歧視、民族主義、消費主義；上帝渴望收割城市，把整個整個的團體帶進對福音的忠誠中。有組織的、團體的、代求的禱告，乃是關鍵性的方法，去完成上帝心中這些渴望。

爲了別人的好處

如果你是著重團體禱告的教會中一分子，我希望你對上帝這種仁慈的恩典感到歡欣。許多人沒有那麼幸運。在我們中有極大數目的人，發覺我們處於一種情況中，就是教會的領袖們在這界域上，簡直不給予領導，不過，我們不可讓這情形停止我們的代禱工作。我們在上帝面前，有責任爲那些上帝帶進我們就近的圈子中的人禱告。我們與舊日的撒母耳同說：「至於我，斷不停止爲你們禱告，以致得罪耶和華。」（撒上十二23）我們個別這樣做，也可以在三三兩兩的小羣中這樣做。一些小小的指導，可能有助於這樣的情況。

有許多不同的方法去做代禱的工夫，正如有許多不同的人一樣。有些人喜歡保留一個名單，登記他們經常關心、爲他們禱告的人。有一次我探訪一位十分聖潔的女士，她臥病在牀。她把她的「家庭相片簿」給我看，其中約有二百張海外宣教士和別人的照片，這些人都是她所關心的，她時常把他們帶到天上的寶座前。她給我解釋，每星期她怎樣一個一個的爲整本相片簿裏面的人禱告：她一邊翻看相片簿，一邊爲每一張相片上的人禱告。那時我還是十多歲的少年人，但即使那麼年輕，我都知道，我在臥榻旁邊所站立的地方是聖地。

另一種方法來自那位偉大的講道家和禱告者貝特力，他推薦我們從爲敵人禱告開始：「第一個代禱是：『求祢賜福給某某，我愚蠢地認爲他是仇敵；求祢賜福給某某，我曾得罪他，保守他們在祢的恩愛中，驅除我內心的痛恨。』」其次，他鼓勵我們爲那些在「治國、醫藥、學問、藝術和宗教」上的領袖禱告；又爲「世界上有需要的人、我們做事或玩耍的朋友，以及我們所愛的人」禱告。[7] 貝特力的忠告的偉大價值是，它使我們超越狹隘的關懷，進到破碎和缺乏的世界中。

我自己的方法是：在爲我的家人禱告以後，我靜靜等候，直到個人或某種情況，自然地在我的意識中浮現。然後，我把這些人士或情況帶到上帝面前，靜靜聆聽，看看有甚麼特別的識見到來指導禱告的內容。下一步是，我說出似乎最適當的禱告，深信上帝聽見並且垂聽。代禱以後，我可能再停留一會，邀請聖靈透過我，「用說不出的歎息」去禱告。我會逗留在任何指定的個人或情勢上，直到我覺得從所關懷的禱告中得釋放。在這期間，當我感悟到聖靈給我指示，我可能會在一本小的日記本中，寫下簡單的字句。這些筆記常常極有幫助，因爲經過一段時間以後，有時會有一個模式出現，表現出這個人有甚麼需要。然後，這種資料又給未來的代禱方向提供啓迪。

當情況許可又適切時，直接到我們受導引要爲他代禱的人那裏去會有幫助。這是耶穌的正常模式，雖然不是獨有的模式。一個簡單的問題，例如：「你想祈求甚麼？」有時可能極有啓發性。請記住，禱告是愛他人的方式，因此時常都要保持禮貌、恩慈和尊重。

一個警告：在我們中沒有人必然要承擔爲每一個人，和每一件事禱告的重擔。我們是有限的人類，承認我們的限制是謙卑的行爲。很常人們會來到我們面前，說一句油腔滑調的話：「請爲我禱告。」而他們卻不曉得他們向我們請求的是甚麼東西。在這樣的情況下，我們要把這件事加以深思熟慮，安靜等候，直到從較高的源頭獲得催動才行。上帝會清楚指示出誰人和甚麼事情，是我們要在禱告中關懷的，其他的情況我們留給祂自己。

然而，你的情況可能完全相反。你遠非承諾得太多，你也許發覺很難挑起熱心去爲別人禱告，就是沒有那種渴望。你能做甚麼呢？

缺少這樣的熱心可能有許多原因，但我建議你開始的時候，祈求上帝加添你愛別人的心。當上帝加增你關懷的能力時，你會十分自然地開始爲你的鄰舍、你的朋友，甚至你的敵人的好處去行事爲人。這樣做的時候，你很快會達到你能力的盡頭。你會想他們進入某種情況，以及得到你自己不能給予的東西。這便會促使你禱告。奧古斯丁寫著說：「禱告是在上帝面前，爲別人的好處代求。」[8] 藉著代求的禱告，上帝給我們每一個人發出一張個人的、用手雕刻的請柬，邀請我們親切地投入爲別人的好處而作的勞力中。在以下的幾章，我們會把注意力轉移到幾種特別的代禱形式中。我希望每種形式都能幫助我們，去接納這種來自上帝的邀請，白白去給予正如我們白白領受一樣。

仁慈的聖靈，我生命中那麼大的部分，似乎都在我的利益和我的好處中回旋。我盼想單單有一天，我會過著另一種生活，凡我所作的，都會不爲自己而有益於別人。也許爲別人禱告是出發點。求祢幫助我這樣做，毋須任何稱讚或賞賜。

奉耶穌的名。

——阿們

18

醫治的禱告

在那些日子，許多偉大的以及美妙的事物，都藉屬天的能力作成。因爲主赤露祂全能的膀臂，顯示祂的權力，令許多人驚詫。這種醫治的美德，令許多人從極大的疾病中獲得拯救。

弗克斯

醫治的禱告是正常的基督徒生活的一部分，它不應被高舉過於信心團體中的其他職務，但也不應貶低其價值。反而，它應該保持正當的平衡。它簡直就是住在上帝治權之下的一種正常狀態。

這不應該令我們驚奇，因爲它是對我們信仰形體化的性質之清楚認可。上帝對身體關懷的程度，正如對靈魂的關懷；對情感的關懷，也好像對精神的關懷。在耶穌裏面的救贖是全面的，包含一個人的各方面——身體、靈魂、意志、思想、情感、精神。

無限的品種

上帝快樂地採用無限品種的方法，給祂的子民帶來健康和幸福。我們爲上帝的朋友——醫生，感到高興，他們用技術和同情心，幫助我們的身體對抗不適和疾病。我們爲現代的心理治療和心理學的每一進展歡喜快樂，因爲學者發現了較好的方法，去促進深藏的心靈醫治。我們也歡喜快樂，愈來愈多的婦女、男人和小孩，爲了上帝的榮耀，以及大家的好處，正學習如何把基督的醫治能力帶給別人。

抑有進者，我們也能爲許多不同的醫治流派，彼此之間每一種合作的努力而感激。到底說來，祭司、心理學家和醫生之間的分別，乃是近代形成的。以前，身體的醫生、精神的醫生和心靈的醫生，時常都是同一個人。特別是古代的希伯來人，看人是一個整體。對他們來說，服役身體而不服役心靈，或者反過來說，服役心靈而不服役身體，乃是不可思議的事。舊約摩西五經包含詳細的律例，說明當人懷疑患病時，要去見祭司（利十三章以下）。耶穌在祂的事奉中，採用第一世紀著名的醫學技術（可七 33；約九 6 等）。即使在今天，在許多「原始的」文化中，醫生和祭司乃是同一個人。所以，那種把人零碎分割，以及仔細區分的異端傾向漸趨終止時，我們熱烈鼓掌。

有時上帝可能要求我們只靠禱告去醫治，但這是例外，不是常規。拒絕採用醫藥的方法去促進醫治，可能是信心的一種姿態——但更常是靈性驕傲的一種姿態。

當然，我們也可能在相反的方向犯錯。許多人惟獨信任醫藥的方法，只當一切醫藥的技術失敗時才轉向禱告。這種作風只顯明，我們的思想多數是以物質爲基礎的。正常來說，禱告的幫助和醫藥的幫助，應該同時進行，並且要以同樣的精力進行，因爲二者都是來自上帝的恩物。

小小的開始

我對醫治的禱告感到興趣，始初是因爲關心在情感上而非身體上的治療。那時我在一個家庭輔導中心工作，而我深刻感悟到自己似乎沒法把基督的醫治大能，帶到情感和精神方面的疾病上。我得到的惟一成功，完全可以用心理操縱的人工技術去解釋。雖然我從不覺得有任何需要去拒絕這些專業的工具，但我獲得一個信念，醫治的禱告能夠大大增强所成就的好處。

我的第一個經驗是，有一個人二十八年來都一直生活在恐懼和苦毒中，他晚上會醒來，尖聲大叫，全身冒冷汗。他長期活在抑鬱症中，以致他的妻子說，他已幾年沒有笑過。

他告訴我，數十年前這種極深的憂鬱還未纏住他之前，所發生的一件事。第二次世界大戰時他在意大利，率領三十三個士兵去從事一項軍事任務。他們陷於敵軍的火網之中。這個人眼中充滿了極深的憂傷向我述說，他曾經迫切禱告，求上帝救他們脫離這險惡的處境。然而，事情不是那樣。他必須差遣他手下的士兵，兩個兩個的出去，看著他們給殺死。最後，在天亮之前，他和另外六人逃脫了——其中四人受了重傷，他自己則只是皮肉受傷。他告訴我，這次的經驗使他們變爲無神論者。他的心當然充滿憤怒、憎恨和內疚。

我說：「你知道嗎？耶穌基督，上帝的兒子，如今在永恆裏面居住，能夠進入舊的痛苦的記憶中，醫治它，叫它不再控制你。」他不曉得有這可能。我問他，如果我爲他禱告，他是否會介意——絕不顧慮他是一位無神論者，我會給他信心。他點頭表示同意。我坐在他旁邊，一手扶住他的肩膀，我邀請主耶穌回到二十八年前，與這個好人共同行過那一天。我祈求說：「主啊，求你從這人心中抽出憎恨和憂傷，釋放他得自由。」我又祈求主使他安然睡覺，作爲這種醫治的一項證據，那幾乎是最後才想到的，因爲這些年來，他都睡得不好。「阿們。」

第二個星期，他向我走來，兩眼閃閃發光，臉上也滿有光采，是我以前沒有見過的。「每晚我都睡得很酣，每天早上醒來，在我心中都有一首聖詩。我很快樂……是二十八年來第一次有這快樂。」他的妻子同意，事情確實如此。那是多年前的事。事情美好之處是，雖然這人從那時起，在生活上有正常的起起落落，可是那個陳舊的憂傷從來沒有回來。他獲得完全的以及即時的醫治。[1]

這件事終於引導我得到一個不能逃避的結論，耶穌的醫治職事是爲了整個人，於是我反對身體得醫治的成見開始崩潰。不過，我早期爲病人禱告的經驗是黯淡的失敗。最先我爲一個患癌症的病人禱告——他死了。其次我爲一個因患關節炎而殘廢的女子禱告——她繼續殘廢。

我猜想，我有一些事要學習！我禱告說：「求祢指教我。」幾天以後，答案從一個年老的姊妹口中來到。她不認識我，也不知道我的問題。她向我們一羣人說：「當你開頭學習醫治的禱告時，不要從最難的事例開始……**例如癌症或關節炎**，反而要從比較簡單的事例開始。」

我幾乎從我的座位上跌下來。那是全然基本的——這種逐步漸進的原則——我在其他每一項必須努力去做的場地，都採用這原則，但不曉得如何，我在靈性生活上卻沒有採用它。那種基本的教導，給我開啓了一個全新的世界。我開始爲小事禱告，例如，耳朵痛、頭痛、傷風——在我的家人和朋友中所發生的任何需要。慢慢地，一時行一步，我開始發現醫治的禱告的途徑。

從那些早期的日子起，我已學會了許多東西。雖然今天有一些我爲他們禱告的人，仍舊未得醫治，但也有許多其他的人痊愈了，特別是當我與一隊人，或者在一個滿有愛心的團體中禱告的時候。

困惑的問題

然而，並非每一個接受禱告的人都得醫治，這一事實怎麼說呢？我稱這爲「事實」，因爲簡單的觀察便顯明，耶穌是惟一符合這說法的：「祂把其中有病的人都治好了。」（太十二15）當然並非每一個我爲他禱告的人都得醫治，我猜想你的經驗也如此。有時，缺少醫治可能帶出悲劇性的景況，以致引起眞正的信心危機。那麼，爲甚麼有些人沒有得到醫治呢？

對這困惑的問題，最直截了當的答案是「我不知道」。我巴不得——我迫切的這樣想——每一個尋求醫治的禱告的人，都立即而且完全地獲得醫治，但事情偏偏不是這樣發生。有些人獲得醫治，我們爲此感謝上帝。許多其他的人顯然有重大的進步，雖然不是完全得醫治。不過，其餘的人卻顯得毫無改變。我甚至認識一些人，他們在醫治的職事上有很大的果效，但他們自己卻給一些頑強的身體上的疾病所損傷。

在某一方面來說，醫治的禱告是難以置信的簡單，好像一個孩子請求她父親幫助。在另一方面來說，它又是難以置信的複雜，牽涉到人與神、思想與身體、魂與靈、鬼魔與天使之間縱橫錯雜的交互作用。正如史文生(Kenneth Swanson)提醒我們的：「我們住在一個墮落的世界中，在那兒，疾病、苦難和痛苦都是生存結構的一部分。」[2]

有時我們會對這問題診斷錯誤，例如，我們爲身體的醫治禱告，而眞正的需要乃是情感的醫治。有時我們忽略了保持健康的自然方法，例如，節食、運動和睡眠。有時我們拒絕看藥物是上帝醫治的一種方法。有時我們不夠明確地禱告，或者沒有進到問題的根源。有時我們不是使上帝的愛和能力藉我們流通出去的適當導管，因爲我們裏頭的信心和同情心還發展得不夠。有時在我們的生命中，有罪惡妨礙了上帝的工作。我能繼續寫下去，因爲醫治沒有發生的理由是錯綜複雜的。但不管是甚麼理由，可哀的事實是，有時我們面對著一個我們曾爲之禱告的人，而他或她沒有好轉過來。

在這情況下，我們要做甚麼呢？首先，讓我告訴你，甚麼是我們**不要**做的。無論如何都不可對那接受禱告的人說，是他們的錯：他們缺少信心，或者說，必然是他們裏面有一些罪攔阻了禱告，或者任何這類的話。這樣做，只會使他們的重擔加倍沈重，他們來找我們已經夠痛苦了。假如我們必須歸咎某人，那麼把責任放在我們自己這班禱告者身上。也許是因爲**我們**的信心不足，或者**我們**的罪，妨礙了上帝的恩典和憐憫的流通。

事實上，埋怨這回事簡直不是問題之所在。當門徒在玩歸咎的遊戲時——「拉比，這人生來是瞎眼的，是誰犯了罪？是這人呢？是他父母呢？」——耶穌擱置他們的猜想，認爲是不切題的（約九 1 ～ 12）。簡單的事實是，我們在學習有關醫治的禱告，有許多東西是我們不了解的，很常我們必須站在不可思議的屬神的奥祕之下。有時，耶穌的門徒，在他們嘗試醫治的禱告時也失敗了（比方，看可九 14 ～ 29 ）。

我們要做的一件事是顯示同情心，時常都要這樣做！福音書的作者常常提到，耶穌對人「滿有同情心」。在一個故事中，一個痲瘋病人來到耶穌跟前，祈求得醫治。當耶穌看著這痲瘋病人時，祂動了慈心。希伯來文和亞蘭文的憐憫一字的字根是**內在部分**。舊的《英皇欽定本聖經》稱這爲**憐憫的心腸**，它來自與「子宮」這字同樣的根源，而我們可以說，耶穌那種像子宮一樣的心，給痲瘋病人帶來醫治的憐憫。耶穌本來可以叫這痲瘋病人遠遠站著，命令這人得醫治，然而耶穌反而摸他。耶穌動了慈心，可以比擬我們緊握一個患了「愛滋病」的人，用我們赤裸裸的雙手爲他止血，讓我們自己的生命置於危險的境地。這就是耶穌的同情心。

按手

由於我已提及動了慈心，這可能是一個好的時候去討論按手的事。這是在聖經裏面到處可見的一個教訓，它是上帝所制定的一個正當事奉，是爲了信心的團體之福利而制定的。它不是一個空洞的儀式，乃是對接觸和傳遞的定律的清楚了解。它是上帝藉以把我們所渴望的，或者所需要的賜給我們的一種方法，又或把祂在無限的智慧中所知的、對我們最好的東西賜給我們的一種方法。它是福音的基本事件中的一項，沒有這一點，我們不能進到成熟的境地（來六1～6）。

在聖經中按手有好幾種不同的用法，例如，支派的祝福、聖靈的洗，以及屬靈恩賜的賦予，[3]不過其中一項最卓越的用法是在醫治的禱告中。耶穌在拿撒勒按手在病人身上，治好了他們（可六5）。在伯賽大祂兩次按手在瞎子身上，然後那人才完全恢復視覺（可八22～25）。在米利大島上，保羅按手在病人身上，他們便得痊愈（徒二十八7～10）。在馬可福音較長的結束語中，普通的信徒也受鼓勵作這樣的事奉（可十六18）。

按手本身並不醫治病人——醫治病人的是基督。按手只是一種簡單的順服行動，甦醒我們的信心，給上帝有機會去傳遞醫治。很常人們會依從雅各書五章14節的指示，加上伴同的抹油方法。像許多其他人一樣，我發覺，當按手爲人禱告時，我有時察覺出有能力慢慢地流出。我發覺，我不能使這屬天生命的湧流發生，但我能停止它湧流。如果我抗拒或拒絕作上帝能力的導管，讓上帝的能力臨到這人，這種湧流會停止。再者，一顆憎恨或懷恨的心，會立即停止生命的湧流。領受這種服役的一方若不願意饒恕，也會遇上路障。

顯然，常識以及尊重他人的完整，會使我們不隨便或輕易地從事這項工作。我們不會周圍走，隨意給人按手。保羅叫我們要小心，不可輕易給人按手，因爲它可能給人帶來他們尚未準備好去領受的東西（提前五22）[4]。聖化的常識會指教我們，在任何指定的時候，甚麼是適當的。

我或者可以加上一句，雖然成年人對按手的觀念有所掙扎，但小孩子對此則毫無困難。有一次有人請我到他們家中，爲一個病重的嬰孩禱告。當時嬰孩的四歲大哥哥也在房中，因此我告訴他，我需要他的幫助去爲他的小妹妹禱告。他高興助我一臂之力，而我也高興獲得他的幫助，因爲我知道，小孩子的禱告時常能夠產生不平凡的果效。他爬上我旁邊的椅子上，我建議說：「讓我們玩一個小遊戲。既然我們知道耶穌時常與我們同在，那麼，讓我們假定祂坐在我們對面的椅子上。祂耐心地等候我們把注意力集中在祂身上，當我們看見祂以及祂眼中的愛時，我們開始多多思想祂的愛過於茱莉病得多麼嚴重。耶穌微笑，起身，來到我們面前。當那事發生時，我們兩人按手在茱莉身上，當我們這樣做的時候，耶穌會把祂的手放在我們的手上面。祂將祂醫治的光照射在你的小妹妹身上，好像一羣士兵進去與壞的細菌打仗，直到它們全部消失了。好罷！」這個小男孩認眞地點頭。我們一起禱告，正如我剛才所描述的，然後我們感謝上帝，事情會如此成就。阿們。當我們禱告的時候，我意識到我的禱告小伙伴發揮出不平凡的信心。

第二天早上，茱莉完全復原。我當然不能給你證明，我們的禱告小遊戲使茱莉得痊愈。我所知道的只是，茱莉的病好了，而我需要知道的就是這一點。

簡明的步驟

我懷疑任何讀這些話的人，會有機會在一個廣大的演講廳，面對數以千計的人，從事醫治的事奉。不過，我們大家都會有無數的機會，在我們日常生活的過程中，給我們周圍的人帶來基督醫治之光。所以，我想給你們提供一種簡單方法去從事醫治的禱告，希望它在平常的情況中會有幫助，它有四個簡明的步驟。

第一，我們聆聽。這是辨別的步驟。我們聆聽人，也聆聽上帝。有時人們在最隨便、最不經意的情況下，分享他們最深的需要。不過，如果我們在聆聽、眞正的聆聽，在我們裏面時常浮起一個內在的「是」，那是從上帝而來的邀請，要我們禱告。於是我們禮貌地詢問，他們是否想爲那情況禱告。在超過二十年這樣爲人禱告的經驗中，我還未曾遇見一個人拒絕我這樣爲他們禱告——我在飛機場、購物中心，以及人來人往的大堂上都曾這樣做。這樣去表達愛和關懷，是世界上最自然的事。

我們也聆聽上帝，請求祂向我們顯明開啓這難題的鑰匙。這一點有時從直接啓示而來，有時從言外之義而來，有時是兩者混在一起。我有一個朋友聆聽一位穿得很漂亮的女士，以很快的速度，自言自語地訴說一個傷心故事，是關乎情感方面的疾病，以及心理治療和精病院裏面的遭遇。在他裏頭一直有一種衝動說：「告訴她，她的罪已蒙赦免了。」但她似乎從未停下來透一口氣。最後他說：「夫人，你的罪已蒙赦免了。」她繼續說她患病的故事，以及她在醫院居住的遭遇。他再說：

「夫人，你的罪已蒙赦免了。」她還是繼續自言自語。最後他握住她的雙肩，向她注目而視說：「請看著我。我在告訴你，你的罪已蒙赦免了！」

那婦人在說了半句話中突然停了下來，好像她的呼吸忽然停止了。她問：「你說甚麼？」

他說：「你的罪已蒙赦免了。」

她雙眼含淚：「眞的嗎？」

我的朋友簡單而滿有愛意地回答說：「是的，它們已蒙赦免。」

堤壩決了，雙眼淚如泉湧。她轉身面對她的丈夫，在淚中宣告說：「我的罪蒙赦免了！」這是她所需要的突破，是她獲得基本醫治的鑰匙。當然，這位好婦人仍舊需要繼續接受輔導，可是自此遭遇以後至今已經十二年了，她一直都毋須回到精神病院去，而且日常的表現也相當正常。我們聆聽。

第二、我們祈求。這是信心的步驟。當我們清楚知道所需要的是甚麼的時候，我們便邀請上帝的醫治來到。我們說出一個肯定的、簡明的宣告，說明事情應該如何。我們不用「如果」、「而且」、「可是」等詞語去減弱我們的要求。我們用馬丁・路德的勇敢精神說話，當他爲他患病的朋友梅蘭克森 (Melanchthon) 禱告時說：「我極力向全能者要求……引證我能記憶的聖經中一切應許，禱告應蒙垂聽，並說祂必須聽我的禱告，我從今以後把信心放在祂的應許上。」5

一次我探訪一個青年男子，我姑且叫他做費奇。他住在醫院裏面，所患的病是視力日益變壞。我每次探訪他，我對他便進一步熟悉，但他的視力繼續衰退。他的父母告訴我，醫生擔心會有最壞的結果。有一天我踏進他的病房，發覺窗簾拉下，熄了燈。雖然費奇從影子知道有人進房來，卻認不出我。

我站在那兒，試行決定該如何去輔導費奇。有一秒鐘的時間，我有一種屬於魔鬼的意念，認爲失明也許是上帝對他的旨意。不過，在我裏面立即有一種信心產生。我喃喃地對自己說：「不，如今不是時候叫他接納自己喪失視力，我們必須繼續爭取得醫治。」於是我靜靜地對費奇說：「我們兩人都知道你的眼疾沒有好轉，但不曉得如何，我總覺得我們要祈求上帝幫助。你是否願意讓我把雙手放在你的眼睛上，祈求基督的醫治之光進入你眼睛裏面呢？我不能應許會有任何事發生，但我敢保證不會對你有害。」費奇很快便同意，我們兩人向上帝祈求一些在此之前我還不敢祈求的東西。

在接著的一個星期，當我看費奇時，陽光從窗口射進來。費奇一手拿球，一手戴上球手套，正準備出院。他的父母告訴我，不曉得如何，視力衰退的情形奇妙地逆轉過來，如今費奇的視力幾乎正常。我不知道醫生曾給費奇甚麼樣的藥物治療，但我高興他們所作的努力。我也高興，那個黑暗的下午，費奇和我勇敢地爲他的視力祈求。我們祈求。

第三、我們相信。這是保證的步驟。我們全人的相信：身體、思想、心靈。有時我們必須像那位被鬼魔所迷的孩子的父親一樣承認：「我信，但我信不足，求主幫助！」（可九 24 ）可是，不管我們覺得剛强或輭弱，我們必須緊記，我們的保證不在於自己有能力去變出一些特別的感覺。反而，它是基於一種確信的保證，深信上帝是信實的。我們把焦點集中在祂的可信上，特別在祂恆久不變的愛上。麥耐特 (Francis MacNutt) 寫著說：「就我們人來說，我寧可集中於上帝在耶穌身上可以看得見的愛，祂的醫治能力從那兒流出。」[6]

當我剛在大學任教，而且是學期的第二週時，我提早進入課室，所講授的科目是靈性的塑造。一個學生——我姑且稱她爲馬利亞——已經在那兒，於是我們彼此認識。那天稍後的時間，我行過校園的一部分，那是我以前沒有到過的，我注意到有一羣人聚在一角。當我走過去要看看有甚麼事時，一輛救傷車駛過來，響著號笛。旁邊站著的一個人告訴我，當一輛敞篷運貨小卡車拐過轉角時，一個同學從貨車後面掉下來，她的頭撞在堅硬的路上。當他們把那同學擡起來，放進救傷車時，我認出她是我較早前在課室中認識的年青女子。我知道我們那天早上的相遇，就是爲了這一刻。

我趕快跳上救傷車，向車上的醫務人員解釋，我是她的「牧師」。我這樣做是叫我可以立即就近爲她禱告。當醫務人員在她身上工作時，我握著馬利亞的手。她不省人事，血從一個耳孔中流出來。

馬利亞的同學朋友們，開始在醫院的急症室聚集。我告訴他們：「你們能夠幫助我。」我簡單地給他們上了一堂濃縮的醫治的禱告功課。我接著解釋：「馬利亞的腦因這傷勢的撞擊而出血並且腫脹，因此我們最初的禱告所努力的，必須集中於看著受傷的腦部微血管開始得醫治，而腦部的腫脹減慢。」他們很嚴肅地看待所領受的禱告功課，其中有些人整夜逗留在醫院中。他們切實相信，他們的禱告能使馬利亞的情況有所改變。

醫生請我致電馬利亞的父母，他們住在德薩斯州，距離此大學約八小時車程。醫生指示說：「告訴他們盡快前來，我們可能要施手術。」

馬利亞的父母約在半夜時分來到，我給他們報告馬利亞的最新情況。「是的，她仍舊不省人事，但他們還未把她帶進手術室。如果流血和腫脹及時停止，他們可能不必爲她施手術。」然後我解釋，我們怎樣爲馬利亞禱告，並且給他們幾點建議，叫他們如何在禱告上也能有所幫助。通常父母在這樣的禱告努力上，不會有很大的幫助，因爲他們有可以理解的恐懼，不過馬利亞的父母在這方面是特別的，而且用不平凡的信心禱告。

這情形與當晚較早時候，我與幾位教授一齊舉行的禱告會完全相反。有一位教授禱告說：「主啊，我們把馬利亞交在祢手中，我們再沒有甚麼能做的。」我了解這感受，但他完全錯了，因爲我們能做的事很多。在把基督醫治之光帶給馬利亞一事上，我們還有許多事能夠做。

另外一位同事禱告說：「主啊，若是祢的旨意，幫助馬利亞得痊愈。」對我來說，那已經夠了。我知道我的同事雖然動機善良，但並不相信馬利亞會好轉，而他們的禱告妨礙了信心。我盡快離開那間房，回到我在醫院的學生那裏，他們滿有信、望、愛。

最後我回家睡一會，因此我從學生口中得悉，第二天早上大約六時所發生的事。馬利亞的父母住在醫院附近的汽車旅店中，他們決定照我所教導的方法禱告，在心靈的眼中，想像馬利亞從不省人事的情況中醒過來。正在那一刻，一個學生在醫院的深切治療病房中，看見馬利亞張開眼睛，向她微笑。在一個星期內馬利亞出院了，完全康復。我想，在極大程度上，是由於那班學生以及馬利亞的父母滿有信心的信念。我們相信。

第四、我們感謝。這是感激的步驟。簡單的禮貌便引領我們爲祈求要發生的事獻上感謝。且說，我從來都不能夠完全像有些人那樣禱告，他們大膽宣告，所祈求的乃是已經完成的事實。我所說的大概是這樣：「感謝祢，耶穌，我們所看見的以及我們所說過的，會這樣成就。阿們。」我在做甚麼呢？我是用信心的眼向前看一點點——幾星期或幾個月或幾年，並不要緊——爲那因著上帝的憐憫，能夠成就的……以及將會成就的，獻上感謝。

感激之心本身常常大有能力。英國一位精神病醫師教導關於家庭遺傳特徵的歷史，以及祈求醫治的需要，好叫那些負面的特徵不會流傳下去給後代。第二週，班上一個學員——一位七十多歲的老婦人——開始查驗她的家世，但她不能找出任何問題去禱告。她的家族有一個很好的歷史，家族中有許多牧師以及其他眞正愛上帝、事奉上帝的親屬。她沒有發現重要的遺傳疾病或者悲劇性的死亡。當她讀她祖先的歷史時，有一股極大的感激浪潮淹蓋著她，於是她開始爲她美妙的家族遺產感謝上帝。

這位好婦人沒有看到自己的情況需要醫治的禱告。她年幼時患了小兒痲痺症，結果有一隻腳萎縮了，她需要鑲一個鐵質支撐物幫助她行走。不過，這是她一生都習慣的東西，所以她從來沒有夢想過爲此禱告。所以，她上牀睡覺，讚美感謝上帝，爲了在她的家族中那些她從來沒有見過，但深深受惠於他們的男男女女感恩。第二天早上她醒來，發覺她的腳完全好了——這是她感激之心的結果。我們感謝。

健康的懷疑及整全的信心

我但願有足夠的篇幅去討論另外的事，因爲有那麼多東西要學習。你可能對醫治的禱告仍有懷疑，那並非完全不好——在我們的時代，有一些人可能因健康的懷疑而獲益。

聖奧古斯丁就是那樣。他懷疑醫治禱告的眞確性，他在早期的著作中聲言，基督徒不應尋求醫治恩賜的延續。

可是在公元四二四年，一對兄妹來到他所居住的希波城，尋求痙攣症的治療。他們每天來到奧古斯丁的禮拜堂禱告、求醫治。直到復活節前的第二個主日，完全沒有甚麼事發生。那青年男士在一個擠滿了人的禮拜堂中禱告，奧古斯丁還在禮拜堂的走廊上，等候進堂的行列。忽然，那青年倒在地上，似乎死了。附近的人驚惶失措，但略等一會，他卻起來，站著，向周圍瞪視他的人回瞪，完全正常，徹底得醫治。

奧古斯丁帶這青年回家吃飯，他們作了一次詳談。奧古斯丁的懷疑，慢慢地在這青年的見證前粉碎了。最後，到復活節後第三天，奧古斯丁叫這對兄妹站在詩歌班的臺階上，叫全會衆可以看見他們——其中一個安靜和正常，另一人仍然因痙攣而顫抖——奧古斯丁宣讀這青年的自白。然後他叫大家坐下，開始講一篇有關醫治的講章。然而，奧古斯丁給會衆所發出的喊聲打斷了發言。因爲那青年女子也跌倒在地，而且立即獲得痊愈，她再次站在會衆面前。用奧古斯丁自己的話形容當時的情景是：「讚美上帝的歡呼叫得那麼響亮，以致我的耳朵幾乎受不了那喧聲。」[7]

這一切是在奧古斯丁寫他那最偉大的作品《上帝之城》*(The City of God)* 時發生的。所以他在那書的最後部分撥出一段，討論在他的教區中所發生的醫治神蹟。他描述他怎樣定下一個程序去記錄並證實那些神蹟，因爲：

> 一旦我認識在我們自己的時日，有多少神蹟發生時……[我便看出] 讓這些屬神能力的奇事，在我子民的記憶中消失，是多麼錯誤的事。在希波保留這些奇事的紀錄，只在兩年前開始，然到本書寫作時，已有將近七十宗證實的神蹟。[8]

但願我們像奧古斯丁一樣，當我們看到那些接受了上帝醫治能力觸摸之人的謙卑見證時，能夠把我們健康的懷疑轉變爲整全的信心。

> 我的主，我的上帝，我有一千個論據反對醫治的禱告。祢是贊成它的一個證據……祢贏了。
>
> 幫助我成爲一個導管，透過它，祢的醫治之愛能流到他人身上。
>
> 奉耶穌的名。
>
> ——阿們

19

受苦的禱告

拯救世界的是受苦的禱告。

聖馬利 (St. Mary of Jesus)

我們如今來到一個並不受歡迎的題目。如果我不是深信你對祈禱的生活和工作相當重視的話，我甚至會遲疑提及這個題目。我當然是說到關於受苦的禱告。

如果在形形色色的禱告中，有一種方式是完全以別人爲中心的 (other centred)，那就是我們如今要討論的。在受苦的禱告中，我們把需要和想要的東西，放在遠遠的後方，甚至我們的更新變化，以及與上帝的聯合，都放在後方。在此，我們把面對的各種困難和試煉交給上帝，祈求祂以救贖的方式去使用它們。我們也自願地把別人的悲傷和憂愁放在自己身上，好叫他們得自由。在我們的受苦中，那些受苦的人得見受苦的上帝的面。

沒有更大的形象

耶穌被釘在各各他的十字架上，說出了赦免之言：「父啊，赦免他們，因爲他們所作的，他們不曉得。」（路二十三 34 ）沒有形象比這種有救贖果效的受苦之愛的形象更大。這是不能重複的、最高的救贖行動。在這件事上，我們不能在任何方面，作基督的同件。祂必須獨自行這條路。

不過，祂會邀請我們在祂的受苦上有分，這樣與祂一齊參加世界的救贖。保羅了解這一點，這位偉大的使徒寫著說：「現在我爲你們受苦，倒覺歡樂，並且爲基督的身體，就是爲教會，要在我肉身上補滿基督患難的缺欠。」（西一24）[1]保羅的意思不是說，在基督的受苦中缺少一些東西，好像祂爲世界的拯救而作出的代贖有不足之處。遠非如此，更恰當的說法是，我們蒙邀請，作基督的伙件，和祂「一同受苦」（腓三10）。

救贖的受苦

不過，在你尚未以爲我在引導你進入某種奇怪的宗教自虐狂之前，讓我退後少許，看看我們能否在這一切事上，獲得一幅比較清晰的圖畫。當然，我是講論一種受苦的方式。但那是救贖的受苦。我們大家都熟悉那無救贖意義的、消極的各種受苦——完全殘忍、毫無意義的受苦。對這種受苦，我們必須盡力對抗，因爲它時常都與上帝國中的生命相反。

不過，有一種受苦是有目的和意義的。那是一種能夠豐富別人的生命，給世界帶來醫治的受苦。在一種純粹屬人的層面上，在關乎我們孩子的事上，我們立即本能地了解這一點。我們樂意自行喪失許多東西，好叫我們的孩子在生活上獲得較好的機會。（順便一提的是，這就是爲甚麼在少年期的兒女之反叛行爲會令我們感到那麼難過的一項理由——我們誠恐我們的犧性會歸於徒然。）

我們很難抓住救贖性的受苦這個觀念，因爲我們的整個文化，都不利於任何形式的不舒服和不方便。因著同樣的理由，我們發覺很難把耶穌有關背起我們的十字架的言論，與祂的豐富生命的應許相調和。不過，耶穌全部的生命向我們顯明，恩典和受苦是可以和諧共處的。保羅受苦很多，而且這些受苦都有根有據，但他竟宣告說：「我想現在的苦楚，若比起將來要顯於我們的榮耀，就不足介意了。」（羅八 18）教宗保祿六世寫著說：「基督徒能夠同時有兩種不同而且相反的經驗——憂愁和喜樂——它們相輔相成。」[2]

在救贖的受苦中，我們在人們的罪及憂傷中，與他們 同站立，根本不可能有消過毒的、保持相當距離的清潔。他們的受苦是一塌糊塗的事件，我們必須準備好，直接踏進這一塌糊塗的景況中。我們不單是「**爲**」別人「被釘十字架」，也「**與**」別人「同釘十字架」。我們在受苦中禱告，而當我們這樣做的時候，我們改變了。我們的心擴大，可以收容及接納所有的人。「他們」和「對他們」的字眼，轉變爲「我們」和「對我們」。一切假定的高人一等——無論是知識上的、文化上的，或者靈性上的——全都融化了。我們一起站在十字架下面。

喜樂，不是痛苦，乃是救贖的受苦背後的動力。我們不是喜愛痛苦，或者試行尋找方法作殉道者。這不是爲痛苦而痛苦，它是上帝爲了眾人的較大好處，使用我們——當我們一旦停步去思想的時候，便會發覺，這是一件相當令人驚詫的意念。這就是爲甚麼能夠說，耶穌「因那擺在前面的喜樂，就輕看羞辱，忍受了十字架的苦難。」（來十二2）這就是爲甚麼我們今天能夠與彼得的話產生共鳴：「倒要歡喜，因爲你們是與基督一同受苦，使你們在祂榮耀顯現的時候，也可以歡喜快樂。」（彼前四13）

找出價值

受苦的禱告的價值是極多的。首先，它救我們脫離一種膚淺的凱旋主義。也許你有過這樣的經驗，聽見某人講論信心、信念和勝利。在某方面來說，這一切的名詞都是對的，而那些故事聽起來也很好。然而，不曉得如何，有些事情聽來總覺得不大眞實。問題是，你是在聆聽一個住在信心的輕鬆一邊的某人，他還沒有受過苦難的洗禮。奧古斯丁帶點諷刺地說：「那班不是從內心深處喊出來的人，他們陷在深淵裏多麼深啊。」[3]

可是，我們有一位救主，祂「多受痛苦，常經憂患」（賽五十三3）。聖經告訴我們，耶穌「大聲哀哭，流淚禱告懇求」（來五7）。我問你：僕人是否好過主人？在基督裏有一種勝利，不過，這勝利是**通過**痛苦，而不是繞過痛苦而達致的。使徒保羅的勝利之歌，不是凱旋主義。他們「得勝有餘」是來自患難、困苦、逼迫、飢餓、赤身露體、危險、刀劍的另一邊（羅八35下～39）。

彭威廉 (William Penn) 那有力的話對生命顯得眞切：「沒有十字架，沒有冠冕。」對耶穌的門徒來說，受苦簡直就與門徒的身分同來。祈里指出：「上帝按照祂自己的心的模式，在聖潔的順服的路上，沿途豎立了十字架。」[4]

然而奇妙的是：受苦並非徒然！上帝拿它並且使用它達致一些美妙的東西、一些遠超乎我們能夠想像得到的東西。目前我們只是在此處或在那處獲得一瞥，只看見月亮所反映的光輝。可是日子會來到，那時簾幕會挪去、鱗片會掉下，我們會看見在我們的受苦中有光華，這光華會像正午的太陽那樣，光芒四射。耶穌坦白告訴我們：「在世上你們有苦難。」但祂繼續說：「但你們可以放心！我已經勝了世界。」（約十六33）

另一價值是：我們的心給受苦擴大了，也變得敏感了。正如盧雲教我們說的，我們成爲「負傷的治療者」(wounded healers)。那典型的答案：「颼一聲，萬事妥當。」永遠過去了。我們忍受痛苦，以便預備好自己，能進入別人的悲痛中。軒遜 (Glenn Hinson) 寫著說：「愛愈多磨擦我們的心，便使我們對苦難愈敏感。」[5] 我們在心中對這個時代的苦難的認識，便成爲事奉的出發點。

一次，我爲一個年青女子禱告，她的父親是個牧師。這位好牧師有許多值得讚揚的地方，不過，在這個時候，女兒的心卻因爲所損失的而感沈重：許許多多的時候，由於牧職的要求，他都不在家；由於家庭經濟拮据，因此很少玩具，她只有草草度過的假期，沒有特別的東西；那班愛管閒事、喜歡挑剔的教友，在任何事上都找牧師和家人的錯處。我知道這些都屬生活情趣上的損失，並非甚麼了不起的大事。不過，這並不使它們的損傷力減少一點。

我自己在想，她述說的故事，我自己的孩子是否有一天也會述說呢？因爲我是一位青年牧師，對我來說，工作的時間也很長、經濟也不充裕、教友也相當挑剔。

她結束了分享以後，我站在她後面，輕輕地把雙手放在她頭上，舉行按手的儀式。我要爲仍舊藏在這青年女子裏面的小女孩得醫治禱告，爲這遭受許多損失的小女孩禱告。但我只能說幾句話，因爲我感覺到有一種極深的憂傷在我裏頭湧上來，這憂傷是因爲她情感上的痛苦而產生的。我爲那位父親的饒恕禱告，因爲他所作的他不曉得。可是，到那時我再也說不出話來，因爲一種極大的破碎感臨到我，我靜靜地爲她飲泣。我不是一個容易動感情的人，所以你能了解，所發生的事，最低限度並不平凡。我在那兒，站在她後面，大滴的眼淚落在地板上，我進到她的痛苦中，爲她的父親尋求悔改，爲她裏面的小女孩尋求醫治。這些眼淚顯然做了言語不能做到的事，因爲她離開時，基本上已經獲得治療。這樣的禱告方式，我們只能從受苦的學校中學習。

我是否要繼續數算救贖的受苦的價值，把它們一一說明，好像列出一張購物清單呢？我想不必了，因爲雖然它們都是眞的——逐一和整體都如此——它們實際上能夠變成像那些典型的答案一樣，讓我們用來保護自己，免受憂傷的神經所侵擾。不，我想，較好的做法是，把我們的注意力轉移到受苦的禱告的實踐上。

我們可做甚麼？

學例來說，假如我們詳細分析邪惡的問題，我們的任務——你的和我的——會容易得多。那時，我們可以用正當的超然態度，去辯論一切的學說。然而，我們的問題不是「世界上爲甚麼會有苦難？」而是「我怎樣用一種救贖的以及醫治的方法，進入世界上的苦難中？」我們必須發出實踐的問題。

我們可做甚麼？我們做摩西所做的那種事。當他領導以色列人脫離埃及的奴役以後，他們以背叛、製造金牛犢來回報他。然而摩西拒絕放棄他們，說：「我如今要上耶和華那裏去，或者可以爲你們贖罪。」（出三十二30下）這正是他所做的，勇敢地站在上帝和百姓中間，與上帝爭辯，要祂抑制祂審判的手。請聽摩西所說的另一句話：「倘若祢肯赦免他們的罪……不然，求祢從祢所寫的冊上塗抹我的名。」（出三十二32）多麼可歌可泣的禱告！多麼不顧一切後果的、作中保的、受苦的禱告！我們有權參與的就是這種禱告。

我們可做甚麼？我們做但以理所做的那種事。但以理成年以後的生活，都在巴比倫宮廷中度過，但如今他在先知耶利米的著作中讀到，耶路撒冷荒涼的日子已經滿了。這便帶出聖經所記錄的最美麗的禱告之一，僅次於耶穌在樓房上的禱告。那是一篇悔罪禱文：「我向耶和華我的上帝祈禱認罪。」（但九4）然而但以理不是認他自己的罪，他是認他的國民以色列的罪。請注意，他拒絕站在一個安全的、自以爲義的、遠隔以色列人的地方，反而親切地把自己跟犯罪的百姓認同。請聽：「**我們**犯罪作孽……**我們**並沒有聽從……**我們**犯罪，得罪了祢。」（但九5～19）這種作風繼續下去：但以理與他的同胞站在一起；但以理爲他的同胞悔改；但以理在上帝和他的同胞之間調停。最後，他結束他的禱告時，採取極其正確的看法：「我們在祢面前懇求，原不是因自己的義，乃因祢的大憐憫。」多麼可敬的禱告！這就是我們要做的。

聖經中有許多這樣生活、這樣禱告的人。試思想約瑟以及他的流放異域；試思想馬利亞以及她在髑髏地的警醒；試思想司提反以及他被石頭打死；試思想保羅以及他的苦難；試思想在希伯來書第十一章所列出的受苦的信心偉人，以及那適當的墓誌銘：「本是世界不配有的人。」（來十一 38 ）

我再說：這不是爲受苦而受苦，在此沒有作殉道者的渴望。這是有意承擔別人的罪和憂傷，好叫他們可得醫治，並蒙賜予新生命。麥克唐納 (George MacDonald) 說：「上帝的兒子受苦至死，不是使人不必受苦，乃是叫他們的苦難可以像祂的苦難一樣。」[6]

消極方面和積極方面

受苦的禱告有消極和積極兩方面。消極方面牽涉到臨到我們日常生活進程中的試煉，這些可能只是令我們感到難受的事，也可能是眞正的悲劇。有時它們來到，是因爲我們不順服或者過著錯誤的生活，當事情這樣的時候，我們要改變我們的生活方式。可是，有時我們被捲入一個漩渦，就是一個好的世界變壞了：經濟崩潰，把我們的積蓄吞噬了；辦公室的個人恩怨，影響了我們的地位；可怕的意外，永遠改變了我們的生活。

當我們在這些事上受苦時——我們對這些事件並無

責任，也無法控制——我們要忍耐地承受，把我們的一切，用信心交在上帝手中。今天在我們中，很少人有承擔失望和貧困的能耐，而受苦的禱告能增加這能耐。靈性的荒蕪有時就是爲這目的臨到我們。格勞寫著說：「讓你的苦難爲上帝的緣故而承受，以順服和忍耐去承受，並且與耶穌基督聯合一起去承受，而你會獻上一個最佳的禱告。」[7]

我們敢於肯定這一點：知道一切也看見一切的上帝，最後會把一切事情都弄清楚。更好的是，祂會擦乾一切的眼淚。與此同時，祂奇妙地採用我們的憂傷，去醫治這世界。

我知道我剛才提供的忠告包含著固有的危險。人們可能錯誤地把它轉變爲對不義和邪惡，抱消極的不抵抗態度。我們決不可這樣做。我們有屬神的命令，要與任何形式的邪惡抗爭。然而，消極和不抵抗很少是**我們的**問題。我們道路上出現十分微小的不方便，我們便不惜抗爭和奮鬬。與靈性的成熟同來的是能夠分辨，何爲十字架下、生活上的正常小事，何爲一個邪惡的世界上必須加以改正的不義。

受苦的積極方面牽涉到那些時候，就是我們自願地把別人的悲傷和憂愁，拿到自己身上，好叫他們獲得釋放。有一個婦人，我姑且稱她爲安妮，一次來到內子嘉蘿玲那裏，尋求禱告的輔導。安妮外表上意志消沈的問題很容易看到。在短時間內，她的內在原因也浮現出來——突然悲劇性地喪失了她的孩子。嘉蘿玲有背負重擔的恩賜，因此當她開始禱告時，她把安妮的憂愁代爲擔負。當她爲安妮的孩子之死哀傷時，一浪又一浪深沈的悲泣，甚至大聲的哭號臨到嘉蘿玲。她懇求上帝拿起安妮情感上的痛苦，透過耶穌基督的十字架施行救贖。當她這樣做的時候，哭泣漸漸減退，由安定的平安取代。

稍後嘉蘿玲接到安妮寄來一封信，描述在那次的禱告過程中，新生命吹進她裏面的情形。那天安妮所得到的醫治雖然不是全面，卻是重要的，因爲這些事件的根很深，而且有許多分枝。安妮的頹喪消沈給提升到一個地步，她能夠再次正常運作。透過嘉蘿玲的代禱受苦，上帝已經開啓一條醫治的管道，進入安妮的過去中，以致她能自行爲喪失了孩子而哀傷。

我必須給這故事加上一個小小的忠告。我們毋須繼續承擔別人的重擔，更好的是，我們釋放他們進入父上帝的膀臂中。如果沒有這種釋放，那些重擔會變得過於我們所能承擔的，而頹喪會進到我們裏面。此外，根本沒有這個需要。我們的任務，實際上是很小的：暫時承擔別人的痛苦，直到他們自己能夠把它放下。然後，我們能夠共同把一切的事交給上帝。

爲他人悔改

當我們獲得這種恩典，能夠爲別人，特別是我們的敵人悔改，並饒恕他們，釋放他們時，受苦的禱告就毫無保留地展示其實況。潘霍華說：當我們爲我們的敵人禱告時：「我們是把他們的困苦和貧乏、罪疚和滅亡，帶到我們自己身上，爲他們向上帝懇求。我們代替他們做他們不能爲自己做的事。」[8]

在雷文斯堡(Ravensbruck)納粹集中營——估計有九萬二千名男女、小孩被謀殺——在一個死了的小孩身邊，有人發現一張包裝紙。那張紙上寫著這篇禱文：

> 主啊，求祢不單記念那班善良心志的男女，也記念那班邪惡心腸的男女。但不要只記念他們加在我們身上的苦難；也記念我們因這苦難而買得的果子：我們的同志之誼、我們的忠誠、我們的謙卑、勇氣、慷慨，以及從這一切而生出來的寬宏的胸襟。當他們來到審判臺前時，讓我們所結的這一切果子，成為他們的赦免。[9]

這種為他人悔改的觀念，對你可能是新的。你可能會想：「難道人們不是必須為他們自己悔改嗎？」你當然對。每一個人都必須為自己對上帝的憐憫之悖逆，而心中憂傷。可是——這是奇妙之處——我們為他人悔改的禱告，不曉得如何，似乎使他人變得較容易、較可能自行回轉。這件事怎樣運作，我不曉得。不過，我相當確定它有這樣的果效。這並不是說，我們代禱的每一個人，都立即變為某一種聖人。（甚至耶穌的犧牲也沒有產生那樣的果效——一旦我們完全了解它的時候，這種果效甚至不是我們想要的。）不，情形比較像釋放小滴小滴的恩典和憐憫——這些小滴也許能夠被搖掉，但必然不能被忽視。

掙扎的信心之呻吟

這種站在上帝和人之間的行動，牽涉到一種與上帝角力的情形。那是我們受苦的一部分，有點像與我們最好的朋友爭辯。特土良 (Tertullian) 稱它為「一種對上帝的聖潔暴力」。[10] 像舊日的雅各，整夜與天使角力，我們拒絕讓祂走，直到我們接受了一個祝福，不是為我們自己，乃是為別人。我們與上帝爭辯，好叫祂的憐憫勝過祂的公義。只因為我們與上帝有親密的聯絡交通，我們才能這樣與祂角力。

這種密切的交互作用，並非不像上帝自己，因為正如布洛艾斯告訴我們的：「上帝甚至與祂自己角力，為了有罪的人類尋求辦法，好使祂不能容忍罪的聖潔，與祂無限的愛相調和。」[11] 即使如此，這種角力是我們很難接納的形象，我們較喜歡安靜和諧的形象。我們的困難，部分是由於我們的文化不能把掙扎與愛相調和所致。我們假定一個愛的關係，按其本性，必須是平靜和諧的。然而即使在人的層面上，為了最深切關懷的事，我們也會最激烈地爭辯。掙扎與愛是彼此協調的，因為它是我們關心的表示。

這不是憤怒，也不是抱怨。像馬丁・路德所說的，它是：「它是給提升到上帝那裏的時候，靈的一種繼續不斷的激烈行為。」[12] 我們在從事嚴肅的事件。我們的禱告是重要的，會影響上帝。我們要上帝知道我們內心的迫切。我們用力敲天門，因為我們想在天上被聽見。我們掙扎、我們呼喊、我們大叫、我們飲泣、流淚禱告。我們的禱告成為掙扎的信心之呻吟。正如司布眞提醒我們：「禱告能夠勝過天，並且能扭曲全能，去適應它的願望。」[13]

禁食是我們掙扎的一種表示。禁食是為了密集的靈性活動，自願放棄正常的功能。它是一種記號，表明我們的嚴肅和全神貫注。當我們禁食時，我們故意放棄伊甸園中人類家庭的第一項權利——吃的權利。我們對食物說不，因爲我們想別人獲得大得多的滋養。我們致力於打碎每一個軛，使被擄的得釋放。我們的禁食是一種記號，表明沒有甚麼東西能阻止我們，爲破碎和受壓制的人奮鬬。

在《屬靈操練禮讚》一書中，我提供了實行禁食的詳細指引，而且還有許多其他好書可以引導你。在此，我想强調禁食作爲一種方法，去幫助我們快樂地受苦。我們爲了一件較大的好事，剝奪自己吃東西的權利。我們的禁食在上帝眼中有分量，也對別人有果效。中國有一位許牧師，他對妻子非常關心，要幫助她脫離嚴重抑鬱症，以及精神上的苦況，以致他「號召全家禁食三晝夜，讓他禱告。他身體輭弱，但信心堅强，緊緊抓住上帝的應許」。[14] 後來，他爲她妻子所獻上的禱告完全成功，她完全恢復健康。日後她成爲他傑出事奉中的一個極其得力的伴侶。

這不是過分的、不健全的苦行主義。它與極端的虐待以及自我禁欲完全無關，那些都是眞正的犧牲的誤用。我們不以痛苦爲樂，也不會不必要地尋求它。我們的禁食，只是我們與上帝角力的一部分。它是我們忍受生產之痛的一部分，好叫我們能看見一個新生命誕生。

這種角力可能痛苦，不過值得爲其結果去掙扎。因爲正如祈克果提醒我們的，我們得勝——上帝也得勝：「義人在禱告中與上帝力爭而得勝——在那事上，上帝得勝。」[15]

與基督的身體一同受苦

聖經告訴我們，我們是「基督的身體」。這種對信仰團體的描述，不是一個羅曼蒂克的比喻，而是一個眞正的實體。耶穌基督透過聖靈在祂的教會裏面繼續活著，而我們的受苦也是祂的受苦。加爾文寫著說：「所以，正如基督曾經在祂本身**一次**受苦，照樣，祂在祂的肢體中**每天**受苦。」[16] 這些受苦是有救贖性的，上帝實際使用它們去改變、去更新，並且去吸引人進入基督的道路中。

正如我們的受苦是祂的，照樣，祂的受苦也是我們的。我們時不時蒙賜予這權利去分享基督的受苦，是爲了祂的身體中某種特別的需要而受的。非洲有一位牧師一次夜半醒來，兩眼流淚。一個陌生的名字一再來到他腦中，這名字是他不知道的。他感悟到那是呼召他禱告，但爲誰禱告呢？爲甚麼事禱告呢？他不曉得，但他仍舊靠著聖靈，爲這個他不知道的名字禱告。當他這樣做的時候，他要忍受極劇烈的痛苦。經過好幾個小時以後，這重擔脫落了，而他曉得他的代禱工作已經完成。第二天報上登載一段令人傷心的故事，一個基督徒村莊的居民當夜被人屠殺。那個村莊的名字，就是這位牧師曾經爲它哭泣的那個名字。[17] 在某種我們不了解的方法上，這位牧師獲准去分擔這條村莊居民的苦難，這樣也便分擔了基督的苦難。我們的禱告權利可能永不會那麼驚心動魄，但也會這樣重要。

上帝的聖靈啊，今天那麼多人受傷。求祢幫助我在他們的受苦中，與他們站在一起。我不真正知道怎樣去做這事。我的試探是獻上一些忽忽的禱告，然後打發他們離開，而不是與他們一同承受苦難的悲慘。求祢指示我進入他們的痛苦中的道路。

奉耶穌的名也爲祂的緣故禱告。

——阿們

20

權柄的禱告

上帝設立禱告，以便能夠將成爲因由 (being causes) 的尊嚴，賜給祂的受造物。

巴斯噶

在權柄的禱告中，我們呼喚父的旨意在地上實行。在此我們主要不是**對**上帝說話，乃是**爲**上帝說話。我們不是祈求上帝做一些事；更恰當的說，我們是使用上帝的權柄，吩咐一些事要完成。

我們有個人的禱告，也有靈修的禱告，但如今我們所討論的禱告，是在一個不同的範疇中。許多時候，我們因著個人的需要，所以向上帝祈求，而祂應允我們的禱告。在另外的時候，我們體會到上帝的臨近，因而給這親密的友誼所鼓舞。但也有一種禱告，是上帝用來攻擊敵人的領域，建立祂的國度的。這就是如今要思想的那種禱告。

當以色列人面對紅海，無路可走，而法老的軍隊又緊緊追趕時，聖經告訴我們，他們「向耶和華哀求」。但上帝對摩西說：「你們爲甚麼向我哀求呢？你吩咐以色列人往前走。你舉手向海伸仗，把水分開。」（出十四 15 ～ 16 上）在這場合中，禱告，按我們通常所了解的，是不合宜的。在本質上，上帝說：「停止向我禱告，開始實施我已經賜給你的權柄！」上帝告訴摩西自行掌握這情勢，這正是他所做的。而這也正是我們在權柄的禱告中所做的。

冒險前行

在我自己的經驗上，我偶然發現這種禱告方法是許多年前的事了，而且是出乎意料之外的。我們的大孩子約珥，在嬰孩時期就常常耳朵發炎，儘管我們已非常注意，留心照料。他每次患病都痛得很厲害，弄得我們常常徹夜不眠。有一天晚上輪到我照顧他，我用我能想到的方法一一禱告，但似乎都幫不了，約在清晨四時，我抱著他在地板上走來走去，使他的耳朵靠著我肩膀，希望那痛苦會減退一些，讓他可以停止那令人心碎的啜泣而睡。我十分疲乏，而且心煩。

忽然，有一個意念突然來到，要我直接對痛苦說話。這種意念似乎有點怪，但我靜靜地對痛說：「多謝你讓我們知道約珥的耳朵發炎，我們盡可能為他預備了最好的治療。我們已收到這信息，所以你毋須繼續在他的耳朵中送出痛的信號。所以，奉耶穌的名，停止，現在就停止！」約珥的啜泣和煩躁立即停止，他把頭靠在我肩膀上沈睡。那件事發生得那麼突然又那麼完全，以致我驚詫不已。當那天稍後的時間他醒過來時，他的耳炎完全消失了。（我不妨加上一句，幾個月以後，我們讓他割掉扁桃腺，因為醫生認為它們乃是引起耳朵時常發炎的根源。）

權柄與同情結合

事實上，我幾乎想不必告訴你有關權柄的禱告這件事。今天，這方面給人濫用和誤用的程度，令人吃驚。那句古老的格言：「權力帶來腐化，絕對的權力絕對腐化。」有許多眞理在裏頭。這種禱告方法可能極其危險，這就是其中一項理由，爲甚麼直到接近本書的尾聲，我才把這題目帶出來。我希望到目前這個階段，我們已經體驗到足夠的上帝更新的恩典，以致那種在別人身上，不顧別人的意見或情緒而一意孤行的熱情，已經有效地給打敗了，或者至少給淸楚地認出了。

我發覺，當人們沒有把行使基督的權力，與了解基督的同情心，互相配合時，權柄的禱告最常越軌。杜斯托也夫斯基在他著的《卜拉馬助夫兄弟們》(*The Brothers Karamazov*)一書中，把這問題描述得很好。在那本書中，他描述兩個修道士的故事：費拉潘神父和左西馬神父。在這小說中，費拉潘神父是一位冷靜嚴格的苦行者，但他有權力，眞正的屬靈權力。當費拉潘神父進入房間時，每一人都戰兢。在另一方面，左西馬神父乃是典型的富有同情心、仁慈、關懷他人的神父，每一個人都愛左西馬神父。[1]

那麼，在運用權威的禱告時，假如我們把費拉潘神父的權力和左西馬神父的同情心聯結在一起，會有好得多的機會使它成爲一種祝福。我們太常把權力和同情心看作互不相容的東西，可是在耶穌裏頭，它們美妙地聯結在一起。權柄需要同情心，使它不致變爲破壞。同情心提供了一種環境，在這環境中權柄能夠運作。

洞察力和謹愼的護欄

然而單有同情心並不足夠，我們也需要洞察力的屬靈恩賜，以及謹愼的主要德性，去提供一道護欄，使權威的禱告得以正當地實施。洞察力是聖靈的超自然才能，而謹愼則是普世公認的一種主要美德，是那些尋求正直地生活之人必備的。這二者互相制衡，有點像環動羅盤中心的環動儀，那曾是一度用以保持船隻和飛機在航線內的儀器。洞察力好像環動儀上迴轉的軸，而謹愼則像它的水平面，二者聯在一起，環動儀便能夠在平衡和方向的範圍內給駕駛者活動自由。

洞察力是屬神的能力，看出實際進行的是甚麼，又知道在任何情況中，有甚麼是必需完成的。正如武爾曼所說的，我們「感覺並了解人們的心靈」。[2] 聖靈這種恩賜是十分重要的，因爲準確的診斷，是有效的事奉所必需的。比方，我們必需能夠分辨由情感的損傷所造成的多重性格，以及由鬼魔的行動所造成的多重性格的分別。我們決不可對靈界過分著迷，以致認爲生活上些微的小事，都是由超自然的活動所造成。我們也不要給現代社會的自然假定所鉗制，以致看不見超凡的標記。

學習有關洞察力的屬靈恩賜的最好方法是，接近那些在這界域中活動的人。找尋他們——我們不難認出他們，雖然他們很少叫人注意自己。他們就是那班有人需要幫助和指引時要找出來的人。關於這班人有許多評語，例如：「她就是那麼明智」；「我不知道他怎麼曉得，但他所說的，正好是我需要聽的」；「每次我看見她，我覺得我好像對事情了解得更多」。當你發現這樣的人時，找辦法與他們在一起，從他們身上學習。

魯益師說：「謹慎的意思是實際的常識，花心機去想出你在做甚麼，並且大概會有甚麼結果。」[3]這是今天少見的一項美德。有些人，當他們一旦了解他們在基督裏所具有的權柄時，似乎便喪失了一切好的意識……和好的儀態。他們到處走，用一種最不厚道以及破壞性的方法，命令這事命令那事發生。耶穌從來不那樣做。祂知道何時要說話、何時要緘默。祂時常都在祂所處的場合中，做得恰如其分。甚至祂的教訓都充滿著好的、普通的、「粗淺而實用的常識」。比方，當祂告訴我們，不要把珍珠丟在豬前時，不是要我們行為卑鄙，乃是因為祂曉得豬不能消化珍珠，珍珠對豬沒有好處（太七6）。我們也應該有好的常識，抑制自己，不把人們還未準備好去領受的真理賜給人，因爲這對他們沒有好處。這種實用的常識，遍佈在耶穌所說和所做的每一件事上。

最常見的是洞察力和謹慎的密切合作。我有一個熟人，我姑且稱他爲德里。他到醫院去探望一個臨終朋友，當德里坐升降機上去時，他想他也許只直截了當地命令那疾病離開。但當他進入病房時，他看見他的朋友睡著了。德里然後做了一件不常見的事，他走到醫院用的病牀腳跟，獻上祈求指引的禱告：「主啊，祢要我怎樣禱告？」他立即感受到一種內在的攔阻，叫他不要「命令那疾病離開」。事實上，他不覺得有禱告的衝動，似乎最好的做法，只是前來探訪他的朋友。

所以，德里來到他的朋友跟前，觸摸他的肩膀，使他醒過來，然後說：「早安，我只到來見一見你。」

德里的朋友輭弱地但感激地回應說：「啊，我多麼高興。每一個到來的人都爲我按手，試行把我治好，而我所要的只是回天家去。我一直希望有人只是前來探望我。」所以，我們必須同時是明智的以及敏感的，好叫我們**只在**恰當和良好的時刻，講出信心的命令。

我們領袖的引領

當時間**是**恰當和良好時，我們也必須有信心說出具有權柄的說話。我們簡直不能越出這一事實，就是耶穌這樣禱告，並且敦促祂的門徒也這樣做。在一段重要的經文中，耶穌說：「我實在告訴你們，無論何人對這座山說：『你挪開此地，投在海裏。』他若心裏不疑惑，只信他所說的必成，就必給他成了。」（可十一 23）

請注意，祂不是叫我們對上帝說關於這座山的事，祂囑咐我們直接對這座山說話。這通常不是我們所想的禱告，但它肯定是禱告。

有一次，耶穌的門徒試行醫治一個孩子，那孩子顯然有受鬼魔壓逼的徵兆，但他們徹底失敗了。最後耶穌接手這件事，祂得到這孩子的處境的簡單歷史報告，然後，看見這個孩子的父親的信心，就斥責那邪靈說：「你這聾啞的鬼，我吩咐你從他裏頭出來，再不要進去！」那孩子大大的抽搐了一陣，然後那邪靈離開他，孩子跌倒在地，好像死了一般。事實上，每一個人都以爲他死了，直到耶穌拉著他的手，扶他起來，完全得醫治。

那些門徒對這一切感到希奇，這是可以理解的。他們幾乎急不及待，等到耶穌單獨與他們在一起的時候，便立即問**祂**成功的原因，以及**他們**失敗的理由。耶穌的回應很簡單直接：「非用禱告，這一類的鬼總不能出來。」（可九 14 ～ 29 ）但請注意，在這場合中，耶穌沒有像我們通常所想的禱告那樣去祈禱。祂完全沒有對上帝說話，反而直接對邪靈說話，吩咐他離開。

這當然是禱告，不過，那是命令的禱告。這類的禱告，一直遍布在耶穌的職事中。祂強逼風和浪停止，說：「靜了罷！住了罷！」祂吩咐痲瘋病人：「你潔淨了罷。」祂觸摸瞎了的眼說：「開了罷！」對聾了的耳朵也這樣說：「開了罷！」祂吩咐癱子：「起來。」在祂的朋友拉撒路墳前，祂吩咐說：「出來。」對邪靈祂吩咐：「出去。」

不僅耶穌實施命令的禱告，祂也把同樣的權柄委託給別人。當祂差遣十二門徒出去時，祂「給他們能力權柄，制服一切的鬼，醫治各樣的病。又差遣他們去宣傳上帝國的道，醫治病人。」（路九 1 ～ 2 ）在本質上，祂叫他們去宣告國度的臨近和有效性，並且用大能的事工證明它的存在。這也正是他們所作的：「門徒就出去，走遍各鄉，宣傳福音，到處治病。」（路九 6 ）

當祂差遣七十個人出去時，也有同樣的委任：「要醫治那城裏的病人，對他們說：『上帝的國臨近你們了』。」（路十 9 ）他們從宣道工作中回來，狂喜快樂說：「主啊，因祢的名，就是鬼也服了我們！」（路十 17 ）耶穌也激動，因爲現在祂曉得，屬天的權柄可以委託給普通的人：「耶穌被聖靈感動就歡樂說：『父啊，天地的主，我感謝祢，因爲祢將這些事向聰明通達

的人就藏起來，向嬰孩就顯出來。』」（路十21）

跟從我們領袖的引領

我剛才與你分享的那些經文，對我來說並非新的。然而多年來我都認爲，權能的事奉只屬乎少數蒙揀選的人——你曉得，只屬於使徒和聖人等等。我當然不會被人期望去做這類的事，可是後來我讀到耶穌那令人震驚的字句：「我實實在在的告訴你們，我所作的事，信我的人也要作，並且要作比這更大的事，因爲我往父那裏去。」（約十四12）我不能再逃避我個人的責任和牽連。

然而，這對我來說，並非好消息。我擔心這種意念會帶我到甚麼地步。我誠恐人們會離開上帝的自主權，而靠自己的力量去行事。我對於在這一切權柄的說法中，所表現的驕傲和僭越感到焦慮。最要緊的是，我懼怕人們會鹵莽地參與這深奧的事……也怕自己會鹵莽地參與這深奧的事。

不過，我很快便看出，膚淺的危險清清楚楚地像過分那麼危險，也許更甚。在我擔心跌進深水中時，我很可能只落入淺水中。我那想要保持宗教上受人尊敬的心理，很容易會產生馴服、不敢冒險的信心。我知道我不敢讓這情況發生，我必須願意走出去，即使水看來很深。

此外，有許多寶貴的人迫切需要幫助。幾年前我遇見一位看來有尊貴地位的婦人，那時我在加利福尼亞州的聖達巴巴拉城，主持一連串演講。我姑且稱那婦人爲顧莉雅。當時我的演講集中於默觀的禱告，聚會的氣氛給宏偉的尤加利樹，和紅瓦的農莊之悠閒美景所加強。一天下午的聚會完了以後，顧莉雅要求一次會晤，於是我們進入圖書館中一個房間，在那兒我們可以不受騷擾。我記得那些用堅固的橡木製成的書架，以及在房間正中雕刻俊美的硬木桌子，我也記得顧莉雅所表現的文雅高貴儀態。我自己在想：「眞不簡單，眞高貴。」

可是那天她所述說的故事，卻一點也不高貴複雜。顧莉雅是一位極屬靈的人，但她忍受了那惡魔六個月來嚴重的滋擾。這是我所知的惟一描述方法。六個月以前，當她在爲時一個星期長的靜修中，忽然出乎意料之外地，感受到極厲害的胃痛。她告訴我：「我加倍的痛楚，然後我感覺到一個不明的東西在場——一個非常可怕、令人震驚的東西在場。我開始人大哭泣。我覺得雙腳難以置信地沈重，其沈重程度好像腳上繫著一個十字架。然後我看見一個令人吃驚的東西，那是一個巨型、烏黑、醜陋的東西。它的聲音沙啞，像獸類一樣。我有這個印象：『魔鬼打算把我吞噬！』」

顧莉雅因爲胃部劇痛，彎著腰，辛辛苦苦地走到禮拜堂。她用聖水灑自己，俯伏在地說：「我只會敬拜上帝。」後來她在禮拜堂的地板上睡著了。

當顧莉雅醒來時，她覺得好了一點。在晚上的儀式中她領了聖餐，然後上牀安歇，希望這次的事件已經過去。然而，在半夜的時候，她給一件東西猛力扭醒。她告訴我：「我的身體那麼劇烈地被拉扯，以致我怕我的頸會扭斷。我所能想到的是：『魔鬼試行毀滅我！』」她蹣跚地走下通道，在監督這次退修會的神父房前大力拍門。那位神父在夢中給她吵醒，不能確定該怎樣做。於是打電話給退修營中一位修女，他們兩人與顧莉雅一齊坐著，直到黑暗消退一點。顧莉雅向我吐露說：「我知道他們認爲我患了精神病，他們還能有甚麼想法呢？」

顧莉雅以一種直截了當，而且完全清晰的方式與我分享說：「這件事和這種黑暗已經延續了六個月。然後，在你有關禱告的演講中，你警告人要防備那班與上帝的道敵對的靈。而我想你可能了解我的故事，我不能隨便對任何人說。請問，你能幫助我嗎？」

那時，我已靜聽她訴說大概四十分鐘，我知道我是面對一位理智上完全清醒的人。我感悟到顧莉雅所經歷的，是從她靈魂的敵人而來的。我堅決地說，而我希望，也是滿有同情心地說：「是的，我能幫助你。」（事實上，我並不完全像我的話所顯示的那麼有信心，而我曉得，如果有甚麼幫助來到，那必然不是從我而來。但我也知道，這一刻並非討論神學上的細則的時候。）

我把雙手放在顧莉雅頭上，盡我所能以權柄和柔和爲她禱告。我命令那黑暗——不管它是甚麼——離開，進到耶穌強有力的膀臂中。顧莉雅開始哭泣……一種深沈內在的哭泣，並伴以極大的歎息。我邀請上帝的平安和慈愛進入她裏面，充滿她的思想、身體和心靈的每一方面。那黑暗離開，平安來臨。我們一起坐著，默默無聲，感受到恩典和憐憫湧流在我們身上。

那是十年前的事，而那黑暗從未回來。最近，顧莉雅回想這件事，在一次的電話談話中，她告訴我，那天的禱告「像在我頭上誦讀一首短詩」。我喜歡她的描繪，只想加上一句，那是從上頭而來的一首短詩。[4]

幾點常識的忠告

在這些事上，有幾點簡單的忠告是需要的。第一、我希望你不會從這個故事去假定，每一次胃痛都是魔鬼的攻擊。多數時候，痛就是痛，就是痛！沒有其他的東西。我們毋須在每一堆矮樹下面去尋找一隻鬼。此外，在這界域中，我們許多禱告的努力都完全不是在戲劇性的、宇宙性的規模上。反而它們集中在更多屬乎世俗的事上——雖然也同樣重要——在上帝的權能中，我們學習去駕御日常生活的問題，例如，我們的飲食習慣、我們的性幻想、我們的恐懼和我們的失敗。

第二、我們並非必需裝出特別的聲調，或者跳上跳下，或者做一些奇奇怪怪的事，才能在這境界中起作用。如果上帝的權能出現，那麼我們毋須作任何特別的努力；如果屬神的權柄沒有出現，那麼世上一切體育運作都不能補滿這不足。所以，與其嘗試一些並非我們的手法，我們不如用正常的聲音說話，並且做一些似乎適合那情況的事情。

第三、我們有特別的資源可供支取。爲了特別的服役情況而經歷到聖靈的不平凡恩膏，這是很常見的。當情況適合時，我們應該等候聖靈能力的加增。一直都要用基督的光圍繞自己、用基督的血遮蓋自己、用基督的十字架封住自己。此外，還有上帝的許多天使分配在戰場上幫助我們，我們可以求上帝派他們來幫助。

第四、雖然我們堅定地、決定性地對付邪惡，但我們時常對個人保持溫柔和同情。我們不要把人示衆、展覽，也不可用任何方式去利用他們的情況。這些都是基督爲他們死的寶貴的人，我們要向他們一直顯示最大的禮貌和尊敬。

第五、權柄的禱告不是有規律的生活習慣的代替品。許多時候，人們所需要的不是拯救而是訓練。在這樣的情況下，我們的任務是幫助他們進入一種全面性的生活模式中，這種模式包含靈性生活的正常操練。[5]

第六、在這種事工上，我們與別人保持聯繫，對我們會有好處。這不是打了就跑的一種服役。有時上帝可能想要一位獨處的以利亞，或者施洗約翰，但祂較習慣的模式是把我們扣在團體中，在那兒我們負有義務，也獲得支持。這也容許我們與人在一起，而不致成爲注意的中心——這事本身就是一個大的祝福。

第七、雖然我們時常都想在上帝的勇敢中滿有勇氣，但我們必須把我們的努力沈浸在靈的最深切謙卑中。坦白的說，有許多東西是我們不曉得的，也有許多東西是我們做不到的。有時，我但願能直接進入深切治療部，以及精神健康病房，把一個又一個的人帶至完全康復的地步。但我做不到，我也不曉得有任何人能做到。有些人可能對我說：「你缺少信心。」我確知他們說得對。事實上，我缺少許多東西。然而，我並不缺少嘗試，我也會繼續嘗試，因爲有時——不是時常，而是有時——最美妙的事會發生。當事情如此時，我們只能感謝頌揚天上的上帝。

從天到地

平常的禱告方式，是從地到天：我們祈求赦免、或者獻上感謝、或者尋求醫治。若採用一個空間的比喻，那是向上的禱告。

然而，權柄的禱告恰巧向相反的方向移動。我們把天上的資源，帶下來去承擔地上一個特殊事件。那是向下的禱告，如果你想這樣說的話。

羅威廉宣告說，禱告是一個大有能力的工具，「不是把人的旨意在天上實施」，而是「把上帝的旨意施行於地」。[6]哈列斯比博士也强調同樣的實體，他寫著說：「禱告是管道，透過它，能力從天上帶到地上。」[7]事實上，我們是從天到地禱告。

使徒保羅告訴我們，當上帝使耶穌從死裏復活以後，祂「叫祂在天上坐在自己的右邊，遠超過一切執政的、掌權的、有能的、主治的。……又將萬有服在祂的腳下。」（弗一20下～22上）他的要點很簡單：耶穌藉著祂的升天以及在天上掌權，有權統管每一個靈界和物質世界的權勢。

然後，使徒保羅把你我帶進這圖畫中。保羅說，上帝把那些本乎恩因著信而得拯救的人帶來，「又叫我們與基督耶穌一同復活，一同坐在天上。」（弗二6）不僅耶穌被安置在一個權柄的地位上，超乎一切受造之物，我們也給安置在那地位上。

這便合乎邏輯地引至保羅那著名的、關於我們要打的屬靈戰爭，以及我們可以得到的屬靈資源的描述（弗六10～20）。他的辯論線索大概是這樣：基督在天上的權柄地位（弗一章），賜給我們天上的權柄地位（弗二章），這地位使我們從事羔羊的戰爭，去對抗一切執政的、掌權的（弗六章）。我們從這種天上的權柄地位，實施權柄的禱告。

從事羔羊的戰爭

作爲促進上帝國的一種方法，權柄的禱告，基本上集中於對抗這個現存的黑暗之執政的和掌權的。保羅寫著說：「我們並不是與屬血氣的爭戰，乃是與那些執政的、掌權的、管轄這幽暗世界的，以及天空屬靈氣的惡魔爭戰。」（弗六 12）保羅這樣說，意思不是說，「血和肉」並不重要，而是說，眞正的戰爭是更深層的。在貧民窟住宅不露面的屋主背後的，乃是貪欲和貪婪。對福音信息加以不合理的，以及過分的抗拒，其背後乃是不順服和狂亂的鬼魔勢力。在有組織的不義和壓逼機構下面的，乃是享有特權和特殊身分的公卿王侯。幫助並煽動在性事上暴虐、種族仇恨，以及騷擾兒童的行爲，使之成爲現代社會的一部分的，乃是毀滅和暴虐的殘酷權力。所以保羅說，例如，當我們面對一班對福音充耳不聞的人、或者殘酷和不公正的律法、或者壓逼人的領袖時，我們也是對付那直接從無底坑上來的宇宙王侯和權力。

在權柄的禱告中，我們從事聖靈的戰爭，去對抗黑暗的國度。在啓示錄，聖經最後一卷書中，基督被描繪爲犧牲的羔羊以及得勝的君王（啓五、十九章）。這個偉大的末日異象，就是藉受苦而得勝的異象，乃是上帝的朝聖子民整個使命和奮鬪的描述。哈列斯比寫著說：「祕密的禱告室，乃是血漬斑斑的戰場。激烈的以及決定性的戰爭在此發生。」[8]

然而，要緊記，聖經告訴我們，陰間的大門經受不起教會的進攻（太十六 18）。當我們拿起戰爭的全副武器時，黑暗的國度便完全敗退。保羅寫著說：「所以要拿起上帝所賜的全副軍裝，好在磨難的日子抵當仇敵。」而這些乃是具有眞正威力的武器：眞理的腰帶、公義的護心鏡、平安的鞋、信心的籐牌、救恩的頭盔、聖靈的寶劍、祈禱的生活(弗六 13 ～ 18）。

芮勒爾 (James Nayler) 寫著說：

> 基督把屬靈的武器放進我們心中和我們的手上……去打仗……勝了又勝，不像今世的君主……用鞭子和監獄、虐待和苦刑……而是用眞理的道……以愛報恨、與上帝角力、抵擋敵意，晝夜流淚禱告、禁食、致哀和慟哭。在忍耐、在信實、在眞理、在無僞之愛、在恆忍，並在聖靈的一切果子中禱告，好叫我們藉著任何方法，能夠以善勝惡。[9]

行使我們的權柄

屬靈的戰爭不是我們用來談論的東西，它是我們要做的東西。我們怎樣做呢？我們藉著打碎一切破壞性的誓約來實行——包括知道的和不知道的誓約——這些誓約擱在人的生命上。有許多人用疾病、失敗和死亡的內在誓約，去定他們自己的罪。看見這些事，知道這樣的捆綁對人不好，於是我們說出帶有權柄的話，打破這詛咒。有些人給幾代以前的詛咒擱在他們身上：酒精中毒的詛咒、精神病的詛咒，還有許多。不管這詛咒是身體的、情感的，或者靈性的，我們都用耶穌的名，藉耶穌的權柄打破它。

我們怎樣做呢？我們藉著使用權柄去管制思想、身體和靈性的疾病。疾病是一個仇敵，我們要與它作戰。對患了恐懼症和神經病的人，我們吩咐他們要獲得平衡。我們對熱病加以斥責，我們阻擋癌細胞，不給它們供應血液。我們號召整全及安康來臨，讓它們像旋風一樣捲入人們的生命中。

我們怎樣做呢？藉著對付每一座妨礙我們在上帝裏面前進的「山」，我們可以行使權柄。我們命令各種各樣的懼怕離開，永不回來。我們起立反對邪惡的思想，以及每一類的懷疑和歪曲。我們捆綁憤怒、嫉妒和閒話的靈，並且釋放赦免、仁愛和信心的靈。

我們怎樣做呢？我們藉著趕鬼去實行。無論何處，我們發覺邪惡的勢力在運行，便堅決要求他們離開。掌權的是我們，不是他們。在權能的服役中，我們採用權柄，去管制任何敵擋我們在上帝國中的生命的東西。

我們怎樣做呢？我們藉著抵擋所有社會上的邪惡，以及制度上的不義去實行。我們吹號反對那些保證窮人一世窮的制度性架構。我們反對不公平的法律，這些法律把那些基督爲他們死的人身分降低，使他們失掉人的尊嚴。我們努力尋求公平和公義的法律；我們供應窮人的需要；我們使飢餓的人得飽；我們使無家可歸的人有屋可住。這一切東西以及更多的東西，都是權柄的禱告要做的事。這些工作一直都是用最深的禱告的靈，和最大的謙卑去完成的，因爲我們是信靠上帝的權能，而不是我們的聰明。薛碧士 (Richard Sibbes) 寫著說：「當上帝子民的心甦醒過來，興起禱告時，有甚麼東西是禱告不能做的呢？禱告能開啓天門；禱告能開啓子宮；禱告能開啓監牢，打碎腳鐐。」[10]

奉耶穌基督强而有力的名字，我站立反對世界、肉體和魔鬼。我抗拒每一種想要轉移我以上帝爲中心的勢力。我拒絕那歪曲的概念和思想，它們使罪看來似乎是合理的，並且是令人羨慕的。我反對任何使我不認識與上帝有完滿團契的企圖。

藉著聖靈的能力，我直接對思想、情感，以及我心中的欲望說話，吩咐你們要在上帝之愛的無窮變化中找到滿足，過於在罪的柔和食物中找到滿足。我號召那善良、眞實，以及美妙的事物，從我裏面興起，而邪惡消退。我祈求增添公義、和平，以及聖靈裏面的喜樂。

藉著大能上帝的權柄，我把在我生命中、在我所愛之人的生命中，以及在我所居住的社會中的撒但大本營拆毀。我拿起全副的軍裝：眞理、公義、和平、救恩、上帝的道，以及禱告的兵器。我命令每種邪惡的影響力離開，你無權留在此地，我不准你進來。我祈求增添信、望、愛，好叫我藉著上帝的能力，能夠像山上的光，促使眞理和公義茂盛生長。

這一切是靠著那位愛我、爲我捨命的基督耶穌而祈求。

——阿們

21
激烈的禱告

在禱告中合攏雙手是起義的開始，以反對世界的混亂。

巴特

激烈的禱告進到根、心和中心。英文 radical 這個字是從拉丁文的 *radix* 一字而來，這字的意義是根。激烈的禱告拒絕讓我們停留在生活的偉大問題的邊緣，它敢於相信事情可能不同。它的目標是：個人、機構和社會的全然更新。激烈的禱告是先知的禱告。

俄勒岡州的上帝顯現

一九七八年春天，嘉蘿玲和我開車到俄勒岡州的海邊作幾天的休息，因為那年冬天實在很忙。抵步後第一天早上，太陽還未出來，儘管晨曦已出現，嘉蘿玲還在睡，於是我靜靜地溜出去，在海灘上作清晨漫步。除了時常都在的海鷗以外，只有我獨自一人。潮水退了，夜霧剛開始消散，晨光漸漸侵入。附近有一塊巨石，是當地著名的草堆巖 (Haystack Rock)。有成羣的有冠海鴨那巨石上面築巢——結實的黑鳥，嘴紅色，頭頂有一簇白色的毛。由於潮退，我幾乎能夠繞著這個矗立在沙灘上壯觀的巨石堡壘走一圈。我驚歎它的頑強，昂然矗立在沙灘上，長年累月經受海浪的無情衝擊。

太陽如今已在遠山後面升起，那壯麗絕倫的光輝，令我鬆一口氣。我大聲喊出：「這眞美！」我這樣說，絲毫沒有想要表示敬虔的心意，我只是感悟到那光輝、樹木、海洋和夜霧的美妙。然而，有一個回聲——一個清楚、質樸、坦率的回聲——「我曉得，我造了它。」我不加思索，衝口說出：「主啊，謝謝祢！」又再有一個回聲：「不用客氣。」

我在漫步中頓然停止。我不曉得你怎樣，不過我不習慣「聽見聲音」。[1]然而以後的事，雖然不平凡，最少也不陌生。它好像朋友之間一個平常的交談，而不像我們在傳媒中所看見的可笑科幻小說老套。這經驗延續了約一個半小時，由於我沒有戴手表，因此不能告訴你確實的時間。我崇拜、歡笑、感謝，甚至在某一刻詢問一些令我煩惱的問題。對其中特別有一個問題，我想上帝會好意地笑我那麼天眞。

後來所發生的事極難解釋。我來到一個懸崖上，俯瞰著海灘。上面是鐵杉、北美雲杉和西洋杉的森林。我特別欣賞一株巨型的西洋杉，我知道需要幾百年的時間，這株樹才能長到目前的尺寸。然後我向右邊走了三步，看見在這棵健康的樹後面隱藏著的情景——另一株非常大，但顯然腐爛了的西洋杉。兩邊有一些綠色的嫩枝長出來，但這株樹的死亡只是時間的問題，因爲它的樹心已經敞開——顯然是在許久以前給閃電擊中了。除了這兩株巨型大樹以外，眼前沒有甚麼特別的地方。

然而，當我審查那株腐爛的樹時，主的話臨到我說：「這是我的教會！」當我聽見這聲音時，眼淚滿了我的眼睛。我一生都在教會工作，我知道情形果眞如此——教會雖然巨型，並且還有一點生命的痕迹存留，但已經慢慢腐化。然後，爲了一些我不知道的理由，我作了一百八十度的轉身，向後看那遠處的草堆巖。那時潮水已回漲，巖石完全給水圍繞著，海浪殘酷地向它猛衝。屬神的話繼續：「這是我的教會面對的情形！」當我注視那個力量和堅忍的莊嚴表記時，偉大的希望在我裏面興起。

然後我獲得指示，我認爲這個指示就是這次相遇的一個主要理由。我得到的指引是，要爲興起新一代的領袖——屬乎使徒模式的先知——禱告。這些領袖能夠再次聚集上帝的子民，進入根本的忠實的團體中。

獲得這個指引以後，這經驗似乎結束了，於是我回到住所，把所看見和所聽見的告訴嘉蘿玲。自從這次的相遇以後，多年來我都竭力按照我所獲得的指引去禱告，儘管不曾做到我確知的應然的地步。但我也得到一種暗示，全球各地有極大數目的人，也獲得類似的指引。所以，爲了興起先知性的領袖而有的極大禱告浪潮，在這些年間已經升到上帝的寶座前。如今我相信，我們開始看見先知出現——其中有許多是在第三世界國家的——這些先知號召人採用新穎的、勇敢的方式，去表達信實和順服。

先知性的使者

我知道有些人有神學的理由去相信，先知的恩賜在使徒時代已經停止。對另外的人，這個名詞不再有用，因爲這個時代濫用了它，並且給予它固定的形式或內涵。我了解這些顧慮，儘管如此，我選擇繼續採用先知這名詞，一方面是由於這就是在俄勒岡海灘臨到我的情況；另一方面，由於在聖經裏面，也有一個豐富的傳統，提供我所講論的資料。

這些先知看來像甚麼？他們來自各階層、各類的人羣。有些是受過高深教育的，另外有些則是目不識丁，或者是略通文墨的；有些來自有組織的教會和宗派，另外的人則來自這些機構之外；有些是婦女、有些是男人、有些是孩童。

這班人全心全意愛耶穌。他們都證明上帝的呼召臨到他們生命中、上帝的手臨到他們的事奉上。對他們來說，誰在前線、誰吸引人注意、誰在歷史中被紀念都無關重要。事實上，他們當中很少人被掌管現代傳媒的人所認識，因爲他們缺少具有「新聞價值」的必需因素——金錢、權勢和醜聞。

甚至對世界的宗教而言，他們多數都是不重要以及無關宏旨的。這不是說他們缺少影響力，而是因爲他們所影響的地方也不受重視。假如在非洲的扎伊爾，有幾千部落民族順從基督，有誰關心呢？這不是說他們缺少衝擊，而是因爲他們所產生的衝擊被看作無關宏旨。假如在洛杉磯有一些不知名的人士，開始愛他們的仇敵、彼此分享他們的財物，有誰會注意到呢？從正常屬人的尺度來說，他們是小人物，但是在上帝國中，他們是眞正的大人物。他們是底波拉、以利亞、阿摩司、耶利米、保羅，以及腓利女兒的承繼人。

在他們的領導下，並藉著聖靈的能力，上帝的子民再次聚集在一起。（我不是從機構方面說，乃是從機能方面說。）我們在這個時候，看到一大羣兒童、婦女和男人，他們與不同類型的實體和能力聯結在一起。

這些人見過那非人手鑿出來的石頭，砸碎了世上的國度，變成一座大山，充滿天下（但二章）。這些人見過這活石——就是匠人所丟棄的石頭——這活石成爲房角石，而他們自己則成爲無數的活石，被建造成爲靈宮，作聖潔的祭司（彼前二章）。這些人是那班前來進入我們的上帝，以及祂的基督國度的人。

這些人是那班能夠擬想出一個新的將來，一個公義、和平、並聖靈中的喜樂之將來的人。他們給聖潔的能力接管，去做正當的事。他們脫離了人類的捆綁。他們不能受賄賂、不能被操縱、不能受阿諛。他們愛他們的敵人，爲那些輕視他們的人禱告。他們的出現和行動，遲早會把那些被貪心、驕傲和懼怕所支持的結構拆毀。他們不與現代文化的壓逼、成見和階級鬪爭合作，這種簡單的不合作，便會把這個世界改變到幾乎辨認不出來的地步。

我相信，你們這班讀這些話的人，也屬於這班委身之人的行列。上帝的手已經放在你身上，懇求你、贏得你、吸引你到祂那裏來。

這種先知性的使者固然重要，但先知的信息更加重要。先知的信息擬想一種激烈的生活方式、一種激烈的禱告方式。如今我們要試行描述這信息的基本大綱。

屬靈的違抗

眞正的先知信息時常號召我們，對現有情況下的世界，作屬靈的違抗。我們的禱告，就其全然眞實的程度而言，會破壞現狀。它是屬靈的地下抵抗運動。在一個不義、壓逼和暴力的世界中，我們是顚覆分子。像舊日的阿摩司一樣，我們要求「惟願公平如大水滾滾，使公義如江河滔滔」（摩五 24）。我們爲孤兒和寡婦辯屈，也爲我們所接觸的任何無助者伸冤。在我們的禱告和行動中，我們堅定站立去反對種族歧視、性別歧視、民族主義、年齡歧視，以及任何使人分隔、分裂、分開的其他「主義」。

我們成爲無聲之人的聲音，爲他們的事件呼籲，直達天上的寶座。我們要求被聽見、我們堅持要改變。溫克 (Walter Wink) 寫著說：「聖經的禱告是無禮的、堅持的、不害羞的、不雅的。它比較像露天市場中的討價還價，過於在禮拜堂中斯文的獨白。」[2] 像亞伯拉罕一樣，我們在那城的命運上，與上帝討價還價（創十八章）；像摩西一樣，我們爲百姓的命運與上帝爭辯（出三十二章）；像以斯帖一樣，我們爲民族的命運向上帝呼籲（斯四章）。

當我們相信如此行，是與上帝不改變的愛相協調時，我們屬靈的違抗，牽涉到改變上帝心意的企圖。布洛艾斯寫著說：「有時信心的禱告牽涉到向上帝抗命，陷於傲慢無禮的邊緣。」[3] 馬丁・路德說：「禱告的力量那麼大，以致它勝過了天和地。」他甚至說：「征服上帝。」意思是，我們設法把上帝捆在祂自己的應許中。4

我們向上帝述說受傷和破碎的人、無助和無家可歸的人的情況。我們也向別人述說。我們屬靈的違抗，導致堅強積極的行動，去反對一切不義和壓逼。我們憤怒，因爲人們給一位不義的掌權者，隨意關進牢獄中；或者住在同一條街上的孩童，在情感上和身體上遭人虐待。我們感到受辱，因爲我們的文化這樣給選擇下定義，以致使一個女人的身體與她的人格尊嚴相關；或者我們的文化這樣去闡釋生活，以致使窮人陷於赤貧中。相反的，我們必須對傳媒的諷刺描述充耳不聞，以禱告的心在我們這個時代的複雜問題中，辨認基督之道。

我們的抗拒所採用的武器，使我們顯得與一個基於權力、效率和控制的世界，全然脫節。我們講說眞理、我們爲我們的敵人禱告、我們拒絕與不義合作。然而，儘管似乎難以置信，在摧毀堡壘、促進耶穌的公義及和平的國度的誕生上，這些武器是大有能力的。

社會的聖潔

眞正的先知信息時常都號召我們到「社會的聖潔」，這是約翰・衛斯理所使用的短語。藉著我們的禱告和生活，我們破壞了一切階級、等次和身分的分別。

耶穌曾經是一個社會革命分子，現在也是。當祂醫治病人時，祂做的比醫治疾病更多：祂醫治了社會上的一種疾病，而這種疾病會把這些人棄置一邊。當祂對人宣布八福時，祂是提升那些階級和類別，他們本是社會認爲不蒙福也不能蒙福的。祂告訴這些「被人欺壓、被人唾棄、被人鄙視」的人，他們在上帝國度中是寶貴的。祂祝福小孩、祂與一個被社會遺棄的婦人說話、祂與一個富有的惡棍交往碰杯（可十 13 ～ 16 ；約四 1 ～ 26 ；路十九 1 ～ 10 ）。

我們也要如此行。在我們的禱告以及生活中，我們一視同仁，都看重所有人，也打破一切藩籬。我們這個時代，階級的藩籬有了稍微的移動。我們看重纖瘦的人，肥大的人倒不看重；我們看重成功人士，失敗人士倒不看重；我們看重有權勢的人，無助之人倒不看重；我們看重聰慧的人，無知的人倒不看重。如此繼續不輟，簡直令人作嘔 *(ad nauseam)* 。可是對天國之子來說，那人是**誰**並不重要，重要的是，他**是**一個人。

耶穌的社會革命，一直進到宗教權力的廊子。於山上寶訓中，祂告訴人，整個聖殿儀式體系本質上可能乾涸，給風吹掉，但他們的福氣仍會存留。耶穌使人得自由，而不是捆綁他們。

我們也這樣做。藉著我們的禱告，並藉著我們的言語，我們釋放人，不是把他們捆在我們身上。當我們爲別人禱告時，我們把他們帶到耶穌那裏，祂是與他們同在的教師，因此他們再不需要我們。任何信心，如果使人們的福祉繫於任何人或任何事物，而不是繫於上帝自己，就某程度而言，是假的信心。

社會的聖潔把我們帶出我們的舒服範圍之外，也把我們帶出我們地理的界限之外。當耶穌用好撒瑪利亞人的比喻去界定鄰舍時，祂是大膽反對有關鄰舍的流行看法，意即鄰舍乃是像我們那樣的人。在聖靈的教導下，彼得也獲得這樣的識見，看出「上帝是不偏待人。原來

各國中那敬畏主行義的，都爲主所悅納。」（徒十34下～35）

一位令人尊敬的年老聖人，一次問他的門徒說：「你怎麼知道黑暗漸消逝，晨光漸漸來臨呢？」

一個門徒大膽說：「當我們能看見遠遠的一棵樹，曉得那是一棵榆樹而不是一株杜松時。」另一個門徒說：「當我們能看見一隻動物，知道牠是一隻狐狸而不是一頭狼時。」

老人說：「不是，那些東西不會幫助我們。」

門徒感到困惑，要求說：「那麼，我們怎能知道呢？」

那位老練的教師起來，站得直直的，靜靜地回答說：「我們知道黑暗漸漸消逝，晨光漸漸來臨，端在於我們能夠看見另一個人時，就知道那是我們的弟兄或我們的姊妹。因爲，否則的話，不管是甚麼時候，它仍舊是黑夜。」

擁抱整個世界

眞正的先知信息，時常號召我們張開手臂，擁抱整個世界。在聖潔的勇敢中，我們用上帝的恩典和憐憫，覆蓋這世界。這是一件偉大的任務、一個崇高的任務。上帝已把這世界的命運放在我們手中，藉著我們的禱告，我們阻止上帝的憤怒。邱立基寫著說：「地球本身活著，並且透過那些愛心沒有變冷之人的禱告，它好像給希臘神話中的擎天神阿特拉斯的手臂托住一樣。**這世界就是藉著這些舉起的手臂而活著，並不藉賴別的任何**

東西！」[5]

所以，我們要小心，不要只爲個人禱告，也爲國家禱告；不要只爲教會復興禱告，也爲世界的改變禱告。我們爲國度臨到地上——全地——如同天上一樣禱告，也爲國度臨到地上而工作。

一位極有智慧的禱告婦人，教我怎樣爲萬國禱告。[6]她說，我們開始的時候，要集中在一個國家，用禱告的心去認識它應該是怎樣的一個國家。比方，如果她是一個侵略國，我們可能會體會到，它應該從它的自我擴大中引退，開始「向世界送出貿易通商，以及經濟合作的小金箭」。[7]有時，我們可能要縮窄我們的禱告範圍，爲那些能夠改變一國的路線、朝正確方向走的決策人禱告。我們爲這些領袖人物已經展示的一點點零零碎碎的美德祝福，祈求它們能像五餅二魚一樣快快增加，並且能用在好的方面。

然後，最要緊的是，我們爲世界的罪悔改。在這方面，我們最好從自己的國家開始——無論是哪一個國家。由於在上帝面前，沒有國家是無可指責的，因此我們站著，代表自己的國家，爲她的罪悔改。

任何一個曾經嘗試過的人都能證明，這不是微小的任務。我們必須超越一切宣傳口號，以及國家的自我利益，以憂愁哀慟的心跪下，爲造成國家的不義之驕傲、自私和貪心悔改。做了這事以後，我們也可以代表別的國家悔改。當我們蒙賜予這恩典及赦免的能力，以敵人的名義悔改時，我們打開甚至更大的屬靈資源。

此外，我們聽見眞牧人的聲音，號召我們到衆人那裏去，向他們宣揚在基督裏有新生命的釋放信息。我們藉信心的勇氣這樣做，也藉謙卑的心這樣做，因爲我們曉得，耶穌這眞光已經把祂的眞理照射在衆人心中（約一9）。所以，我們的任務是看上帝在何處工作，就在那兒宣揚耶穌基督永遠的福音。弗克斯寫著說：「讓萬國藉聲音或著作聽見這道。不要留下任何地方、不要節省言辭和筆墨，只要順服主上帝……並且要爲眞理臨到世界而勇敢……愉快地走遍這世界。」[8]

當我們做這些事時，我們已經來到一處地方，在那兒我們爲上帝的緣故愛別人，不是愛我們自己的人。於是，我們蒙上帝賜予無限的同情去愛所有的人。

基督徒團體

我們也必須明確表示對整個世界的承諾，因此眞正的先知信息時常都號召我們到基督徒團體裏面。我們不是離羣獨處，也不是離開羣體、獨自禱告。基督徒的數目字是衆數的，不是單數的。

分散的教會必須成爲聚合的教會。我們還不確切知道，這些新的聚合在今天要採取甚麼形式。坦白的說，我們進入一種「屬靈的離心機」。離心機是一種儀器，它旋轉得那麼急速，以致現有的密度給打破了，而新的密度浮現出來。

我們眼前便發生這事。舊的密度、舊的安排、我們宗教生活的方法都給打破了，新的安排漸漸出現。它仍舊讓我們這班蒙耶穌基督、我們永活的先知所召集在一起的人，去擬想將來。

在前面的日子，我們可以期望基督徒團體採取四種基本表達方式之一項，雖然每一項基本的形式會有無限的變化：制度的、團體的、個人的屬靈指引，以及小組化的屬靈組合。這四種表達方式毋須互相排擠，而在許多地方，它們會一同運作。容許我簡單描述這四種方式中的每一項。

我們的制度架構有許多會繼續存在，甚至興盛。有些先知，像很久以前的聖法蘭西斯一樣，會聽見這呼召，從裏面現存的架構中去「建立我的教會」。他們的道路不會易走，因爲必有許多障礙。耶穌那有關新酒裝入舊皮袋會歸於徒然的觀察，把這困難勇敢地說出來（太九 17）。面對制度性的生活的一個最主要問題將會是，怎樣找到一個地方給先知的事奉去運作？我們能把先知的榮譽給那些有先知斗篷的人嗎？抑或我們必須時常把他們殺掉呢？

這任務是巨大的，其中會有挫折，但也會有所得著。上帝會把新生命吹進枯乾的骨頭裏面。有一個偉大的改教教訓，就是教會的改革是常常更新的。我相信這眞有可能，而穩定的禱告需要激發起來，爲那些蒙召去從事教會，以及衆教會的更新事奉的人不住的禱告。我們要爲每一個新生命的綻放而高興、爲每一個更新的創造力而歡欣。

團體的生活是基督徒團體最深切的表達方式，這種方式在教會的各個時代都存在。我雖然不是一位會員，但我與一羣公社式生活的人很接近，他們稱自己爲「耶穌團體的朋友」(Friends of Jesus Community)。這四家人將他們的資源集合在一起，以便在城內購買一層小樓房，去醫治種族歧視的創傷。他們寫著說：「作爲耶穌的朋友，我們蒙召組成這個有目的之團體，是因爲我們確信，假如我們要抗拒我們的文化的錯誤著重，並且要忠於上帝的號召，與窮人和無權勢之人分享我們的生活，那麼，我們必須有一個較親密的團契，以及彼此分享。」[9]我能對你說，從第一手的消息，他們的見證在許多層面上確實卓越，無數的其他團體也已經嘗試類似的冒險。

那些尋求基督徒團體公社式的表達方式的人，必須與幾項問題搏鬪：怎樣去保持正當的權柄，而不會變爲獨裁主義者；怎樣去保持一種高層次的有目的之團體生活，而不致成爲向內生長的團體；怎樣使這種生活方式，能夠使有幼小孩子的家庭，以及時常搬遷的夫婦都可參加。我們必須激發有力的禱告，叫我們能有先知的異象，對那些古老的問題，創造出新的解決辦法。

有些人在他們按照基督之道而生活的進程中，發覺有一種辦法能幫助他們，就是找出個別人士，在屬靈的事上教導他們。對這班人的古老稱呼是靈性導師；另外有人則採用靈性朋友的名稱。就我們個人來說，我比較喜歡靈性師傅這稱呼，靈性師傅是那班具有辨識力、智慧和知識各種恩賜的人。他們的任務是幫助人在生活中，時不時看見上帝的腳印，催促他們向正確的方向走，不致走錯。

這是基督徒團體的一種表達方式，但其本意並非單獨施行。它需要團體生活的其他表達方式，特別是團體的崇拜。對那些朝這方向前進的人一個大的挑戰是，找出辦法在一段合理的時間中，培養足夠的靈性師傅，俾能對教會生活產生實質的衝擊。否則的話，它會變爲具有特權的少數人獨享的利益。我們必須向上帝禱告，在無路的地方開路。

基督徒團體的另一個模式，顯出具有極大潛在前途的，這就是小組化的屬靈組合。這是一種方式，好能設法提供靈性的培養，以及對所行所做之事負責。比方，每一星期我與一個四人小組相聚，這個小組的目標是：互相幫助成為耶穌較好的門徒。我們藉著五個問題去達到我們的目標，每次聚會時，我們都對這五個問題作出回應。這些問題夠簡單，但有時它們深深地審查我們各人。我把這五個問題列出，試思想你會怎樣回應：

這個星期在禱告和默想上，你有過甚麼經驗？

這個星期你面對過甚麼試探？

這個星期你經歷過聖靈的甚麼動工？

這個星期你有過甚麼機會去服事別人？

這個星期在你的查經中，你曾怎樣與基督相遇？[10]

對那班委身於小組化的屬靈組合的人，有許多問題需要解決：怎樣去發展靈性師傅，而同時保留共同領導；怎樣容許小組的自由繁殖，而不致造成過多破壞；怎樣保持對所行所做負責，而不致流於律法主義。我們需要聖潔的禱告，俾能繼續做夢，看見新異象。

不管我們共同生活的特別方式為何，極端重要的一件事是，我們有團體的禱告。雖然禱告常常是私下的和個人的，但它從來都不是在崇拜和禱告的團契實質之外。事實上，我們不能在團體以外去維持禱告的生活。抑或我們會放棄它，認為是無用的，因為缺少別人的支持和留心的關懷；抑或我們會使它變為我們自己的東西。沒有基督徒團體的察辨生活，我們很快會把禱告變爲一種保存顏面、自以爲義的獨白。

基督徒團體是：上帝的恩賜、藉聖靈的能力所造成、基於我們在耶穌基督裏面的饒恕而來。我們大家都活在十字架的恩惠影子之下，饒恕和被饒恕。

衞拉德寫著說：「上帝在歷史中的目的，是創造一個滿有愛意之人組成的涵蓋一切的團體，祂自己也包括在那個團體中，作爲它的主要支持者，以及最光榮的居民。」[11] 我相信，上帝在我們這個時代，正在招聚這樣的一個團體。它是一個把末世論和社會行動、把耶穌超然的主宰和受苦之僕彌賽亞相聯起來的團體。它是十字架和冠冕、衝突和復和、勇敢的行動和受苦之愛的團體。它是一個賦予權力去攻擊各種形式的邪惡，用善良去勝過它的團體。它是一個無私之愛，有見證而不妥協的團體。它是一個受了基督永遠統治的異象所鼓勵的團體，基督的統治不僅是在地平線上即將來臨，而且已經在我們中間誕生。

君王的律法

惟獨屬神之愛 (*agape*)，能夠支持上帝號召成立的團體，因此，眞正的先知信息時常都號召我們，到那有力的愛上帝和愛鄰舍的愛中去，這愛就是福音的核心。我們藉著愛鄰舍去愛上帝，只有當我們愛上帝時，我們才能愛我們的鄰舍。這兩條誡命形成了一件無縫的袍。

當我們試行愛我們的鄰舍但不愛上帝時，我們便像潘霍華所說的，開始把我們的「欲望之夢」强加在這種關係上，結果只有把這種關係摧毀了。獨立的屬人之愛，爲它自己的緣故去愛別人，然而，屬神之愛 (*agape*)，是爲上帝的緣故去愛別人。屬人之愛伸展出去，期望一個回報、需要一個回報、要求一個回報。屬神之愛 (*agape*) 與此相反，給予，不期望有甚麼回報。潘霍華寫著說：「這就是爲甚麼，當屬人之愛與眞正的屬靈之愛相遇時，屬人之愛變成個人的憎恨的原因，因爲眞正的屬靈之愛不企求，只服役。」[12] 企圖愛我們的鄰舍，而沒有與上帝保持繼續不斷的愛的關係，會把團體摧毀了。

當我們試行愛上帝，而不愛我們的鄰舍時，我們便把自己與上帝的「肺動脉」切斷了。上帝的愛要求表達，它不能沒有對手。你可以說，上帝就是這樣「呼吸」。正如我們的血液**必須**從心流到肺裏面，照樣，上帝的愛**必須**流出到祂的受造物那兒。所以，如果我們盡心、盡性、盡意、盡力愛上帝，我們必然會有需要愛我們的鄰舍。我們在鄰舍身上看到上帝的面，忽視我們的鄰舍便等於忽視上帝。如果我們在熱愛上帝時忘記了我們的鄰舍，我們會很快地也忘記上帝。只有透過這君王的愛的律法，我們的憐憫和同情行爲才能成爲祝福。沒有它，我們即使試行有另外的做法，我們的服役時常都會沾染紆尊降貴的傲慢。聖雲先 (St. Vincent de Paul) 說：「只因爲你的愛，只有你的愛，窮人會因你給他們麪包而饒恕你。」[13]

禱告使我們的愛自由地流出，垂直地以及平面地流出。當我們禱告時，我們受吸引進入上帝的愛中。這愛不能抗拒地領我們到鄰舍那兒。當我們試行愛我們的鄰舍時，我們便發覺，自己完全不能這樣做，這便不能抗拒地把我們趕回上帝那邊。於是我們進入永無止境的愛的團契中，這種愛的團契，使基督徒團體獲得它的生命。

結語

也許你已經注意到，我們走了一個大圈。在本書開頭，我引用奧古斯丁的話：「眞實完全的禱告無他，乃是愛。」如今我們再回到愛中。在我們的旅途進程中，我一直都試行描述上帝的心的一些情況。祂的心以完全接納的愛伸展出來，懇求我們進入禱告的密切關係中。我們看過上帝之愛的友誼採取一些方法，吸引我們**向內**進入我們需要的更新變化中：改變我們、塑造我們、形成我們。我們蒙邀請**向上**，進入我們需要的親密關係中：崇敬上帝、在上帝裏面安息、聆聽上帝。我們也聽見**向外**的呼召，進入我們需要的事奉中：醫治病人、與破碎之人一同受苦、爲世界代求。

兩千年前，在提庇哩亞海邊，一個絕早的早餐上，耶穌只問彼得一個問題：「約翰的兒子西門，你愛我嗎？」（約二十一）耶穌沒有詢問有關他的效果、或者他的技術、或任何東西，只詢問他的愛。耶穌三次問：「西門，你愛我嗎？」彼得掙扎著尋求一個適當的答案，去回應這深入的質詢。最後，他衝口而出：「主啊，祢是無所不知的，祢知道我愛祢。」確定了他的心以後，耶穌把工作交給彼得去做：「你餵養我的小羊。」

同樣的問題也向我們發出；同樣的工作也交給我們去做。

一個祝福

願你現在，藉著聖靈的能力，領受禱告的靈。奉耶穌基督的名，願它成爲你生命中最寶貴的職業。又願一切平安的上帝堅固你、賜福給你，並且賜你喜樂。

——阿們

附註

歸家：誠邀禱告

1 Samuel Taylor Coleridge, "The Rime of the Ancient Mariner," in *The Oxford Anthology of English Literature*, vol.II, ed. Frank Kermode and John Hollander (New York: Oxford University Press, 1975), p.204.

2 茱莉安娜著：《在愛中擁抱》(Julian of Norwich, *Enfold in Love: Daily Readings With Julian of Norwich*, trans. Members of the Julian Shrine. New York: Seabury, 1980), 頁 1。在第十四世紀，「茱莉安」(Julian) 是一個女子的名字，今天卻不再如此，因此在本書的文字中，我採用「茱莉安娜」(Juliana) 這名字，以便更加清楚表明她是一位女子。（編按：華人教會普遍採用茱莉安這譯名。本書樓曾出版有關茱莉安的著作，書名也定為《茱莉安》。）還有其他作者這樣做。例如，賴德烈 (Kenneth Scott Latourette) 著：《基督教史》(*A History of Christianity*. New York: Harper & Brothers, 1953, p.650)。

3 Donald L. Alexander, ed., *Christian Spirituality: Five Views of Sanctification* (Downers Grove, IL: InterVarsity, 1988), p.182.

4 *Hymns for the Family of God* (Nashville, TN: Paragon Associates, 1976), Hymn 222.

5 關於在本書中的這些故事——個人的或者非個人的——讓我簡單說明。每次牽涉到別人的時候，我都獲得准許去分享他們的故事。有時我稍微更改一些細則，以便保持個人的隱名。關乎我自己，我通常很不願意公開分享我個人的禱告經驗。然而，在本書中，就我所能決定的而論，我受一位較高的權威（上帝）吩咐，要與你們分享這些事。

1　簡單的禱告

1 Emilie Griffin, *Clinging: The Experience of Prayer* (San

Francisco: Harper & Row, 1984), p.5.

2 *The Collected Works of St. Teresa of Avila*, trans. Kieran Kavanaugh and Otilio Rodriguez (Washington, DC: ICS Publications, 1976), p.94.

3 John Dalrymple, *Simple Prayer* (Wilmington, DE: Michael Glazier, 1984), p.13.

4 C. S. Lewis, *Letters to Malcolm: Chiefly on Prayer* (New York: Harcourt, Brace, & World, 1964), p.22.

5 順便一提，泰弗如(Tevye)的禱告，對我們很有吸引力，就是因爲它們都是簡單的禱告。他所唱的那首歌：《如果我是一個有錢人》，乃是最好的例子。在那首歌中，他用禱告向上帝所發的問題，乃是在我們中許多人想問上帝的：「主啊，祢創造獅子，也創造羔羊，祢規定我應該像現在的我一樣。然而，如果我是一個有錢人，是否便會攪亂了一些浩瀚的永恆計劃呢？」

6 Madame Guyon, *Experiencing the Depths of Jesus Christ* (Goleta, CA: Christian Books, 1975), p.47.

7 Mary Clare Vincent, *The Life of Prayer and the Way to God* (Still River, MS: St. Bede's Publications, 1982), p.8.

8 Griffin, *Clinging*, p.10.

9 「平平無奇的禱告經驗」的價值，是由顧莉芬女士提示給我的。在她所著《依附》(*Clinging*)一書的第一章，對此有所討論。

10 Joseph F. Schmidt, *Praying Our Experiences* (Winona, MN: Saint Mary's Press, 1989), p.21.

2　被遺棄者的禱告

1 George Arthur Buttrick, *Prayer* (New York: Abingdon-Cokesbury, 1942), p.263.

2 *The Journal of George Fox* (Cambridge University Press, 1952), p.9.

3 Howard Macy, *Rhythms of the Inner Life* (Old Tappan, NJ: Fleming H. Revell, 1988), p.95.

4 哀傷之詩：個人的有下列各篇——3、5、6、7、17、22、25、26、27、28、35、39、41、42、43、51、54、55、56、57、59、61、63、64、69、71、86、

88、102、109、130、140、141、143；公眾的有下列各篇——60、74、79、80、83、85、90、124、126、137、144。資料根據下列各書：
A. A. Anderson, *The Book of Psalms*, vol.1, *The New Century Bible Commentary*, ed. Ronald E. Clements and Matthew Black (Grand Rapids, MI: Eerdmans, 1981), pp.38 ～ 39.

5 James Walsh, ed., *The Cloud of Unknowing* in *The Classics of Western Spirituality* (New York: Paulist, 1981), p.145.（中譯本：《不知之雲》 光啟出版社 1900 ）

6 Bernard of Clairvaux, *The Love of God*, ed. James M. Houston (Portland, OR: Multnomah, 1983), p.107.

3 查驗的禱告

1 在此採用 "examen"（查驗）這個少用的英文字，應該稍作解釋。當然，這個字立即會與普通採用的 "examination"（「查考」或「考試」）這個字等量齊觀。減去了學術上的涵義以後，它大致上包含相同的意思。"Examen" 這個字來自拉丁文，是指天秤上指示重量的指針，因此它傳達一種觀念，就是真實情況的準確評估。

2 Madame Guyon, *Experiencing God Through Prayer*, ed. Donna C. Arthur (Springdale, PA: Whitaker, 1984), p.51.

3 同上，頁 51 ～ 52。

4 *The Collected Works of St. Teresa of Avila*, p.94.

5 同上。

6 Anthony Bloom, *Beginning to Pray* (New York: Paulist, 1970), p.49.

7 同上，頁 46。

8 Guyon, *Experiencing the Depths*, p.53.

9 同上，頁 56。

10 Virginia Stem Owens, endorsement for *Life Path: Personal and Spiritual Growth Through Journal Writing* by Luci Shaw (Portland, OR: Multnomah, 1991).

11 Frank C. Laubach, *Learning the Vocabulary of God* (Nashville, TN: Upper Room, 1956), p.5.

12 同上，頁 17。

13 同上，頁 7 ～ 8 。

14 同上，頁 7 。

4 流淚的禱告

1 Gregory of Nyssa, *De compuncione* I.10, PG 46:829 D as quoted in Irénée Hausherr, *Penthos: The Doctrine of Compunction in the Christian East* (Kalamazoo, MI: Cistercian, 1982), p.27.

2 Abba Anthony, *Vitae Patrum* 7.38; PL 73:1055C, 引自 in Hausherr, *Penthos*, p.41.

3 Jonathan Edwards, ed., *The Life and Diary of David Brainard* (Chicago: Moody, n.d.), pp.34 ～ 35.

4 Raïssa Maritain, *Adventures in Grace* (New York: Longmans, Green, 1954), pp.182 ～ 85.

5 M. Basilea Schlink, *Repentance: The Joy-Filled Life* (Minneapolis: Bethany, 1984), pp.28, 33.

6 *The Letters of Ammonas*, trans. Derwas J. Chitty (Oxford: SLG, 1979), p.18.

7 Hausherr, *Penthos*, p.139.

8 Mme Lot-Borodine, *Vie Spirituelle* 48 (1936) 65 ～ 110, 引自 Hausherr, *Penthos*, p.138.

9 Adrienne von Speyr, *Confession*, tr. Douglas W. Stott (San Francisco: Ignatius, 1985), p.50.

10 Lewis, *Letters to Malcolm*, p.98.

11 Phineas Fletcher, untitled poem from *Hail, Gladdening Light: Music of the English Church*, Cambridge Singers dir. John Rutter (UK: Collegium Records, COLCD 113, 1991) Stereo/digital compact disc.

12 看傳士德著：《屬靈操練禮讚》（學生福音團契出版社，1983），第十章：「認罪的操練」。

13 St. Symeon the New Theologian, *Oratio* 32; PG 120:480 C, 引自 Hausherr, *Penthos*, p.172.

14 金碧士著：《效法基督》（*The Imitation of Christ*, tr. William C. Creasy. Maeon, GA: Mercer University Press, 1989, p.23

［中譯本：《效法基督》，晨星出版社，1963。］。雖然這本書有好些很好的英文譯本，但我仍衷心欣賞古理斯 (William Creasy) 的這本新譯本，因爲他成功地創作一種譯文，引出了與原著的讀者一種類似的經驗。

15 St. Theodore the Studite, *Great Catechesis* 27; ed. Papadopoulo-Kerameus (St. Petersburg: 1904), p.191, 引自 Hausherr, *Penthos*, pp.131 ～ 32.

16 St. John Chrysostom, *De paenit.* 7.5, PG 49:334, 引自 Hausherr, *Penthos*, pp.127 ～ 28.

5 放手的禱告

1 Andrew Murray, *With Christ in the School of Prayer* (Springdale, PA: Witaker House, 1981), p.211.（中譯本：慕安德烈著《禱告的學校》，校園，1986。）

2 Catherine Marshall, *Beyond Our Selves* (New York: McGraw-Hill, 1961), p.94.

3 *The Journal and Major Essays of John Woolman*, Philips P. Moulton, ed., *A Library of Protestant Thought* (New York: Oxford University Press, 1971), pp.185 ～ 86.

4 Søren Kierkegaard, *The Journals of Kierkegaard*, ed. Alexander Dru (New York: Harper & Brothers, 1959), p.245.

5 A. W. Tozer, *The Pursuit of God* (Harrisburg, PA: Christian Publications, n.d.), p.45.（中譯本：《渴慕神》，宣道出版社，1985；修訂版，1982。）

6 引自 *The Lord of the Journey: A Reader in Christian Spirituality*, ed. and comp. Roger Pooley and Philip Seddon, (San Francisco: Collins Liturgical in USA, 1986), p.292.

6 塑造的禱告

1 對於 *conversatio morum* 這個短語，在渥爾 (Esther de Waal) 所著：《尋找神：聖本篤之道》(*Seeking God: The Way of St. Benedict*. Collegeville, MN: Liturgical, 1984) 一書的第五章，有一個很好的討論。

2 Jean-Pierre de Caussade, *The Sacrament of the Present Moment* (San Francisco: Harper & Row, 1982), p.22.

3 Dallas Willard, "Looking Like Jesus", *Christianity Today*, vol.34, no.11 (Aug.20, 1990), pp.29 ～ 31.

4 依納爵著：《聖依納爵神操》(*The Spiritual Exercises of St. Ignatius*, tr. Anthony Mottola. New York: Doubleday, 1964［中譯本：《聖依納爵神操》，光啓出版社，1978］)。近來有好幾本實用手册，把聖依納爵的退修觀念，應用到現代的背景中。一個很好的例子是史維芙修女 (Sister Helen Cecilia Swift) 所著：《客廳中的退修》(*A Living Room Retreat*. Cincinnati, OH: St. Anthony Messenger Press, 1981).

5 費伊 (Timothy Fry) 編：《聖本篤法則》(*The Rule of St. Benedict in English*. Collegeville, MN: Liturgical, 1982, pp.32 ～ 38.)。史雅各 (James Bryan Smith) 和我，爲了方便現代的讀者，將這些資料加以修訂（看：RENOVARÉ, *Devotional Readings*, vol.1, no.12)。在第十一世紀時，克理霍伯納給聖本篤的十二步驟寫了一本詳細的註解，書名是：《謙卑十二步》(*The Twelve Steps of Humility*)。這兩本書如今合併出版，書名是：《謙卑、驕傲十二步》(*The Twelve Steps of Humility and Pride*. ed. Halcyon C. Backhouse. London: Hodder & Stoughton, 1985)。最近，戴阿拔 (Albert Edward Day) 在他所著：《訓練與發現》(*Discipline and Discovery*. Springdale, PA: Witaker House, 1988) 中，給謙卑增添到十五步。

6 Bloom, *Beginning to Pray*, p.35.

7 引自 Day, *Discipline and Discovery*, p.82.

8 參 Thérèse of Lisieux, *The Story of a Soul*, tr. John Beevers (New York: Image, 1989). Gloria Hutchinson, *Six Ways to Pray from Six Great Saints* (Cincinnati, OH: St. Anthony Messenger Press, 1982).

9 引自 Hutchinson, *Six Ways to Pray*, p.87. 參 *Story of a Soul*, pp.126 ～ 29.

10 Henri J. M. Nouwen, *Making All Things* New (San Francisco: Harper & Row, 1981), p.69.（中譯本：盧雲著《新造的人》，基道書樓，1992。）

11 載於 Vincent, *Life of Prayer*, p.62.

12 Evelyn Underhill, *Abba* (Wilton, CT: Morehouse-Barlow, 1982), pp.32 ～ 33.

13 Bloom, *Beginning to Pray*, p.33.

7 立約的禱告

1 Dietrich Bonhoeffer, *Meditating on the Word*, tr. David McI. Gracie (Cambridge, MA: Cowley, 1986), p.31.

2 Thomas Kelly, *A Testament of Devotion* (New York: Harper & Row, 1941), p.53.

3 *Hymns for the Family of God*, Hymn 404.

4 引自 *Friends of Jesus Community Newsletter*, vol.1, no.5 (Dec 1990)

5 Tozer, *Pursuit of God*, p.11.

6 "Contemplation", *Service Book and Hymnal* (Minneapolis: Augsburg; Board of Publication Lutheran Church in America, 1958), Hymn 483.

7 Richard Baxter, *The Saints' Everlasting Rest* (London: Epworth, 1962), pp.146 ~ 52.

8 Dalrymple, *Simple Prayer*, p.47.

9 Bloom, *Beginning to Pray*, p.86.

10 Thomas Merton, *The Sign of Jonas* (New York: Harcourt & Brace, 1953), p.288.

11 Baxter, *Saints' Everlasting Rest*, p.152.

8 崇敬的禱告

1 Douglas V. Steere, *Prayer and Worship* (New York: Edward W. Hazen Foundation, distrib. by Association Press, 1938), p.34.

2 Ole Hallesby, *Prayer*, tr. Clarence J. Carlsen (Minneapolis: Augsburg, 1959), p.141.（中譯本：哈列斯比著《禱告》，道聲出版社，1952。）

3 引自 Vincent, *Life of Prayer*, p.25.

4 Lewis, *Letters to Malcolm*. p.90. 我在此所論述的四點，是從魯益師而來的。

5 同上。

6 同上。

7 同上。

8 同上，頁 89 ～ 90 。

9 Sue Monk Kidd, *God's Joyful Surprise* (San Francisco: Harper & Row, 1987), p.200.

10 Annie Dillard, *Pilgrim at Tinker Creek* (New York: Bantam Books/Harper's Magazine Press, 1974), p.278.

11 參 Glenn Clark, *I Will Lift Up Mine Eyes* (New York: Harper & Brothers, 1937), p.107.

12 Lewis, *Letters to Malcolm*, p.91.

13 Baxter, *Saints' Everlasting Rest*, pp.136 ～ 37.

9 安息的禱告

1 Kelly, *Testament*, p.124.

2 *Hymns for the Family of God*, Hynm 86.

3 Bloom, *Beginning to Pray*, pp.92 ～ 94.

4 Eugene Peterson, *Contemplative Pastor* (Dallas, TX: Word, 1989), p.110.

5 同上。

6 同上，頁 111 。

7 P.T. Forsyth, *The Soul of Prayer* (Grand Rapids, MI: Eerdmans, 1916), p.32.

8 Kelly, *Testament*, p.45.

9 Lewis, *Letters to Malcolm*, p.67 ～ 68.

10 Louis Bouyer, *The Spirituality of the New Testament and the Fathers*, vol.1 of *A History of Christian Spirituality* (New York: Seabury, 1982), p.313.

11 Henri Nouwen, *The Way of the Heart: Desert Spirituality and Contemporary Ministry* (New York: Seabury, 1981), p.70.

12 這個羣體的英文名字是「 SEE Christ 」(Spiritual Enrichment Encounters with Christ)。會員輪流設計那天退修的活動，通常有好幾個一至二小時單獨安靜的時間，然後有羣體的交互作用和禱告。如果你想進一步了解獨處的實踐這觀念，請參考傅士德著：《屬靈操練禮讚》第七章。

13 François Fénelon, *Christian Perfection* (Minneapolis: Dimen-

sion Books, 1975), pp.155 ～ 56.

14 我對這故事有一個有趣的註釋，大概八年後，當時我應邀帶領一個委員會，經過了九個月長的研究過程。那次的研究確實給這情勢帶來一個有益的解決辦法。

15 Henri J. M. Nouwen, *Lifesigns: Intimacy, Fecundity, and Ecstasy in Christian Perspective* (Garden City, NY: Doubleday, 1986), p.71.

10 聖禮的禱告

1 *The Book of Common Prayer and Administration of the Sacraments and Other Rites and Ceremonies of the Church, together with The Psalter and Psalms of David: According to the use of The Episcopal Church* (New York: Seabury, 1979), pp.320 ～ 21.

2 Lewis, *Letters to Malcolm*, p.16.

3 同上，頁 5 。

4 基督徒對這類的事有不同的意見，例如，聖禮的數目或者上帝的恩典如何透過聖禮傳遞給人。不過，爲了我們的目的，沒有必要在所謂正式的聖禮，以及比較普通的聖禮意義之間，加以區分。我選擇「施恩的工具」這術語，去討論這種比較少的對上帝的間接同在之特別了解。我們所關心的是，看到禱告的生活如何藉著上帝的恩典而增强。這些恩典透過祂所創造的世界臨到我們身上。

5 引自 Dietrich Bonhoeffer, *The Psalms: The Prayer Book of the Bible*, tr. James H. Burtness (Minneapolis: Augsburg, 1974), p.25.

6 這種分類法是潘霍華所採用的。參同上，頁 27 。

7 同上，頁 23 。

8 看舒孟南 (Alexander Schmemann) 所著：《爲世人的生命》(*For the Life of the World: Sacraments and Orthodoxy*. Crestwood, NY: St. Vladimir's Seminary Press, 1988, p.139)。聖馬西摩不是採用「象徵」(*symbola*) 這個字去反對「眞實」。那字在以後的幾個世紀中變成一種分別。當他説「象徵」時，他的意思是，餅和酒「具體表現」這實體，並「作爲它的眞正表現以及顯示的模式」。

9 Lewis, *Letters to Malcolm*, p.104.

10 我完全曉得貴格會信徒和救世軍都不採用外表的聖禮，反而強調與上帝交通的屬靈性質。（有些貴格會的旁枝，對採用物質的元素給人良心的自由。）然而他們也相信，上帝的生命常常透過祂所創造的世界臨到我們，在這意義上，甚至他們也是聖禮的。

11 Martin Luther, *Dr. Martin Luther's Small Catechism with Explanation.* (Rock Island, IL: Augustana Book Concern, 1957. p.56).

12 P. T. Forsyth, *The Church and the Sacraments* (London: Independent, 1947), p.141.

13 E. M. Bounds, *Power Through Prayer* (Grand Rapids, MI: Zondervan, 1979), p.27.（中譯本：邦茲著《祈禱出來的力量》，宣道出版社， 1957 。）

14 同上，頁 70 。

15 Forsyth, *The Church and the Sacraments,* p.141.

16 參 Barry Liesch, *People in the Presence of God* (Grand Rapids, MI: Zondervan, 1988), p.168.

11 不住的禱告

1 所引述的資料，按次序從下列各書而來：
Brother Lawrence, *The Practice of the Presence of God* (Philadelphia: Judson, n.d.), p.60;（中譯本：勞倫斯著《與神同在》，以琳出版社， 1985 。）*Writings from the Philokalia on Prayer of the Heart*, trans. E. Kadloubovsky and G. E. H. Palmer (London: Faber & Faber, 1975), p.85; Julian of Norwich, *Showings*, tr. Edmund Colledge and James Walsh (New York: Paulist, 1978), p.253; *On the Prayer of Jesus: From the Ascetic Essays of Bishop Ignatius Brianchaninov*, tr. Father Lazarus (London: John M. Watkins, 1965), p.60; Gloria Hutchinson, *Six Ways to Pray*, p.10; Frank C. Laubach, *Letters by a Modern Mystic* (Syracuse, NY: New Readers Press, 1979), p.23.

2 William James, *Varieties of Religious Experience* (Bergenfield, NY: New American Library, 1958), p.24

3 "Hesychastic" 或者 "hesychasm" 這個字，來自希臘文 *hesychia* 這個字，意思是安寧或平靜。平靜主義是一種過屬靈生活的基督教的方式，這種方式的根源始於第一位隱士，他在第四世紀的時候，逃往埃及和敍利亞的荒蕪曠野。到第十四世紀的時候，在阿陀斯山(Mount Athos)的修道士中間，這種平靜主義獲得復興，從那時起，它便與東正教相聯。

4 *Writings from the Philokalia*, p.85.

5 參 Helen Bacovein, *The Way of a Pilgrim* (New York: Doubleday/Image, 1979).

6 關於一口氣的禱告，在戴冰(Ron DelBene)和孟谷麥利(Herb Montgomery)合著的《生命的氣息》(*The Breath of Life: Discovering Your Breath Prayer*, Minneapolis: Winston, 1981)一書中，有很好的討論。關於平靜主義如何在現代世界中實際應用的問題，我受惠於這兩位作者不淺。

7 Timothy Ware, ed., *The Art of Prayer : An Orthodox Anthology*, comp. Igumen Chariton of Valamo, tr. E. Kadloubovsky and E. M. Palmer (London: Faber & Faber, 1966), p.97.

8 Brother Lawrence, *The Practice of the Presence of God* (Old Tappan, NJ: Revell, 1958), p.9.

9 同上(Doubleday/Image edn, 1977), 頁 65, 57 。

10 Kelly, *Testament*, pp.31, 35.

11 Laubach, *Letters by a Modern Mystic*, pp.20, 12; Laubach, *Learning the Vocabulary of God*, p.8.

12 Kelly, *Testament*, p.124.

13 Lawrence, *The Practice of the Presence of God* (Doubleday edn), p.67; Laubach, *Learning the Vocabulary of God*, pp.8 ~ 9.

14 Guyon, *Experiencing the Depths*, pp.125 ~ 26.

15 同上，頁 110 ~ 11 。

12 心靈的禱告

1 心靈的禱告常被稱為「阿爸禱告」。我知道有許多人發覺，阿爸語言很痛苦，因為他們曾經給自己的屬人父親難以言喻地傷害過。我為那班給這破壞性的經驗所損害的人憂傷，而且就在我寫這些字句的時候，我為他們禱告，求主叫他們認識恩典，獲得醫治。不過，如果我們記住，我們應該藉著認識上帝像甚麼，去了解屬人的父親應該怎樣運作，而不是把事情倒轉過來，這對我們大家可能有幫助。

2 Jean-Nicholas Grou, *How to Pray, tr.* Joseph Dalby (Greenwood, SC: Attic, 1982), p.18.

3 Joachim Jeremias, *The Prayers of Jesus* (Philadelphia: SCM, 1967), p.111.

4 參戴林普爾著，《簡單的禱告》(*Simple Prayer*)，頁 38。有些學者會進一步的建議，耶穌所有論及上帝是父的新的希臘文經文，其背後都屬於希伯來文及亞蘭文的「阿爸語言」。

5 這首歌的版權屬於潘妮克 (Carol Lacquement Penick)。關於這首歌的曲調以及使用權，可直接致函潘妮克，通訊處為：107 Shannon Drive, Greenville, Sc 29615, USA.

6 看史文森 (Kenneth Swanson) 著：《不平凡的禱告》(*Uncommon Prayer*, p.198)。彭迪古 (Pontieus Evagrius, 346 ~ 399) 首先將這次序系統化。迦賢努 (West John Cassian, 360 ~ 435) 將這三個階段改變為今天所熟知的「洗罪禱告」(purgative prayer)（嘴唇）；「啓發禱告」(illuminative prayer)（思想），以及「綜合禱告」(unitative prayer)（心靈）。

7 Buttrick, *Prayer*, p.264.

8 Swanson, *Uncommon Prayer*, pp.211 ~ 12.

9 Guyon, *Experiencing the Depths*, p.122.

10 參 Brennan Manning, *The Wisdom of Accepted Tenderness: Going Deeper into the Abba Experience* (Deville, NJ: Dimension Books, 1978).

11 引自 Vincent, *The Life of Prayer*, p.81.

12 *The Complete Poems of John Donne*, ed. Walter Hendricks (Chicago: Packard, 1942), pp.270 ~ 71.

13 默想的禱告

1 史雅各發表了這故事。比較詳細的描述載於《今日基督教》(*Christianity Today*, vol.35, No.8. July 21, 1991, pp.29 ~ 31)。

2 若要對默想的不同方式，以及詳細的有關默想的聖經基礎，作深入的討論，請看《屬靈操練禮讚》第二章。再者，我所寫的一本小冊子《默想的禱告》(*Meditative Prayer*, Downers Grove, IL: InterVarsity, 1983) 包含更多的資料。

聖經對於默想 (meditation) 和默觀 (contemplation)，並沒有仔細分開。然而在各世紀，靈修作者常常將這兩者作這樣的區分：默想基本上集中於沈思聖經、上帝、祂的工作、祂的創造，以及其他重要的靈修著作；而默觀則在於對上帝有一種愛的感悟，在這感悟中獲得安息，通常並不與任何特別的思想或者聖經的經文相聯。

在我自己的著作中，當我只有一個機會講論這問題時，我隨從聖經的模式，把默想和默觀交替使用。然而，在本書中，我會隨從教會幾百年來所發展的做法，把這二者分開，雖然我不想過分強調二者之間的分別。

3 Dietrich Bonhoeffer, *The Way to Freedom* (New York: Harper & Row, 1966), p.59.

4 Alexander Whyte, *Lord, Teach Us to Pray* (New York: Harper & Brothers, n.d.), p.151.

5 同上，頁 249。

6 引自 Lynn J. Radcliffe, *Making Prayer Real* (New York: Abingdon-Cokesbury, 1952), p.214.

7 St. Francis de Sales, *Introduction to the Devout Life*, tr. John K. Ryan (New York: Doubleday, 1955), p.84.

8 Whyte, *Lord, Teach Us to Pray*, pp.249 ～ 51.

9 Gregory of Nyssa, *The life of Moses in The Classics of Western Spirituality*, tr. Abraham J. Malherbe and Everett Ferguson (New York: Paulist, 1987), p.137.

10 *The Confessions of St. Augustine*, tr. Rex Warner (New York: Mentor/New American Library, 1963), p.51. （中譯本：奧古斯丁著《懺悔錄》，光啓出版社，1963。）

11 Brother Ugolino di Monte Santa Maria, *The Little Flowers of St. Francis* (Garden City, NY: Doubleday, 1958). p.277.

12 Jaulian of Norwich, *Enfolded in Love*, pp.6,1.

13 à Kempis, *The Imitation of Christ*, pp.41, 32, 68, 69 ～ 70.

14 我與史密士 (James Bryan Smith) 聯手，從五十二本靈修大師的著作中（從尼沙聖國瑞［Gregory of Nyssa］到潘霍華）抽取資料，編成一本書，書名是：《靈修古籍》(*Devotional Classics*)。本書即將由三藩市哈潑出版社出版 (Harper, San Francisco)。這本書供一年閱讀，每週讀一個人的著作。每一段都包括對作者的簡介、內容摘錄，有些略加修訂，俾適合現代讀者，反思問題，一段與該書內容平行的聖經經文研究，一張有註解的作者其他主要著作書目，最後有一篇簡短的反思文章，把靈修讀物與現代文化相聯起來。本書可向下列地址訂購：RENOVARÉ, P.O. BOX 879, Wichita, KS 67201-0879, U.S.A.

15 引自 Steere, *Prayer and Worship*, pp.58 ~ 59.

16 à Kempis, *The Imitation of Christ*, p.7.

17 Thomas Merton, *Spiritual Direction and Meditation* (Collegeville, MN: Liturgical, 1960), p.98.

14 默觀的禱告

1 引自 Thomas Merton, *Contemplative Prayer* (Garden City, NY: Doubleday/Image, 1971), p.30.

2 同上，頁 42。

3 Catherine de Haeck Doherty, *Poustinia: Christian Spirituality of the East for Western Man* (Notre Dame, IN: Ave Maria, 1983), p.216.

4 Lewis, *Letters to Malcolm*, p.11.

5 Steere, *Prayer and Worship*, p.11.

6 引自 Donald G. Bloesch, *The Struggle of Prayer* (San Francisco: Harper & Row, 1980), p.86.

7 Richard Rolle, "The Fire of Love," in *Varieties of Mystic Experience*, ed. Elmer O'Brien (New York: Mentor-Omega, 1964), p.133.

8 Bernard, "Sermon LXXXIII on the Song of Songs", in O'Brien, *Varieties of Mystic Experience*, p.105.

9 Albert C. Outler, ed., "Journal", in *John Wesley from A Library of Protestant Thought* (New York: Oxford University Press, 1964), p.66.

10 Julian of Norwich, *Showings*, p.254.

11 引自 Swanson, *Uncommon Prayer*, p.163.

12 Guyon, *Experiencing the Depths*, p.125.

13 Dalrymple, *Simple Prayer*, pp.109 ~ 10.

14 Thomas Merton, *The Hidden Ground of Love*, ed. William Shannon (New York: Farrar, Straus and Giroux, 1985), p.156.

15 Walter Hilton, *The Stairway of Perfection*, tr. M. L. Del Mas-

tro (Garden City, NY: Doubleday/Image, 1979), p.71.

16 Guyon, *Experiencing the Depths*, p.127.

17 偉大的靈修作家對於在默觀中採用想像有不同的意見。有些人認爲它是一種有用的幫助；另外有人覺得它應該留給默想過於默觀；更有人相信它永不應被採用。有時這問題曾經與第八世紀以及日後破除偶像的爭論相聯，在那爭論中許多人覺得，採用聖像乃是偶像崇拜的一種形式。比方，第十二世紀熙篤會(Cistercian)一位修道士威廉聖提果(William of St. Thierry)相信，用形象禱告是偶像崇拜，因爲上帝只在祂印在每一個人身上的祂的形象之純粹關係中找到。第十七世紀的許多清教徒領袖也有類似的信念。

我選擇站在那些看想像在默觀的禱告中是一種有用的幫助的人那邊。這不是一條律法，只是一種實際的幫助。我在默想（在這範疇中想像比較廣泛地被接受）和默觀之間並不劃分一條清楚的界線。再者，雖然默觀通常是無言的，但它並非必須是無形象的。實在說來，有些偉大的默觀先賢，例如茱莉安娜，在默觀的時候，從上帝領受深奥的異象。

18 引自 Foster, *Meditative Prayer*, p.14.

19 同上，頁 20。

20 同上，頁 21 ～ 22。

21 *Confessions*, pp.200 ～ 1.

22 引自 F. Ernest Stoeffler, *the Rise of Evangelical Pietism* (Leiden: Brill, 1965), p.149.

23 Gerhard Tersteegen, *The Quiet Way* (New York: Philosophical Library, 1950), p.23.

15 在普通的事上禱告

1 Merton, *The Sign of Jonas*, p.238.

2 Bloom, *Beginning to Pray*, p.59.

3 Grou, *How to Pray*, p.82.

4 引自 Hutchinson, *Six Ways to Pray*, p.62.

5 *The Rule of St. Benedict*, pp.82 ～ 83.

6 參 Robert J. Ringer, *Winning Through Intimidation* (Greenwich, CT: Fawcett, 1974).

7 參 Edward Hays, *Prayers for the Domestic Church* (Easton,

KS: Forest of Peace Books, 1989).

8 参 D. Elton Trueblood, *The Common Ventures of Life* (New York: Harper & Row, 1965).

9 摘自詩歌 "Holy Ground" by John Michael Talbot, *Come Worship the Lord*, vol.2, (Brentwood, TN: Sparrow, 1990).

16 懇求的禱告

1 C. W. F. Smith, "Prayer", in *The Interpreter's Dictionary of the Bible*, vol.3 (Nashville: Abingdon, 1962), p.858.

2 Forsyth, *the Soul of Prayer*, p.38.

3 Hans Urs von Balthasar, *Prayer*, tr. Graham Harrison (San Francisco: Ignatius, 1986), p.251.

4 Forsyth, *The Soul of Prayer*, p.63.

5 Lewis, *Letters to Malcolm*, p.58.

6 Forsyth, *The Soul of Prayer*, p.14.

7 Lewis, *Letters to Malcolm*, p.28.

8 引自 C. S. Lewis, *Letters to an American Lady*, ed. Clyde S. Kilby (London: Hodder & Stoughton, 1969), p.73.

9 Helmut Thielicke, *Our Heavenly Father: Sermons on the Lord's Prayer* (New York: Harper & Brothers, 1960), p.110.

10 同上，頁 119。

11 同上，頁 133。

12 *Hymns for the Family of God*, Hymn 118.

13 H. H. Farmer, *The World and God* (London: Nisbet, 1935), p.129.

17 代求的禱告

1 Forsyth, *The Soul of Prayer*, p.53.

2 Ambrose of Milan, *On Isaac or the Soul*, viii, 75 J.P. Migne, *Patrologia Latina* 14, p.557. 進一步資料請看 Bloesch, *The Struggle of Prayer*, pp.35, 48.

3 Bloesch, *The Struggle of Prayer*, pp.36 ~ 37.

4 聰敏的讀者如今會覺察到，我沒有包括一章論引導的禱告。如今你知道爲甚麼。現代人喜歡問：「怎樣去發現上帝的旨意？」這種作風多半顯露他們的一種失敗，就是看不出，當我們認識上帝時，也便認識祂的旨意。可惜有些人只是在尋求技術，而不是尋求與上帝有親密的交通。

5 John Calvin, *Sermons on the Epistle to the Ephesians* (Edinburgh: Banner of Truth Trust, 1975), p.683.

6 《長老會時報》(*Presbyterian Times*, March 20, 1990)。這是韓國全國長老會出版的一份報紙。我感激蘇榮安把這篇文章譯爲英文，題目是："Myongsong Presbyterian Church Built by Prayer Alone", 頁 1, 8 ～ 9 。

7 Buttrick, *Prayer*, p.263.

8 引自 Bloesch, *The Struggle of Prayer*, p.87.

18 醫治的禱告

1 不像本書其他的事件，我不能以這男士目前的情感狀況，去證實這故事。這事發生後好幾年，我們彼此之間失去聯絡，從那時起我沒有見過他。然而在我知道他的時間內，他完全正常。他和他的太太在我們搬到另一州以後，還曾經探過我們一次。

2 Swanson, *Uncommon Prayer*, p.185.

3 除了醫治以外，還有一些比較普通的按手行動，略述如下：
(i) 祝福。通常這是部落或支派的祝福。在創世記四十八章 14 ～ 16 節，雅各按手在以法蓮和瑪拿西的頭上說：「救贖我脫離一切患難的那使者，賜福予這兩個童子。」當人們把孩童帶到耶穌那裏時，耶穌按手在他們頭上，給他們祝福（可十 13 ～ 16 ）。
(ii) 聖靈的洗。按照使徒行傳，有三種主要方法去接受聖靈的洗：藉著信心的順服（徒一 4 ～ 5 ，五 32 ）；藉著所宣揚的道（徒十 44 ～ 46 ，十一 15 ）；並藉著按手。在使徒行傳八章 5 ～ 17 節，撒瑪利亞的信徒，藉著彼得和約翰的按手接受聖靈。在使徒行傳九章 17 節保羅藉著亞拿尼亞的按手接受聖靈。在使徒行傳十九章 1 ～ 6 節，以弗所的信徒藉著保羅的按手，接受聖靈。
(iii) 屬靈的恩賜。屬靈恩賜是藉著上帝自主的行動賜給人（王上三 5 ～ 12 ；林前十二 7 ～ 11 ），它們也藉按手而領受。保羅按手在以弗所信徒頭上，他們便領受了說預言的恩賜（徒十九 6 ）。那位年青的領袖提摩太受鼓勵，要繼續有效地使用按手時所賜給他的恩賜（提前四 14 ；提後一 6 ）。
(iv) 特別的職事。約書亞藉著摩西給他按手，領受了一種特別的智慧才能（申三十四 9 ）。利未人接受按手，使他們有權力去執行他們的任務（民八 10 ～ 26 ）。使徒們給第一批執事按手，好叫他們能有智慧及公平去照顧每天分配食物的事（徒六 6 ）。巴拿巴和保羅接受按手，去從事宣教的事工（徒十三 3 ）。

4 保羅在此好像是想到賦予恩賜以及委任領袖的事，有點像我們按立牧師聖職的行動。若然，他所關心的是，在人們未曾準備好之前，不要把領袖的責任託付給他，免得他在實施領袖的權力和權威時，導致驕傲或其他各種的濫用。至於醫治的禱告，按手的行動似乎相當自由地使用。

5 引自 Bengt R. Hoffman, *Luther and the Mystics* (Minneapolis: Augsburg, 1976), p.196.

6 Francis MacNutt, *Healing* (Notre Dame, IN: Ave Maria, 1974), p.53.

7 St. Augustine, *The City of God*, tr. Gerald G. Walsh and Daniel J. Honan (New York: Fathers of the Church, 1954), p.450. Morton T. Kelsey 在他的書中頗詳細地記錄這故事及許多其他故事。*Healing and Christianity: In Ancient Thought and Modern Times* (New York: Harper & Row, 1973).

8 *City of God*, Book XXII.8, p.445.

19 受苦的禱告

1 「基督患難的缺欠」這短語曾經引起相當多的辯論。由於在此有希臘文的指定冠詞——「基督這患難」——有可能這是指一定的或者著名的實體，例如，猶太啓示文學中彌賽亞誕生時所產生的痛苦，這痛苦會引進將要到來的時代。如果事情是這樣（現代的學者們傾向於這方面的解釋），那麼這觀念大概是這樣：因著基督的死和復活，那將要到來的時代已經開始了。現在的邪惡時代仍舊繼續，因此基督徒在重疊的兩個時代中生活。彌賽亞的災難、基督的患難已經開始。當它們到達所指定的限度時，將要到來的時代會完成，目前這個邪惡的時代會過去。所有基督徒都參與這些苦難，並且透過這些苦難，進入上帝的國（徒十四 22 ；帖前三 3 ～ 7 ）。使徒保羅透過他的受苦，對這種末世的苦難之整數有所貢獻。於是，藉著幫助充滿那預定的苦難數量，保羅便把那將要到來的時代之充分完成帶得更近。

2 Pope Paul VI, “The Role of Suffering in the Life of the

Church", *The Pope Speaks*, vol.19, no.2 (June 26, 1974), p.170.

3 *St. Augustine: Sermons on the Liturgical Seasons*, tr. Sister Mary Sarah Muldowney (New York: Fathers of the Church, 1959), p.86.

4 Kelly, *Testament*, p.71.

5 Glenn Hinson, "The Contemplative View", in *Christian Spirituality*, p.179.

6 引自 C.S. Lewis, *The Problem of Pain* (New York: Macmillan, 1961), p.vi.（中譯本：魯益師著《痛苦的奧祕》，基督教文藝出版社，1956。）

7 Grou, *How to Pray*, p.83.

8 Dietrich Bonhoeffer, *The Cost of Discipleship*, 2nd edn, tr. R. H. Fuller (New York: Macmillan, 1963), p.166.

9 From Rob Goldman, "Healing the World by Our Wounds", *The Other Side*, vol.27, no.6 (November ~ December 1991), p.24

10 引自 Bloesch, *Struggle of Prayer*, p.132.

11 同上，頁 77。

12 Martin Luther, *Lectures on Romans*, ed. and tr. W. Pauch (Philadelphia: Westminster, 1961), p.349.

13 引自 Friedrich Heiler, *Prayer*, tr. and ed. Samuel McComb (New York: Oxford University Press, 1958), p.279.

14 引自 Arthur Wallis, *God's Chosen Fast: A Spiritual and Practical Guide to Fasting* (Fort Washington, PA: Christian Literature Crusade, 1986), p.67.

15 Søren Kierkegaard, *Edifying Discourses*, vol.4, tr. David Swenson and Lillian Swenson (Minneapolis: Augsburg, 1946), p.113.

16 John Calvin, *Commentaries on the Epistles to the Philippians, Colossians, and Thessalonians*, tr. John Pringle (Grand Rapids, MI: Eerdmans, 1948), p.164.

17 此故事記錄在 Paul Yonggi Cho, *Prayer: Key to Revival* (Dallas, TX: Word, 1984), p.86.

20 權柄的禱告

1 Fyodor Dostoevsky, *The Brothers Karamazov*, ed. Ralph E. Matlaw, tr. Constance Garnett (New York: W.W. Norton, 1976).（中譯本：杜斯托也夫斯基著《卡拉馬助夫兄弟們》，遠景出版社，1981。）

2 *The Journal and Major Essays of John Woolman*, p.112.

3 C. S. Lewis, *Mere Christianity* (New York: Macmillan 1943), p.60.（中譯本：《基督教信仰正解》，東南亞神學院，1974。）

4 在準備寫這故事時，我再與顧莉雅在電話中溫習這件事情的整個過程。引號裏面她所說的話，是從電話談話中記錄下來的。有些人可能發覺這故事令人困惑，因爲他們一向以來都覺得，基督徒不可能「被鬼附」(demon possessed)。就鬼魔不能完全控制基督徒，或者完全「附體」(possess) 在基督徒身上而言，他們的想法是對的。事實上，英文的 "demon possessed"（被鬼附）這個詞語，乃是希臘文 *daimonizomenoi* 那個字不適切、不準確的繙譯。我們較多講論關於受鬼魔影響，以及受鬼魔苦害，過於隸屬鬼魔以及受鬼魔控制。按我所知，在聖經中沒有經文斷然說明，基督徒不能被鬼魔所附 (demonized)。當然，這是根據緘默而作的辯論，不過，當這辯論與一些經文配合，而那些經文似乎暗示鬼魔的影響可能臨到信徒身上時，我們便有相當强的理由相信，基督徒有可能被鬼附。掃羅似乎有「耶和華的靈」在他身上，然而「一個惡魔」折磨他（撒上十～十六章）。那駝背的女人，耶穌稱她爲「亞伯拉罕的女兒」，給一個惡靈捆綁了十八年（路十三 10 ～ 17）。保羅說，要把他交給撒但，敗壞他的肉體的那個人，顯然是一個基督徒，因爲保羅加上一句：「使他的靈魂在主耶穌的日子可以得救。」（林前五 1 ～ 5）

5 當然，我在《屬靈操練禮讚》一書中，對此有相當詳盡的討論。我也想請你注意衛拉德所著：《紀律的靈》(*The Spirit of the Disciplines*. Harper San Francisco, 1988) 那本書，以及許多其他古典靈修著作，例如，羅威廉著：《呼召過聖潔生活》(*A Serious Call to a Devout and Holy Life* [中譯本：《呼召過聖潔生活》，橄欖出版社]）、《愛之靈》(*The Spirit of Love*, ed. Paul G. Stanwood. New York: Paulist, 1978）；泰勒著：《聖潔生活之法規及練習》(*The Rule and Exercises of Holy Living*)；以及羅柏士 (Roger L. Roberts) 編著：《聖潔死亡之法規及練習》(*The Rules and Exereises of Holy Dying*. Wilton, CN: Morehouse-Barlow, 1981)。

6 William Law, *The Spirit of Prayer and the Spirit of Love*, ed.

Sidney Spencer (Canterbury: Clarke, 1969), p.120.

7 Hallesby, *Prayer*, p.117.

8 同上，頁 98。

9 *A Collection of Sundry Books, Epistles, and Papers, Written by James Nayler, etc.* (London: no pub., 1716), p.378.

10 Alexander Grosart, ed., *The Complete Works of Richard Sibbes*, vol.3 (Edinburgh: Nichol, 1862 ~ 64), p.186.

21 激烈的禱告

1 我採用「聽見」這措詞，但我的意思不是說，有一些東西能夠用錄音帶收錄下來。這肯定是內在的「聽見」，但它也是一種經驗，與頭腦中突然有一個好的意念浮現出來不同。就我個人而論，我只有過三次這樣的經驗，這次是第二次。每一次它都在我生命的重要轉捩點來到。

2 Walter Wink, "Prayer and the Powers", *Sojourners*, vol.19, no.8 (October 1990), p.13.

3 Bloesch, *Struggle of Prayer*, p.79.

4 Martin Luther, *Luther's Works*, ed. Jaroslav Pelikan, vol.6 (St. Louis: Concordia, 1961), p.158. 參 Bloesch, *Struggle of Prayer*, pp.ix, 49.

5 Thielicke, *Our Heavenly Father*, p.109.

6 這人是孫鳳 (Agnes Sanford)。在她所著的好幾本書中，都曾討論這種禱告的方法，特別是《醫治之光》(*The Healing Light*. Plainfield, NJ: Logos, 1972) 第十五章，以及《看你的上帝》(*Behold Your God*. St. Paul, MI: Macalester Park, 1973) 第十三章。

7 Sanford, *the Healing Light*, p.160.

8 *The Journal of George Fox*, p.263.

9 Dorothy Craven, "Sharing in Community", *Friends of Jesus Community Newsletter*, vol.2, no.6 (December 1991).

10 這些問題是靈性塑造的較大計劃之一部分。若想更詳細知道這事，可寫信到下列地址：
RENOVARÉ
P.O. BOX 879
Wichita KS 67201-0879
U.S.A.

11 Dallas Willard, "Studies in the Book of Apostolic Acts: Journey into the Spiritual Unknown", (unpublished study guide).

12 Dietrich Bonhoeffer, *Life Together*, tr. John W. Doberstein (San Francisco: Harper & Row, 1954), p.35.（中譯本：潘霍華著《團契生活》，基督教文藝出版社）

13 所引的話來自一九四七年法國一套電影 (*Monsieur Vincent*, Paris: EDIC/Union General Cinematographique)。寫電影對白的人 (Jean-Bernard Lue and Jean Anouilh) 把這些話放進聖雲先的口中。雖然，無疑的，這是詩中的破格，但這種觀念當然與聖雲先的生平和精神相一致。

靈修著作精選

重整靈性生命，陶冶完善人格。

帶著眼淚帶著微笑，在信仰的愚拙中經歷上帝——盧雲給不安時代的 4 堂屬靈操練課

Clowning in Rome: Reflections on Solitude, Celibacy, Prayer, and Contemplation

盧雲 (Henri J. M. Nouwen) 著／黃大業 譯／HK$78

跟從耶穌，每一步都是歸心之路——盧雲給焦慮時代的 6 堂心靈課

Following Jesus: Finding Our Way Home in an Age of Anxiety

盧雲 (Henri J. M. Nouwen) 著、安雪兒 (Gabrielle Earnshaw) 編／黃大業 譯／HK$78

祢已將哀哭變為跳舞——在時艱中尋找盼望

Turn My Mourning into Dancing: Finding Hope in Hard Times

盧雲 (Henri J. M. Nouwen) 著／黃大業 譯／HK$78

我們與（不）信的距離——默想聖經 6 個不完美的聖徒故事

黃嘉樑 著／HK$78

復興，與你所想的不一樣——撒迦利亞書給這時代的 12 個信息

羅慶才 著／HK$78

禱告操練 7 堂課——學習主禱文

羅慶才 著／HK$68

敬虔操練 13 課

羅慶才 著／HK$68

生命成長 17 課——學習聖靈果子和八福

羅慶才 著／HK$68

我一直以為，人生是這樣走的——為生命重新導航
Breaking the Idols of Your Heart: How to Navigate the Temptations of Life
艾倫德 (Dan B. Allender)、朗文 (Tremper Longman III) 著／李小釧 譯／HK$98

尚待揭曉——與上帝一起編寫你的未來
To be Told: God Invites You to Coauthor Your Future
艾倫德 (Dan B. Allender) 著／黃東英 譯／HK$88

隱藏的整全——朝向不再分割的生命
A Hidden Wholeness: The Journey Toward an Undivided Life
帕克．帕爾默 (Parker J. Palmer) 著／陳永財 譯／HK$88

弔詭的應許——在矛盾中擁抱生命
The Promise of Paradox: A Celebration of Contradictions in the Christian Life
帕克．帕爾默 (Parker J. Palmer) 著／陳永財 譯／HK$78

感恩
Uncommon Gratitude: Alleluia for All That Is
卓滌娜 (Joan Chittister)、羅雲．威廉斯 (Rowan Williams) 著／陳恩明 譯／HK$83

信為何物——基督教信仰簡介
Tokens of Trust: An Introduction to Christian Belief
羅雲．威廉斯 (Rowan Williams) 著／陳恩明 譯／HK$78

靜修靈旅——在靜默和歌聲中默想聖經
Seeds of Trust: Reflecting on the Bible in Silence and Song
泰澤 (Taizé) 著／陳翠婷 譯／HK$63

與潘霍華一同默想主的降生——41 天靈修之旅
God Is in the Manger: Reflections on Advent and Christmas
潘霍華 (Dietrich Bonhoeffer) 著／陳永財 譯／HK$68

學作主的門徒——與潘霍華一同靈修 40 天
40-Day Journey with Dietrich Bonhoeffer
羅恩．克盧格 (Ron Klug) 主編／李金好 譯／HK$68

讀者意見表

緊扣時代 服事教會

以文字傳揚基督真道

衷心多謝你購買本社書籍。本社一直致力以出版事工服事教會，幫助信徒扎根於神的話語，促進靈命增長。為使我們的出版更能滿足你的需要，請填寫下列各項資料，並寄回或傳真予本社。

所購書籍：______________________________

本書最吸引你的地方：

□作者 □適切性 □文筆 □設計 □實用性

□其他：______________________________

購買本書地點：

□基道書樓 □基督教書店 □非基督教書店

性別：□男 □女 職業：______________________

信仰：□基督徒 □非基督徒

年齡：□16歲或以下 □17～25歲 □26～35歲

□36～55歲 □56歲或以上

學歷：□中三或以下 □中五 □預科

□大學 □研究院

□我欲更多了解基道出版社的事工及考慮支持，請寄給我下列資料：

□機構簡介 □新書資料 □「書中行」書會資料

□《基道文字事工通訊》

姓名：______________________ 電話：______________

地址：______________________________________

____

傳真：______________ 電子郵件：______________

其他意見：______________________________________

____

多謝賜教！

意見表可以傳真（2687-0281）或直接郵寄以下地址：
香港沙田火炭坳背灣街26號富騰工業中心1011室
基道出版社編輯部收